KB144905

지경학의 기원과 21세기 전환

편집위원

강윤희(국민대) 김상배(서울대) 민병원(이화여대) 박성우(서울대) 박종희(서울대)
서정건(경희대) 신범식(서울대) 신욱희(서울대, 위원장) 안두환(서울대) 은용수(한양대)
이승주(중앙대) 이왕휘(아주대) 이용욱(고려대) 이정환(서울대) 이태동(연세대)
전재성(서울대) 정성철(명지대) 정영철(서강대) 정주연(고려대) 조동준(서울대)

세계정치 35

지경학의 기원과 21세기 전환

발행인 서울대학교 국제문제연구소
주소 서울시 관악구 관악로 1(220동 504호)
전화 02-880-6311
팩스 02-872-4115
전자우편 ciscis@snu.ac.kr

2021년 11월 23일 초판 1쇄 찍음
2021년 12월 1일 초판 1쇄 펴냄

지은이 이승주, 신욱희, 이승욱, 이왕휘, 이동률, 이기태
기획 서울대학교 국제문제연구소
책임편집 이승주

편집 김천희
디자인 김진운
마케팅 최민규
펴낸곳 (주)사회평론아카데미
펴낸이 윤철호, 고하영
등록번호 2013-000247(2013년 8월 23일)
전화 02-326-1545   팩스 02-326-1626
주소 서울시 마포구 월드컵북로6길 56
이메일 academy@sapyoung.com   홈페이지 www.sapyoung.com

ⓒ 이승주, 신욱희, 이승욱, 이왕휘, 이동률, 이기태, 2021
ISBN 979-11-6707-034-0   94340

사전 동의 없는 무단 전재 및 복제를 금합니다.
잘못 만들어진 책은 바꾸어 드립니다.

세계정치 35

지경학의 기원과 21세기 전환

서울대학교 국제문제연구소 편
이승주 책임편집

사회평론아카데미

* 이 저서는 2021년도 서울대학교 발전기금 국제문제연구소 출판지원금에 의해서 수행된 연구 결과물임.

지경학의 국제정치: 기원에서 21세기 국가 전략까지

21세기 국제정치에서 지경학의 현실적 중요성이 증가하면서 지경학을 이론적으로 재조명하여야 할 필요성도 함께 커지고 있다. 지경학이 국제관계의 변화를 초래하고 국가 전략으로 동원되는 추세가 확대되는 현실에서 지경학에 대한 오해와 오용 또한 증가하고 있기 때문이다. 21세기 지경학의 재부상이 역설적으로 지경학의 기원을 세밀하게 검토해야 할 필요성을 키워 놓은 셈이다. 모두 여섯 편의 논문으로 구성된 이번 특집호는 지경학의 개념과 기원에서 지경학이 변화되는 양상과 국가 전략으로 활용되는 데 이르기까지 포괄적으로 검토함으로써 지경학에 대한 입체적 이해를 제고하고자 하였다. 세 편의 글은 개념, 역사, 현대적 변화를, 다른 세 편의 글은 한국, 중국, 일본이 국가 전략으로서 지경학을 동원하는 방식을 중점적으로 검토하는 데 초점을 맞추고 있다.

　지경학의 역사는 길다. 역사가 긴 만큼 지경학은 개념적 변용의 과정을 거쳤다. 지경학의 역사를 제2차 세계대전 이후로 좁히더라도 지경학 개념의 변화 폭은 좁지 않았는데, 이는 지경학의 장이라고 할 수 있는 국제정치 환경이 수차례의 질적 변화 겪은 것과 무관하지 않다. 신욱희 교수에 따르면, 지경학 개념은 냉전, 탈냉전/세계화, 탈·탈냉전의 국제정치 환경의 변화와 맥을 같이한다. 이러한 시각에 따르면, 결국 지경학 개념은 국제정치의 구조적 변화와 분리할 수 없다. 국제정치 환경 변화는 지경학의 핵심 주제 가운데 하나인 경제와 안보가 연계되는 방식에도 커다란 영향을 미친다. 현대 지경학에서 경제와 안보는 수평적으로 상호작용하는 현상을 띠게 되는데, 이는 다시 지경학이 국가 책략의 수단으로서 활용될 가능성을 높이는 결과로 이어졌다.

지경학이 서구의 근대 국제정치이론에 뿌리를 두고 있음을 부인하기 어려운 것이 사실이다. 그러나 아시아에서 지경학의 역사는 근대 국제정치체제 수립 이전부터 시작하였다. 이왕휘 교수는 국익을 투사하는 수단으로 사용되었던 서구의 지경학과 달리, 중국 한 왕조의 지경학이 북방 민족과 화친의 수단으로 활용되었다는 점에 주목한다. 대외정책이 안보에서 경제를 우선하는 정책 기조로 변화하는 과정에서 한 왕조가 북방 민족과 경제적 상호의존을 높여나갔다는 것이다. 이때 경제적 상호의존은 상대국을 압박하기 위한 현실주의적 수단이 아니라, 농경 사회인 한과 유목 사회인 북방 민족 사이의 보완적 경제 관계를 형성하려는 것이었다. 이 과정에서 한은 북방 민족과 대칭적이고 수평적인 관계를 수립하는 지경학적 타협을 추진하였다.

지경학 개념의 변화에 대한 검토는 현실에서 지경학이 동원되는 방식을 검토하는 데 중요한 이론적 자원이 된다. 이승주 교수에 따르면, 21세기 세계 경제가 네트워크화되는 질적 변화가 대두되면서 국가 전략으로서 지경학에도 커다란 변화가 이루어졌다. 네트워크화된 세계 경제는 국가 간 상호의존의 성격과 영향을 근본적으로 변화시켰다. 세계 경제의 네트워크화는 상호의존의 안정

효과에 주목했던 자유주의의 전망을 무기화된 상호의존의 대두라는 비관적 현실로 바꾸어 놓기에 충분했다. 미중 전략 경쟁은 이러한 현상을 더욱 촉진시켰고, 특히 주요 첨단 기술을 경제와 안보의 넥서스로서 활용하는 국가 전략에 대한 의존도를 높이고 있다.

다음 세 편의 글은 국가 전략으로서 지경학이 동원되는 방식을 특히 한국, 중국, 일본의 사례를 중심으로 비교 검토한다. 지경학은 당연하게도 지리적 요소를 토대로 성립한다. 그러나 21세기 지경학은 종종 국제관계에서 경제적 수단의 중요성이 커지고 있다는 점에 주목할 뿐, 지리적 성격과 영향은 경시하는 경향이 있다. 지경학에서 '지'가 실종되는 현상이 발생한 것이다. 이승욱 교수는 한국의 사례에 기초하여 지경학에서 '지'의 복원을 시도한다. 1997년 외환위기를 경험한 한국의 경제체제는 이휴 신자유주의로 전환하는 과정에 돌입하였다. 그러나 한국에서 신자유주의는 국내외 경제정책에서 국가 역할의 축소를 수반하는 것은 아니었다. 신자유주의가 초국적 거래를 촉진하는 효과가 있다는 점을 감안하면, 탈영토적이어야 할 신자유주의가 한국에서는 역설적이게도 '경제 영토' 확장의 수단으로 활용되었다. 김대중 정부에 이어 노무현 정부가 FTA를 경제 영토의 확장이라는 중상주의적 의미를 부과하였다. 이 시기 한국의 지경학은 국내정치적으로 정부의 정당성을 향상시키는 수단으로 활용된 것이다.

시진핑 정부의 중국이 추진하는 일대일로가 초래한 지역과 지구적 차원의 영향은 결코 적지 않다. 이동률 교수는 중국이 추진하는 일대일로를 지경학 전략이라는 맥락에서 검토한다. 일대일로는 미중 사이의 갈등 요소가 확대되는 가운데, 중국이 미국과의 대결을 우회하는 지경학 전략의 일환으로 시도하였다. 그러나 일대일로는 오래지 않아 미국과의 갈등 전선을 지정학에서 지경학으로 확대시키는 의도하지 않은 결과를 초래하였다. 더 나아가 일대일로를 추진하는 과정에서 중국이 해양 분쟁을 발생함에 따라, 동남아시아 국가들과의 갈등이 한층 격화되었다. 중국의 입장에서는 미국과 주변국에 대한 지경학적 접근이 오히려 중국에 대한 우려와 갈등을 확대시키는 지정학적 딜레마에 봉착하게 된 것이다.

일본은 아시아에서 경제와 안보를 긴밀하게 연계하는 대표적인 국가이다. 이기태 박사는 일본의 지경학은 지역 질서 변화에 대한 대응 전략으로서 부상하게 되었다고 본다. 미국과 중국이 지경학 경쟁에 돌입함에 따라, 일본 역시 지경학 전략을 수립·실행할 필요성이 커졌다. 특히, 중국에 대하여 일본 정부는 경제안전보장을 강화하는 '닫힌 지경학' 대응을 하였다. 그러나 일본의 지경학은 일본 대외정책의 한 줄기인 '국제협조주의'와 연계되는 변화의 과정을 거치고 있다. 중국의 닫힌 지경학에 대하여 닫힌 지경학으로 대응하는 데서 벗어나, 중국을 포용하는 열린 지경학으로 전환하고 있다는 것이다.

이처럼 이번 특집호는 국제정치이론에 기반한 지경학 개념, 중국 지경학의 역사적 기원, 세계정치경제의 변화에 따른 21세기 지경학의 변화와 같은 이론적 검토에서 현실적 적용에 이르기까지 지경학의 다양한 측면을 검토하였다. 또한 이 책은 21세기 지경학이 국가 전략의 수단으로 활용되는 원인, 양상, 결과를 한국, 중국, 일본의 사례를 중심으로 분석하였다. 이론과 현실의 변화 그리고 국가 전략 등 지경학을 가능한 한 입체적으로 고찰하려는 기획 의도가 다소나마 달성되어, 이 책이 21세기 지경학에 대한 이해를 돕고 정책적 대안의 이론적 초석이 되기를 기대한다.

　여섯 편의 글이 한 권의 책으로 나오기까지 적지 않은 분의 관심과 수고가 있었다. 신욱희 교수님은 지경학 특집호의 기획과 진행에서 발간에 이르기까지 필진과 지적인 관심을 공유하였을 뿐 아니라, 행정적인 사항들을 꼼꼼하게 챙겨주셨다. 연구에 참여한 여섯 필자는 초유의 코로나19 속에서 화상회의를 통해 서로 문제의식을 가다듬을 수 있도록 아낌없는 조언을 해주었을 뿐 아니라, 하나의 주제 속에서 다양한 이슈를 다루려고 했던 원래 목적을 달성하는 데도 각자의 역할을 충실히 해주었다. 원고의 발표와 토론을 위한 회의를 실무적으로 뒷받침해주고, 출판 과정을 꼼꼼하게 관리해준 서울대학교 외교학전공 이익현 조교에게도 감사의 뜻을 전한다.

2021년 11월
필진을 대신하여
이승주

차례

세부 차례

제1장

지경학의 시대
— 주체/구조와 안보/경제의 수평적 상호작용

The Age of Geoeconomics: Horizontal Interactions of Agent/
Structure and Security/Economy

신욱희 | 서울대학교 정치외교학부

* 이 글은 『한국과 국제정치』 37권 3호(2021)에 게재되었다. 논문의 초고에 대해 유익한 조언을 해주신 이용욱, 지상현 교수님께 감사드린다.

국제관계학 에서 상위정치와 하위정치의 상호작용은 국제정치경제 혹은 세계정치경제라는 영

역에서 폭 넓게 다루어져 왔다. 그렇지만 통상, 금융 그리고 투자와 원조에 대한

연구에 비해 국제정치의 핵심 주제인 '안보'와 '경제' 사이의 상관관계에 대한 이

론적, 역사적 연구는 상대적으로 그다지 풍부하지 않은 것이 사실이다. 그러나

최근에 많이 언급되는 '지경학'이라는 화두의 등장은 경제와 안보 사이의 상호작

용을 본격적으로 고찰할 수 있는 기회를 제공하고 있다.

　이 글은 개념적 검토와 역사적 고찰의 두 부분으로 나누어진다. 첫 부분에

서는 지경학에 대한 논쟁의 시작과 전개 양상을 서술하고, 이 논쟁의 내용을 패러

다임 내 논쟁과 패러다임 간 논쟁으로 나누어 살펴본 후에 논의를 정리할 수 있는

적절한 분석틀을 모색해 볼 것이다. 두 번째 부분에서는 이 분석틀을 냉전, 탈냉

전/세계화, 그리고 탈·탈냉전의 시기에 각각 적용하여 그 특징적 양상을 관찰하

고, 현재의 시기에 있어서의 이론적, 정책적 의미에 대해 생각해 보고자 한다.

　지경학 논의는 학문적 연구와 더불어 실천의 대상이기도 하다. 하지만 한 국

가의 구체적인 정책적 선택에 앞서 그 대상에 대한 이론적, 역사적 고찰이 선행되

어야 한다는 것은 지경학에 있어서도 마찬가지이다. 이 글은 기본적으로 지경학

을 안보와 경제가 수평적으로 상호작용하는 하나의 열린(open-ended) 과정으

로 보고, 이에 대한 경제적 국가책략 수행의 의미를 강조하고자 하였다.

Interactions between high and low politics in international relations
have been widely analyzed in the fields known as international political
economy or global political economy. Yet theoretical and empirical studies
on the interactions between international relations' core subjects – security
and economy – are scarce, as compared to the studies on trade, finance,

or investment and aid. Recently, the advent of the idea of 'geoeconomics' has made it possible to make a full-fledged consideration of the interaction between security and economy.

This paper is divided into two parts: conceptual review and historical examination. The first part surveys the beginning and development of the debate on geoeconomics, and attempts to search for a relevant framework to arrange this discussion after considering both intra-paradigm and inter-paradigm debates. The second part applies this framework to the disparate Cold War, post-Cold War/globalization, and post-post-Cold War eras, speculating on their distinct features, and attempting to consider implications in theory and policy in the present era.

Geoeconomics is the subject of not only academic study, but also practical application. However, like any other subject, before turning into actual policymaking of a state, theoretical and historical studies must precede. This study fundamentally regards geoeconomics as an open-ended process where security and economics horizontally interact, and emphasizes the importance of economic statecraft in the process.

KEYWORDS 지경학 geoeconomics, 주체 agent, 구조 structure, 안보 security, 경제 economy, 냉전 the Cold War, 탈냉전/세계화 post-Cold War/globalization, 탈 · 탈 냉전 post-post-Cold War

I 서론

국제관계학에서 상위정치와 하위정치의 상호작용은 국제정치경제 혹은 세계정치경제라는 영역에서 폭넓게 다루어져 왔다. 그렇지만 통상, 금융 그리고 투자와 원조에 대한 연구에 비해 국제정치의 핵심 주제인 '안보'와 '경제' 사이의 상관관계에 대한 이론적, 역사적 연구는 상대적으로 그다지 풍부하지 않은 것이 사실이다. 이는 냉전기에는 '안보의 정치경제'라는 주제로(Kapstein 1991), 그리고 냉전 이후는 '경제안보'의 개념을 통해 부분적으로 논의되어 왔다 (Buzan 1997). 그러나 최근에 많이 언급되는 '지경학'이라는 화두의 등장은 경제와 안보 사이의 상호작용을 본격적으로 고찰할 수 있는 기회를 제공하고 있다.

이 글은 개념적 검토와 역사적 고찰의 두 부분으로 나누어진다. 첫 부분에서는 지경학에 대한 논쟁의 시작과 전개 양상을 서술하고, 이 논쟁의 내용을 패러다임 내 논쟁과 패러다임 간 논쟁으로 나누어 살펴본 후에 논의를 정리할 수 있는 적절한 분석틀을 모색해 볼 것이다. 두 번째 부분에서는 이 분석틀을 냉전, 탈냉전/세계화, 그리고 탈·탈냉전의 시기에 각각 적용하여 그 특징적 양상을 관찰하고, 현재의 시기에 있어서의 이론적, 정책적 의미에 대해 생각해 보고자 한다.

II 개념적 검토

1. 논의의 전개

지경학을 둘러싼 논쟁은 국제정치학 저널에서 정치학자들 사이에서라기보다는 지정학 저널에서 지리학자들에 의해서 주로 전개되었다.[1] 그 중 대표적인 것은 *Geopolitics*라는 학술지에서 벌어진 스파크(Sparke)와 비흐마(Vihma) 사이의 논쟁이라고 할 수 있는데, 이는 루트왁(Luttwak)이 *National Interest*에 기고한 짧은 논문에 그 기반을 두었다. 냉전이 끝난 직후인 1990년에 발표된 "지정학에서 지경학으로(From Geopolitics to Geoeconomics)"라는 논문에서 루트왁은 "경제의 수단(methods)이 군사의 수단을 대체하고 있다"라고 주장하고(Luttwak 1990, 17), 아래와 같이 이야기하였다.

세계정치(world politics)는 아직 자신의 비영토적인 논리에 의해서만 지배되는 경제의 자유로운 상호작용을 의미하는 세계 비즈니스

---

[1] 지리가 국가의 이익과 전략에 미치는 영향을 주로 군사안보적인 측면에서 고찰하는 지정학에 비해 지경학은 이를 상대적으로 경제적 측면을 중심으로 검토하는 것으로 대별할 수 있다. 현재 세계정치에서의 지정학 논의를 위해서는 김동기(2020)을 볼 것. 후술되는 바와 같이 탈·탈냉전기의 미중관계를 식민주의 시기의 영러관계나 냉전기의 미소관계처럼 해양세력과 대륙세력 사이의 패권 쟁탈로 설명하는 것에는 한계가 있다는 것이 이 연구의 전제라고 할 것이다. 정치지리학자인 지상현은 지정학은 정치지리학의 하나의 부분이며, 정치지리학이 정치와 공간 간 양방향 관계 모두를 다룬다면 지정학은 공간이 정치에 주는 영향에 주된 관심을 갖는다고 보았다. 아울러 그는 지리학자들은 지정학이 갖는 부정적 측면을 지적하면서, 그에 대한 대체 혹은 보완의 입장에서 지경학을 논의하는 경향이 있다고 이야기하였다. 지상현 교수와의 대담, 2021. 9. 2.

(world business)에 자리를 내준 것이 아니다.⋯ 대신 앞으로 벌어질, 그리고 우리가 이미 목도하고 있는 것은 '지경학'의 등장에 의한 국가 행위의 훨씬 덜 완벽한 전환인 것이다(Luttwak 1990, 19).

루트왁은 냉전의 종언에 따라 군사적인 위협과 군사동맹의 적실성이 감소하면서 국가 행위에 있어서 향후 지경학적인 관심과 방식이 중심적인 요인이 될 것이라고 지적하였다. 하지만 그는 지경학이 항상 국제적 삶(international life)의 중요한 부분이 될 것이라고 예측하면서도, 그것이 새로운 중상주의(mercantilism) 시대의 등장을 의미하는 것은 아니라고 보았다. 그 이유는 중상주의의 수단이 항상 전쟁의 수단에 의해 압도되었던 반면, 새로운 '지경학적' 시대에는 갈등의 원인뿐만이 아니라 수단 역시 경제적이어야만 한다는 점이 다르다는 것이다(Luttwak 1990, 20-21).

비판지정학자인 스파크는 이러한 루트왁의 주장을 오마에(Omae)의 세계화 논의와 대비하면서, 기본적으로 국가중심주의(state-centrism)에 각인된 것으로 다음과 같이 비판하였다.

루트왁에게 있어 지경학이란 새로운 시장에 접근하고, 국내 시장에의 접근을 막고, 국가주도의 투자, 교육, 규제 변화, 그리고 심지어 산업이나 기술 정보 활동을 통해 경제적 팽창의 토대를 창출하기 위해 한 나라의 경제 엘리트들이 '국가'에 의해, 그리고 '국가'를 통해 수행하는 의도적인 관행의 연속으로 이루어져 있다(Sparke 1998, 66).

그는 루트왁의 논의를 오마에와 같은 극단적인 자유시장주의자들의 국가의 역할 경시에 대한 비판으로 간주하면서도, 루트왁의 '영토화된(territorialized)' 견해가 경제지향적인 '비영토적' 논의들을 '재영토화(reterritorialize)'하는 영향을 갖는다고 지적하였다. 스파크는 그에 대한 대안으로 자유무역과 '초국경 지역주의(cross-border regionalism)'의 영토성에 대한 성찰을 아래와 같이 강조하였다.

> 분명 비중심화, 다원화, 경쟁, 탈규제 그리고 무한함이 자유무역 영토성의 중요한 측면이라고 할 수 있으며, 그것들은 북미와 함께 유럽의 초국경 지역주의의 발전을 통해 명확하게 드러나고 있다(Sparke 1998, 73).

스파크는 캐스캐디아(Cascadia)와 트랑망슈(Transmanche)의 사례를 북아메리카와 유럽의 '지경학의 선행적 지리(anticipatory geography of geoeconomics)'의 예로 제시하였다.

그는 루트왁의 주장이 물질주의에 해당하는 것으로 간주하고, 경계의 구성과 해체를 다루는 비판지정학의 문화주의(혹은 관념주의)의 입장에서 새롭게 등장하는 지역의 의미에 대해서 다음과 같이 이야기하였다.

> 그렇다면 이와 같은 주장으로부터 지경학은 그 핵심에 있어서 지구적인 흐름 안에서 [초국경] 지역이 갖는 경쟁적이고 조장적인 위치로의 이동 경향이라고 축약될 수 있는데, 이는 자유무역에 의해 가

능해지는 영토적 역동성에 부과되는 위치의 형태라고 할 것이다.…
그 결과로서의 경계지역 발전의 선행적 지리는 경제 지리를 정책
결정의 개입에 사용되는 정치 겸 문화 지리(cultural-cum-political
geography)의 기반으로 전환시키는 것에 기여하게 될 것이고, 이는
궁극적으로 국지적 수준에서의 거버넌스의 유형에 변화를 부과하는
것으로 사용될 수 있을 것이다(Sparke 1998, 92-93).

그의 다른 논문에서 스파크는 지경학을 희망에, 그리고 지정
학을 공포에 대비하면서 지리의 해체적 독해와 그를 통한 새로운
공간의 구축 과정과 구획 전제 가능성을 아래와 같이 제시하였다.

지경학의 상상 지리들은 지정학의 것들과는 다르다. 왜냐하면 그것
들은 철의 장막이나 악마의 제국, 그리고 충돌하는 문명권의 구상 등
으로 대표되는 정치적 분리와 불균등의 유형과는 다른 팽창하는 경
제적 평평함(flatness)의 상상을 가능케 하기 때문이다(Sparke 2007,
340).

동일한 학술지에서 비흐마는 스파크의 루트왁 비판에 대한 재
비판을 시도하였다. 그 역시 먼저 중국의 부상에 따른 지구적 경제
권력의 변화와 국가자본주의 발전 모델의 부상에 따라 지경학, 즉
경제와 전략의 상호작용에 대한 새로운 관심이 등장하고 있다고
전제한다. 하지만 비흐마는 스파크와 같은 비판지정학자들의 주장
이 루트왁의 논의를 지나치게 포괄적으로 해석하고 있으며, 그 결
과 지경학을 호전적인 이념과 국가 행위의 '영속적인 진리'에 기반

한 국제관계 현실주의의 단순화된 형태로 간주하는 오류를 범하고 있다고 지적하였다(Vihma 2018a, 2). 그는 루트왁의 지경학을 '경제 권력의 전략적 사용'으로 정의하고, 지경학을 단순한 현실주의나 지구적 신자유주의로 보는 입장, 그리고 안보화(securitization)와 동일시하는 시각 모두에 대한 비판을 제기하였다. 다음에 보는 스파크에 대한 언급은 그 첫 번째 유형에 해당한다고 볼 수 있다.

> 루트왁과 스파크 사이에는 흥미로운 오해가 존재한다. 먼저 루트왁의 용어로 지경학이란 그 정의상 국가의 전략적 행동에 대한 것인데, 스파크는 루트왁의 지경학을 '국가중심적'인 것으로 해석하였다. 이러한 혼란은 논란의 여지는 있지만 지경학을 본질적으로 국가 정책의 조합이 아닌 하나의 담론으로 보아야 한다는 스파크의 견해에 기인하는 것이다. 또한 이는 루트왁의 지경학을 1990년대의 세계화와 자본주의의 몽상과 연결시키는 그의 두 번째 비판과도 긴장관계에 있다(Vihma 2018a, 9).

아래에서 보는 것처럼 비흐마는 스파크와는 달리 루트왁이 기본적으로 지경학에 대해 긍정적인 관점을 갖고 있지 않았다고 생각하였다.

> 루트왁에게 지경학은 부정적, 호전적이며 제로-섬적인 현상이었다. 루트왁은 국가들이 상대 국가에 영향력을 행사하기 위해 점점 더 경제적인 수단에 의존한다고 보았지만, 이에 대해 어떠한 긍정적인 언급도 하지 않았다. 그 반대로 그의 주장은 자유주의적인 경제 통합

덕분에 국가 간 경쟁과 갈등이 세상에서 없어진 것이 아니기 때문에 냉전과 함께 역사가 끝난 것이 아니라는 경고로 가득 차 있었다. 루트왁에게 지경학은 국가의 개입, 전략적 갈등, 적의, 그리고 보호주의적이고 신중상주의적인 정책들을 의미했는데, 그것은 지경학이 적대적이고 제로-섬적이며 모순적인 '갈등의 원칙 그 자체'로 기능했기 때문이었다(Vihma 2018a, 9).

스파크에 대한 비판과 더불어 비흐마가 강조한 것은 지경학적 시각을 통한 이론 개발의 측면이었다. 그는 지경학이 국제관계와 외교정책분석을 위한 적절한 중범위 패러다임이 될 수 있다고 보았다. 비흐마에 의하면 비록 지경학 현상이 새로운 것은 아니며 국제경제나 외교정책, 그리고 안보 분야에 지속적으로 존재해 온 것이기는 하나, 이러한 지경학과 전략의 결합의 중요성과 그에 대한 관심이 점점 증대되고 있으며 이 추세는 기존의 경제적 자유주의나 규칙기반 다자주의, 그리고 지정학이 과거의 것이 되고 있다는 것을 보여준다는 것이다. 따라서 그는 '경제 권력의 지전략적 (geostrategic) 사용'이라는 지경학 개념은 현재의 정책분석을 위한 생생한 중범위 이론을 제공할 수 있다고 주장하였다(Vihma 2018a, 17).

비흐마는 동일한 학술지의 다른 논문에서도 비판지정학자들의 지경학에 대한 지나치게 광범위하고 모호한 개념화의 위험성을 경고하면서 아래와 같이 지적하였다.

지경학의 개념을 (이처럼) 모든 것을 포괄하는 방식의 담론으로 발전시킨다면 확실히 얻어지는 것도 있겠지만, 또한 잃게 되는 것도 존재한다. 그 위험성은 이 개념이 지나치게 확장되고 그것이 갖는 분석적 능력을 상실하게 된다는 것이다. 만약 국제경제를 다루는 모든 담론이 '지경학'이 된다면, 실제로 지경학은 아무것도 아닐 수도 있는 것이다(Vihma 2018b, 49).

geopolitics 지를 통한 이와 같은 논쟁은 우리에게 냉전 이후의 세계에서 지경학이 갖는 의미와 함께 이를 기존의 국제정치이론 논쟁 및 정책 논의와 연결시켜야 할 필요성을 일깨워준다. 스파크와 비흐마의 서로 다른 해석이 보여주는 것처럼 루트왁의 논문은 사실상 탈냉전기 국제관계의 현실에 대한 일반론적인 예측이었을 수도 있으며, 이는 현재 어느 정도 실현되고 있다고 할 수 있다. 또한 스파크의 비판지정학적 논의도 새로운 과정의 귀결에 대한 하나의 지향점(end-state) 제시로 간주될 수 있으며, 지경학적 세계의 미래에 대한 정확한 고찰을 위해서는 비흐마가 이야기한 것처럼 지경학의 정교한 개념화를 통한 분석적이고 경험적인 연구의 축적이 요구되는 것이 사실이다.

2. 패러다임 내/패러다임 간 논쟁과 열려진(open-ended) 과정으로서의 지경학

'지경학의 시대'가 이전 시기와 차별적이라는 점에는 모든 학자들이 동의하고 있지만, 그러한 차이의 성격과 심도에 대해서는 다양한 견해가 존재한다. 아래의 시웅(Hsiung)의 지적과 코웬과 스미스(Cowen and Smith)의 주장은 합리주의와 성찰주의가 보는 지경학의 차이를 잘 보여준다.

> 이전의 모든 시기에 대비해서 볼 때, 지경학은 경쟁 상대인 지정학에 대해 한 나라의 국가이익과 정책 선택을 위한 필수품으로 부상하고 있다.… 지경학 시대의 권력은 매우 다르게 정의되며, 따라서 세력균형은 매우 다른 규칙에 의해 수행된다(Hsiung 2009, 113).

> 우리는 지정학이 결코 단지 국가의 대외관계에 대한 것만은 아니었으며, 오히려 좀 더 포괄적으로 국민국가 경계의 안과 밖을 구획하고 만들어내는 '지정학적 사회성(geopolitical social)'을 포함하는 것이었다고 주장한다.… 근대 지정학의 기초이자 결과로서의 영토, 경제 그리고 사회적 형태의 결합체인 이와 같은 지정학적 사회성은 현재 자신에 수반되는 사회적 형태를 갖는, 지경학이라고 묘사되고 있는 새롭게 등장한 지리와 경제에 의해 변환되고 있다(Cowen and Smith 2009, 23).

따라서 우리는 지경학의 주제에 대한 이른바 패러다임 내 논쟁과 패러다임 간 논쟁을 모두 검토해 볼 필요가 있다. 주류 학자들 사이의 지경학 논쟁은 국제정치이론의 소위 '신-신 논쟁(neo-neo debate)'의 형태로 진행되었다. 지경학에 관한 대표적인 현실주의 저작에서 블랙윌과 해리스(Blackwill and Harris)는 지정학적인 고려에 따른 경제적 국가책략의 측면을 강조하면서, 지경학을 "국가이익을 증진하고 수호하기 위해, 그리고 이익이 되는 지정학적 결과들을 산출하고 지정학적 목표에 대한 다른 나라들의 경제적 행동에 영향을 미치기 위해 경제적 도구들을 사용하는 것"으로 정의하였다(Blackwill and Harris 2016, 20). 스콜빈과 위겔(Scholvin and Wigell)도 경쟁이 다시 한 번 국제관계의 주된 추동력이 되고 있다고 지적하면서, 단지 국제 영역에서 국가에 의해 수행되는 수단이 경제적일 것인가, 군사적일 것인가, 아니면 이들의 혼합일 것인가라는 점만이 명확하지 않은 것이라고 지적하였다(Sholvin and Wigell 2018, 76). 이러한 주장에 따르면 지경학의 흐름 역시 지정학에 의해 좌우되며, 국가의 역할은 따라서 더욱 강화되고 있다고 볼 수 있다. 처게이(Csurgai)는 이에 대하여 다음과 같이 이야기한다.

> 지경학은 현 국제체제에서 국가들의 권력적 위치를 향상시키기 위한 국가 행위자들과 다양한 경제 분야들 사이에서의 전략적 상호작용을 나타내 준다.… 국가는 지경학 내에서 자신의 역할을 갖고 있는데, 이는 경제적 영역에서 국가에게 다소 감소된 역할을 부여하고 자유시장과 자유무역 레짐의 압도적 측면을 강조하는 신자유주의적 이념과는 상반된 것이다(Csurgai 2018, 41).

하지만 이와 같은 지정학에 의한 지경학 통제 주장에 대해 다른 학자들은 상대적으로 신자유주의적 입장에서 비판을 제기하였다. 트록젤(Troxell)은 블랙윌과 스미스 저작의 결론에 대해 아래와 같이 두 가지 이유에서 반론을 제시한다.

첫째, 그들이 의도하는 '대전략'이란 미국의 국가이익을 지원하는 지정학적 목표를 달성하기 위해 경제적 수단을 더 광범위하게 사용하는 것이다.… 이는 모두 수단에 관한 것이지 전략적 목적에 대한 것이 아니며, 확실히 대전략적인 비전에 관련된 것은 아니다.… 두 번째 문제는 규칙기반적 세계질서에 대한 지속적인 지지가 미국에게 여전히 가장 적합한 대전략으로 남아 있다는 것이다(Troxell 2018, 18).

김동중 역시 지경학을 위한 경제적 조치들이 국내적인 경제적 자유를 침식하거나 미국이 2차 대전 이후 이끌어 온 자유주의적인 국제질서를 손상시킬 수 있다고 지적하였다(Kim 2019, 154).

다른 학자들은 국가의 역할 확대에 대한 찬성 혹은 반대의 입장을 제기한다기보다는 새로운 질서의 도래에 따른 정책의 전략적 선택이라는 측면에서 이 문제에 접근하고 있다. 로버츠, 모래스 그리고 퍼거슨(Roberts, Moraes and Ferguson)은 지경학적 질서가 탈냉전기 신자유주의적 질서를 대체할 것으로 보면서 아래와 같이 이야기하였다.

점증하는 '경제정책의 안보화와 전략적 정책의 경제화'로 특징 지어지는 [이러한] 새로운 질서로의 전환은 국제통상과 투자의 규칙과 규범, 그리고 제도가 중요한 변화를 맞게 되는 것을 목도할 것이다(Roberts and Moraes et al. 2019, 655).

새로 등장하는 지경학적인 질서의 핵심은 절대적 이득에 대한 관심에서 상대적 이득에 대한 관심으로의 이전이다(Roberts and Moraes et al. 2019, 659).

지경학적 질서의 중요한 속성은 상호의존에 대한 찬성과 반대에 대한 재고와, 상대적인 견지에서 국가들이 '상호의존을 무기화'하거나 그와 같은 무기화에 대한 노출을 감소시키려 하는 점증하는 경향이라고 할 수 있다(Roberts and Moraes et al. 2019, 660).

이와 같은 신현실주의와 신자유주의 사이의 논쟁과는 달리 비판이론가들은 성찰주의적 시각에서 지경학을 하나의 담론으로 간주한다. 앞서 언급되었던 코웬과 스미스는 다음과 같이 비판지정학의 입장에서 안보에 대한 지경학적 논의가 갖는 의미를 강조하였다.

> 비판지정학은 지정학적 담론을 해체하려는 시도로 시작하여, 근대 지정학에 존재하는 국가 권력, 민족주의적 야망, 인종적 우월성과 가부장적 특권을 연결하는 가정의 집합을 효과적으로 드러내려 한다.… 안보의 지경학적 개념화는 영토국가의 논리와 지구적 경제 흐름, 안보에 관여하는 비국가적, 사적 행위자의 확산 사이의 갈등을 강조하며, 시민권과 사회적 형태를 재조명한다.… 우리는 지경학적 공간성을 정치 지리의 지속적인 변환에 있어 매우 중요한 것으로 간주한다(Cowen and Smith 2009, 23).

그들은 지경학의 부상이 반드시 경계와 영토의 의미를 덜 중요하게 만드는 것은 아니지만, 그들에게 지나치게 부과되어 있는 '국가적' 속성을 감소시키게 될 것이라고 보았다(Cowen and Smith 2009, 43).

하지만 동일한 흐름에 대해 다른 비판이론가들은 좀 더 부정적인 견해를 제시하였다. 그러한 논의 중 하나는 그람시(Gramsci)의 이론을 지경학에 접목시키려는 작업이라고 할 수 있다. 이승욱, 웨인라이트, 그리고 글래스만(Lee, Wainwright, and Glassman)은 지정학이 영토적 통일성의 관리와 유지에 집중하는 반면, 지경학은 영토 내와 경계 사이에 모두 작용하는 좀 더 광범위한 경제적 관습, 전략, 그리고 상상력의 집합이라고 이야기한다(Lee and Wainwright et al. 2018, 419). 그들은 중국의 일대일로(OBOR)와 미국의 환태평양경제동반자협정(TPP)의 예를 통해 지정학적 논리와 지경학적 논리의 결합 형태에 주목하면서, 지구적 정치경제와 그 영토적 역동성의 분석을 위해서는 이와 같은 사회적 형태가 갖는 패권적 속성에 대한 이해가 필요하다고 강조하였다(Lee and Wainwright et al. 2018, 430). 모리세이(Morrissey)는 스미스(Smith)의 책을 인용하면서 미국의 지경학 전략이 갖는 '제국적 속성'을 아래와 같이 좀 더 직접적으로 지적하였다.

그의 *American Empire*(2003, University of California Press)에서 닐 스미스는 미국의 지구적 야망의 현 시점은 '일차적으로 세계시장을 통해서, 그리고 단지 필요할 경우에만 이차적으로 지정학적 견지에서 행사되는' 제국적 권력의 네트워크에 의해 특징 지어진다고 이야기하였다. 스미스에게는 우리가 9/11 이후 시기 미 지정학의 소란 속에서 실제적으로는 지구화의 간극을 메우려는 전쟁인 '테러와의 전쟁'에 내재하는 '지구적 통제를 위한 심층적인 지경학적 열망'을 간과하지 말아야 한다는 점이 매우 중요하다(Morrissey 2017, 94).

위에서 서술된 지경학에 대한 논의 전개와 다양한 논쟁의 내용은 사실상 복잡성 내지는 불확실성의 견지에서 지경학적 미래를 조망해야 한다는 사실을 말해주고 있다고 할 것이다. 하지만 각각의 주장들은 서로 다른 선험적 전제와 목적론적 입장을 보여주고 있으며, 따라서 비흐마가 강조한 중범위 이론으로서의 지경학 연구를 위한 중립적인 기초를 제공하고 있다고 보기는 어렵다. 그러한 점에서 구성주의에서 제기되었던 '주체-구조의 문제(agent-structure problem)'와 최근 국제정치학에 원용되기 시작한 루만(Luhmann)의 체계이론은 열려진(open-ended) 과정으로서 지경학을 행위자와 의제의 면에서 분석적, 경험적으로 고찰하기에 유용한 틀을 제공하고 있다고 할 수 있다.

웬트(Wendt)는 신현실주의의 개체주의적 환원론과 세계체제론의 구조에 대한 물신화를 모두 비판하면서 국제체제를 형성하는 주체와 구조 사이에 존재하는 상호구성적인 속성에 주목할 필요가 있다고 보았다. 그는 인과적인 힘이나 관습, 그리고 국가이익을 이론화하고 설명하는 '추상적인' 분석과 특정한 사건에 이르게 되는 인과적으로 중요한 국가들의 선택과 상호작용의 진행 과정을 추적하는 '구체적인' 분석의 결합을 뜻하는 구조적-역사적 분석(structural-historical analysis)의 방법을 제시하고, 이를 통해 체제와 국가의 속성 모두를 규명할 수 있는 연구영역의 개발이 필요함을 강조하였다(신욱희 2021, 340-341). 이는 지경학 논의에서 등장하는 새로운 정치경제의 체제 요인과 경제적 국가책략 사이 상호관계의 설명과 이해에도 활용될 수 있을 것으로 보인다.

　　루만은 자신의 이론에서 하나의 세계사회(world society)를 상정하고 있지만, 이는 또한 복수의 부분체계들로 이루어져 있다고 본다. 그에 따르면 각각의 체계는 자신과 환경을 구별하면서 자신의 체계를 특정적인 매체에 의한 커뮤니케이션을 통해 지속적으로 유지시켜 나간다. 예를 들어 경제체계는 화폐에 의해, 정치체계는 권력을 통해 체계를 재생산시키는 것이다. 하지만 각 체계는 환경과, 그리고 다른 체계와 상호작용하는 '열린 시스템'으로 기능하며, 이는 '구조적 결합(structural coupling)'이라는 개념으로 묘사된다(민병원 2021, 228-234). 따라서 근대 국제관계는 자본주의 세계경제와 국가간 체제라는 경제체제와 정치(혹은 안보)체제의 결합의 방식에 따라 그 특성이 발현된다고 볼 수 있다.[2] 여기에서는 이러한 웬트와 루만의 이론을 2차 대전 이후 냉전, 탈냉전과 세계화, 그리고 탈/탈냉전의 지경학 시대로의 전환을 설명하는 틀로서 원용하려 한다. 아래 부분에서는 이와 같은 맥락에서 세 시기의 주체/구조, 안보/경제의 상호작용이 어떠한 방식으로 작동하였는가를 비교적으로 간략하게 살펴볼 것이다.

2　　이는 체제 간의 비중 내지는 위계성의 문제로도 이해될 수 있을 것이다.

III 역사적 고찰

1. 냉전

냉전사가인 개디스(Gaddis)는 냉전기를 핵의 존재와 이에 따른 공포의 균형이 작용하면서 미소 간의 전략적 양극성이 국제관계를 지배했던 특수한 시기로 묘사하였다(Gaddis 1987). 역사사회학자들은 자본주의 세계체제의 특성을 한편으로는 지정학적 경쟁, 다른 한편으로는 세계적인 자본 축적에 관한 갈등 사이의 복합적인 상호작용의 결과로 설명하였지만(Evans et al. 1985, 11), 냉전체제에는 이와 같은 국가와 시장의 지구적 체제의 특성과는 다른 부분이 존재하였다. 양자체제에서의 미국은 유럽의 다자체제적 의미에서의 '고전적인' 패권국이 아니었다. 식민주의 시기와는 달리 미국의 지정학적 경쟁국은 다른 자본주의 국가들이 아닌 통상에 대한 이해를 갖지 않은 소련과 다른 공산주의 국가들이었으며, 독일이나 일본과 같은 미국의 경제적 경쟁국은 사실상 미국의 전략적 동맹국이었던 것이다.

　이와 같은 양극성의 특징은 역설적으로 선진산업국들 사이의 '협력의 구조적 요인'이 되어왔다. 코헨(Keohane)은 냉전기의 안보적 요인과 경제적 요인 사이의 연계에 대해 아래와 같이 언급하였다.

　적대적인 세력에 의한 공격으로부터 국제정치경제를 방어하기 위한 충분한 군사적 능력은 실제로 성공적인 패권의 필요조건이다. 2차

대전 이후 미국은 소련에 대한 '봉쇄' 전략을 추진하면서 이와 같은 힘을 유지하여 왔다. 이 군사적 능력의 보호 아래 미국은 다자적 원칙에 기초한 세계정치경제를 구축하였고, 미국이 승인한 규칙을 구체화하였다. 세계정치경제에서 미국의 리더십은 NATO와 분리되어 존재하지 않았으며, 근래 양자는 서로를 더욱 강화시켰다. 미국이 그의 보호를 철회할지도 모른다는 유럽의 우려는 미국의 요구에 순응하는 동기를 부여하였다.… 미국의 군사력은 자신이 주도하는 국제정치경제를 보호하는 방패로 기능했으며, 이는 경제적 문제의 협상 배경에 있어 주요한 요인으로 존재하였다(Keohane 1984, 136-137).

전후 양극체제는 2차 대전 이후의 군사력의 편재를 현실적으로 반영하였다. 하지만 다른 한편으로 다른 권력의 영역, 특히 경제력에 있어서는 몇몇 국가들은 미국과 소련을 추격하거나 거의 능가하는 모습을 보여주게 되었다. 즉 코헨의 견해와는 달리 냉전기의 독특한 동맹 유형으로 인하여 미국은 자신의 경제적 경쟁국들을 상대하는 데 있어 군사적 패권을 효과적으로 사용할 수 없었으며, 세계경제에서의 미 패권의 상대적 쇠퇴는 이와 같은 냉전체제의 구조적 요인과 부분적으로 연결되어 있었다고 할 수 있다.

냉전기 동안 미 정부는 부의 추구보다 권력의 추구에 더 많은 관심을 갖는 것처럼 보였으며, 미국 국내의 사적, 경제적 이익은 좀 더 포괄적인 미국의 정치적, 안보적 이익에 의해 통제되었다. 원조와 공공차관은 이와 같은 미국 냉전 정책의 전형이었다. 의회는 해외원조 프로그램에 대해 이견을 보였지만 행정부는 전략적 목표에 따른 대규모 예산을 옹호하였다. 무엇보다 냉전 초기 미국은 가장 핵심적인 세계정치의 주체로서 사실상 체제의 구조를 만들어내는 역할을 수행하였다.[3] 소련에 대한 군사적 봉쇄와 이념적 대립의 토대에서 만들어진 지정학적 구조는 이후 미국의 정치경제적 선택을 제약하였다. 통상적인 국제관계에서 정치-군사적 능력의 증진은 경제적 성취로 연결되는 것이 보통이지만, 냉전체제에서는 반대의 결과를 초래하였고, 세계경제에서의 미국의 지위에 오히려 부정적인 영향을 미치게 되었다. 따라서 위에서 언급된 구분에 따르면 냉전기는 상대적으로 정치(안보)체제가 경제체제를 압도하면서 주체에 의해 구성된 구조가 좀 더 강력하게 주체를 통제했던 시기로 이해될 수 있다.

2. 탈냉전/세계화

오이(Oye)는 냉전기의 '진영체제'가 서서히 하지만 분명하게 미국과 소련의 경제적 성과를 잠식했고 세계적 양극성의 붕괴에 공헌하였다고 지적하였다(Oye 1992). 이는 군사력과 경제적 경쟁력 사이의 상충관계가 시간이 지나면서 악화되었기 때문이었다. 동구 진영의 와해를 포함한 냉전적 세계질서의 종언은 전후 동맹체제의 존재 이유를 손상시켰고, 이는 안보와 경제 영역 사이의 새로운 구조적 결합의 형태를 요구하게 되었다. 냉전기 동맹관계의 전형이었던 미일관계에서 경제적 갈등은 점차 증대되었고, 일부 학자는 일본에 의한 새로운 패권체제 내지는 양두패권(bigemony) 가능

---

3 이와 같은 측면은 *Present at the Creation*이라는 당시 미 국무장관 애치슨(Acheson)의 회고록 제목에서 상징적으로 드러나고 있다(Acheson 1969).

성을 언급하기도 하였다. 프리드만(Friedman)과 르바드(Lebard)는 1990년대 초반의 국제정세가 미국이 초강대국으로 존재하지만 경제부문에서의 갈등과 지역국가의 부상이 심화되는 방식으로 전개될 것이라고 전망하면서, 특히 미일 대립구도의 형성 가능성을 강조했다(Friedman and Lebard 1991). 하지만 미일 사이의 통상마찰은 사실상 냉전기 후반에 시작되었고 1985년 플라자 합의 이후 일본경제는 이른바 '잃어버린 10년' 내지는 '잃어버린 20년'의 하강기를 겪게 되었다.

그러나 냉전의 종언 역시 상위정치와 하위정치가 상호 연계되는 근대 국제관계의 통상적인 상태로의 복귀라기보다는 상대적으로 경제적 영역이 우위를 점하는 상태를 유도하였다. 버그스텐(Bergsten)은 "경제의 우월성(The Primacy of Economics)"이라는 자신의 논문에서 아래와 같이 말했다.

…새로운 미 대외정책을 형성하는 주요 임무는 우선순위를 정하고 중요한 주제를 선택하는 것이다. 그와 같은 선택은 미국의 국가이익으로부터 도출되어야 하며, 이는 급격하게 경제적인 방향으로 움직이고 있다.…

미국의 대외정책은 또한 외부적 환경에 따라 좌우될 것인데, 이 역시 경제의 방향으로 빠르게 이동하고 있다(Bergsten 1992, 4-5).

하지만 이러한 과정은 이른바 신자유주의적 세계화의 심화를 가져왔고, 이는 국가 역할의 확대보다는 축소를 의미하는 것이었다. 커니(Cerny)는 세계화의 경향을 다면주의(plurilateralism)로 묘사하면서, 민족국가 간의 세력균형으로 대표되는 근대 세계질서의 권력의 집중과 서열화의 특징은 탈냉전기로 접어들어 복합적인 초국가적 상호침투가 진행됨에 따라서 권력의 분산과 탈집중화, 그리고 국제체제의 구조적 분화의 경향을 나타내고 있다고 지적하였다(Cerny 1993). 그가 묘사한 안보/경제/정치/문화의 기능적 구조와 다자/지역/국가/사회의 구조적 수준의 복합화는 상대적으로 경제와 사회의 조합 강화로 귀결되었고, 이는 초국가적 자본의 영향력 증대로 이어졌다. 이와 같은 분화 과정은 체제의 안정성을 담보하기보다는 불안정성을 초래하였으며, 이는 2008년의 글로벌 금융위기로 이어지게 되었다.

글로벌 금융위기의 사례는 세계화의 시대가 정치(안보)영역보다는 경제영역이, 그리고 자본의 연계로 만들어진 세계체제의 구조가 개별적인 국가 주체를 압도했다는 점을 보여주고 있다. 따라서 자유주의 이론의 두 핵심인 상호의존론과 신제도주의 역시 그 효용성에 의문이 제기되었다. 아시아 외환위기 이후 대안적으로 등장한 동아시아의 지역주의 역시 안보적 순기능을 담보하지 못하는 소위 '아시아 패러독스'의 문제로 묘사되었다. 이와 같은 딜레마에 대해 이승주는 다음과 같이 이야기하고 있다.

경제적 상호의존 또는 협력의 제도화가 자동적으로 지역 평화로 연결되기에는 다양한 현실적 한계가 있는 것이 사실이다. 달리 말해, 연성 이슈의 협력이 경성 이슈의 협력으로 순차적으로 발전하는 것은 동아시아 현실에는 그렇게 용이하지 않다. 다만, 경제적 상호의존 또는 지역 제도들이 다른 조건들과 유기적으로 결합되었을 때 아시아 패러독스의 극복 가능성이 제고될 수 있을 것으로 보인다. 구체적으로 기능적 접근이 성공하기 위해서는 연성과 경성 이슈의 협력을 유기적으로 연계할 수 있는 가교 쟁점(bridging issue)의 발굴이 긴요하다. 따라서 전통적 시각에서 볼 때, 연성 이슈적인 성격을 갖지만, 경성 이슈에 대한 영향이 큰 분야의 협력을 제고하는 방안을 고민할 필요가 있다(이승주 2015, 189).

3. 탈·탈냉전

하스(Haass)는 2019년의 한 세미나에서 "탈냉전 질서는 이제 끝나가고 있으며, 그것을 대체할 질서는 아직 모호한 상태에 있다"라고 말했다.[4] 이러한 소위 '탈·탈냉전'의 시대의 성격은 중국의 부상 추세, 그리고 그에 대한 미국의 대응 양상에 따라 정해진다고 할 수 있을 것이다.[5] 우리는 부상하는 중국이 가져오는 세계정치의 변화를 단순한 '지정학의 귀환'이 아닌 안보-경제 연계의 새로운 등장, 즉 지경학의 시각에서 살펴보아야 할 것으로 생각된다. 위에서 살펴본 것처럼 냉전기는 안보 영역, 그리고 탈냉전기는 경제영역의 우위가 존재했던 시기라면, 탈·탈냉전기는 안보와 경제가 수평적으로 상호작용하는 형태의 구조적 결합을 보여주는 시기라고 할 수 있다. 또한 갈등과 협력의 가능성이 공존하면서 개별 국가의

---

4   https://www.ipinst.org/2019/02/rechard-haass-world-in-disarray#4. 이에
     대한 상세한 서술은 하스(2017)를 볼 것.
5   물론 탈·탈냉전이라는 용어는 아직 명확한 정의나 내용을 갖는 것은 아닌 것이
     다.

선택이 중요하다는 점에서 구조적 전환기에 있어 주체의 역할이 부각되고 있는 시점이라고도 할 것이다. 이승주 역시 21세기의 국제정치경제가 '초불확실성의 시대'에 접어들고 있다고 보면서 현재 무질서의 성격이 이전 시기와 차별적임을 지적하였다. 그는 새로운 국제질서의 미래가 "다원화된 질서 속에서 경쟁과 갈등이 아닌 협력과 조정의 매커니즘 수립, 시스템 차원의 공공재의 공급과 국내 문제 해결을 위한 자율성 사이의 조화, 시스템 균형의 회복에 소요되는 비용 분담에 대한 합의 등에 달려있다"고 전망하였다 (이승주 2017, 238).

트럼프 행정부의 등장과 그에 따른 미 정책의 변화는 주체의 존재론적 위상을 보여주는 예였다. 하지만 트럼프의 외교정책을 일방적인 '중국 때리기(China bashing)'로 보는 것은 오해의 여지가 있으며, 남중국해 문제를 비롯한 중국과의 지정학적 갈등은 오히려 이전 정부에 비해 상대적으로 완화된 측면을 보여주었다. 유재광은 이러한 측면에 대해 아래와 같이 주장하였다.

[트럼프 행정부는] 안보와 경제이익의 사고에서 좀 더 유연한 접근을 한다. 양보의 영역이 아닌 안보적 이익도 경제적 이익에 봉사할 수 있다면 일정 정도의 양해가 가능하다는 입장이다. 최근 중국과의 남중국해 문제와 북한 핵문제의 무역문제의 연관 및 타협이 이를 방증한다. 따라서 전통적 외교정책적 수단의 동원보다 경제적 수단을 이용한 국익의 증진을 목표로 하는 경제책략(economic statecraft)의 동원이 노골화될 것으로 예측한다(유재광 2018, 87).[6]

그러나 코비드-19 사태와 바이든 대통령의 당선은 세계정치와 미중관계에 새로운 변수로 등장하였다. 글로벌 팬데믹의 확산은 세계화에 또 다른 부정적 영향을 미치면서 이른바 '성곽시대의 재도래'가 언급되고 있으며, 이에 대한 중국책임론이 제기되었다. 바이든 행정부의 정책은 관념 변수의 등장과 다자주의/동맹정치의 강조로 요약될 수 있는데, 이는 민주주의 국가들 사이의 제휴와 그를 통한 미 주도의 세계질서의 재구축 노력으로 나타나고 있다. 이와 연관된 인도/태평양 구상과 쿼드(Quad) 협력 중시는 미중관계에 있어 지경학적 측면보다는 지정학적 측면이 다시 부각될 가능성을 갖는다고 할 것이다.

하지만 트럼프 행정부 시기부터 지속되어 온 미중 간 경쟁이 영토나 시장을 둘러싼 것이 아니라 기본적으로 기술 패권을 목표로 하여 진행되고 있다는 사실은 여전히 지정학보다 지경학적 역동성이 좀 더 우위에 있다는 것을 보여준다.[7] 따라서 글로벌 가치사슬(global value chain)의 극단적인 조정, 즉 미중 사이의 디커플링(de-coupling), 이에 연관된 각국의 리쇼어링(re-shoring)이 과연 가능할 것인가, 혹은 기술 냉전의 상황이 전 지구적인 이익이나 개별 국가의 이익에 장기적으로 어떤 결과를 초래할 것인가에 대한 고려가 필요한 것이다.[8] 한 예로 대만의 반도체 회사인 TSMC의 마

---

6   경제책략에 대한 기존 연구로서 윤대엽(2019)과 김치욱(2020)을 볼 것.
7   또한 미중관계에 있어서도 국가가 초국적 기업이나 금융자본을 완전하게 통제할 수 있다는 예측은 적절치 않을 수 있다.
8   즉 기술이 개별적 상호성의 대상인가 아니면 포괄적 상호성의 대상인가, 혹은 상대적 이득의 대상인가 아니면 절대적 이득의 대상인가에 대한 논의가 요구되는 것이다.

크 리우 회장은 각 나라의 반도체 자립은 비현실적이며, 미중 갈등이 현재 반도체 대란의 주범이라고 비판하였다(『매일경제』 2021. 3. 31.).

이러한 점에서 레이크(Lake)의 개방경제 정치학(open-economy politics)의 관점에서의 미중관계에 대한 다음과 같은 지적은 지경학 시대의 특성을 잘 보여주는 것이라 할 수 있다.

> 이러한 [미중 사이의] 새로운 양극적 경쟁은 구조적 현실주의들의 견해와는 달리 불가피한 것이 아니다. 구조란 운명이 아닌 것이다. 오히려 만약 미중 사이에 그러한 경쟁이 일어난다면 그것은 그렇게 되지 않아도 되었을 결정의 결과일 것이다. 핵심적인 것은 두 정부가 의심할 여지없이 국내적인 경제적 보호주의와 국제적인 영향력의 영역에 있어서의 특권을 요구하는 국내적인 지대추구 행위를 제한할 수 있는 자제력을 갖고 있는가의 문제이다(Lake 2018, 238).[9]

IV 결론

지경학 논의는 학문적 연구와 더불어 실천의 대상이기도 하다. 하지만 한 국가의 구체적인 정책적 선택에 앞서 그 대상에 대한 이론적, 역사적 고찰이 선행되어야 한다는 것은 지경학에 있어서도 마

---

9 하지만 *Foreign Affairs* 최근호의 두 논문(Posen 2021; Wong 2021)은 미국과 중국 정부의 부정적 방향으로의 결정 가능성을 시사하고 있다. 미국의 자유주의 질서 유지 가능성에 대한 국내정치적 조건에 대해서는 강선주(2020)를 볼 것.

찬가지이다. 이 글은 기본적으로 지경학을 안보와 경제가 수평적으로 상호작용하는 하나의 열린(open-ended) 과정으로 보고, 이에 대한 경제적 국가책략 수행의 의미를 강조하고자 하였다.[10] 허쉬만(Hirschman)은 그의 고전적인 저작에서 한 국가, 특히 강대국이 자신의 경제(통상)정책을 통해 새로운 국제적인 구조를 만들어 내고, 다른 국가의 정책에 영향을 미칠 수 있음을 보여주었다(Hirschman 1945).[11] 여기서 중요한 점은 그러한 선택이 긍정적인 방향과 부정적인 방향 모두로 행해질 수 있다는 점이다. 따라서 이는 상호의존론이나 신자유주의와는 다른 개체론적인 상업적 평화(commercial peace)의 가능성을 내포하는 것이라고 할 수 있다.[12]

동아시아와 한반도는 오랜 시간 동안 지정학적 결정론의 영향 아래에 있었으며, 현재에는 동아시아에서의 미중 간 지역적 경쟁이 사실상 세계적인 수준의 갈등과 협력의 구조를 만들어내고 있다.[13] 하지만 이 경쟁이 식민주의 시기의 영러관계나 냉전기의 미소관계와는 달리 상대적으로 지경학적 특성을 갖고 있다는 점을

10 즉 냉전기 구조적 결합의 양상이 현실주의 이론의 명암을, 그리고 탈냉전/세계화 시기 구조적 결합의 양상이 자유주의 이론의 명암을 보여주었다면, 이제 탈·탈냉전기의 구조적 결합의 양상은 구성주의 이론의 명암을 판단하는 대상이 되는 것이다.
11 부와 권력 사이의 관계에 대한 허쉬만의 전반적인 견해를 위해서는 Adelman(2013)의 6장을 참조할 것.
12 이는 경제적 연계나 제도의 역할이 아닌 개별 국가 사이 경제정책의 상호작용에 의한 평화 구축의 가능성을 상정하는 것이다. 이전의 유사한 연구를 위해서는 Mastanduno(2003); Copeland(2015)를 볼 것.
13 로드릭(Rodrik)과 월트(Walt)는 새로운 세계질서의 구축을 위해 미중 사이에서 최소한의 합의에 기반하는 '메타레짐'의 필요성을 제시하고 있다(Rodrik and Walt 2021).

생각해 볼 필요가 있다. 따라서 미국의 인도/태평양 전략과 중국의 일대일로 구상이 수렴할 수 있는 부분을 지정학이 아닌 지경학적인 시각에서 고찰하고 그 안에서 한반도의 역할을 규정할 수 있을 때,[14] 혹은 글로벌 가치 사슬의 재편에서 동아시아와 한반도가 갖는 기능주의적 측면을 검토할 수 있을 때,[15] 우리는 비로소 안보와 경제 사이의 선순환적인 구조적 결합과 그것이 가져오는 긍정적인 신지정학적 영향의 가능성을 탐색할 수 있을 것이다.

14　즉 두 구상 사이의 지정학적 선택에 대한 검토와 함께 지경학적 양립성에 대한 탐색이 요구되는 것이다. 전자의 연구로는 Koo(2020)와 Jung, Lee, and Lee(2021)을 볼 것.

15　관련 작업으로 Lee and Yang et al.(2021)를 볼 것.

참고문헌

강선주. 2020. "미국의 자유주의 패권질서의 지속가능성: 국내정치 필요조건과 포스트-
  코로나 국제질서에의 함의." 국립외교원 외교안보연구소 정책연구시리즈 2020-
  18.
김동기. 2020. 『지정학의 힘: 시파워와 랜드파워의 세계사』. 파주: 아카넷.
김치욱. 2020. "세계금융위기와 미국의 국제경제책략: 지경학 시각." 『국가전략』
  26(1).
민병원. 2021. "국제정치의 거시적 이해와 시스템이론." 박건영·신욱희 편.
  『국제정치이론』. 서울: 사회평론아카데미.
신욱희. 2021. "구성주의." 박건영·신욱희 편. 『국제정치이론』. 서울:
  사회평론아카데미.
유재광. 2018. "트럼프 행정부의 대 동아시아 정책 전망: 현실주의적 재조율 시각을
  중심으로." 이승주 편. 『일대일로의 국제정치』. 서울: 명인문화사.
윤대엽. 2019. "아베 내각의 경제적 국가책략: 다자적 헤징, 경제적 관여, 전략적 결속."
  『아태연구』 26(3).
이승주. 2015. "아시아 패러독스(Asia Paradox)를 넘어서: 경제적 상호의존과
  제도화의 관계에 대한 비판적 검토." 『한국정치외교사논총』 36(2).
_____. 2017. "불확실성 시대의 국제정치경제: 자유주의 국제질서의 위기?"
  『국제정치논총』 57(4).
하스, 리처드. 2017. 『혼돈의 세계: 미국 외교정책과 구질서의 위기, 그리고 한반도의
  운명』. 김성훈 역. 서울: 매일경제신문사.

Acheson, Dean. 1969. *Present at the Creation: My Years in the State Department*.
  New York: W. W. Norton and Company.
Adelman, Jeremy. 2013. *Worldly Philosopher: The Odyssey of Albert O.
  Hirschman*. Princeton: Princeton University Press.
Bergsten, C. Fred. 1992. "The Primacy of Economics." *Foreign Policy* 87.
Blackwill, Robert and Jennifer Harris. 2016. *War by Other Means: Geoeconomics
  and Statecraft*. Cambridge: The Belknap Press of Harvard University
  Press.
Buzan, Barry. 1997. "Rethinking Security after the Cold War." *Cooperation and
  Conflict* 32(1).
Cerny, Philip G. 1993. "Plurilateralism: Strucural Differentiation and Functional
  Conflict in the Post-Cold War Order." *Millenium: Journal of International
  Studies* 22(1).
Copeland, Dale. 2015. *Economic Interdependence and War*. Princeton:
  Princeton University Press.

Cowen, Deborah and Neil Smith. 2009. "After Geopolitics? From the Geopolitical Social to Geoeconomics." *Antipode* 41(1).

Csurgai, Gyula. 2018. "The Increasing Importance of Geoeconomics in Power Rivalries in the Twenty-First Century." *Geopolitics* 23(1).

Evans, Peter et al. ed. 1985. *States versus Markets in the World System*. Beverley Hills: Sage Publications.

Friedman, George and Meredith Lebard. 1991. *The Coming War with Japan*. New York: St. Martin's Press.

Gaddis, John Lewis. 1987. *The Long Peace: Inquiries into the History of the Cold War*. New York: Oxford University Press.

Hirschman, Albert. 1945. *National Power and the Structure of Foreign Trade*. Berkeley: University of California Press.

Hsiung, James. 2009. "The Age of Geoeconomics, China's Global Role, and Prospects of Cross-Strait Integration." *Journal of Chinese Political Science* 14.

Jung, Sung Chul, Jaehyon Lee, and Ji-Yong Lee. 2021. "The Indo-Pacific Strategy and US Alliance Network Expandability: Asian Middle Power's Positions on Sino-US Geostrategic Competition in Indo-Pacific Region." *Journal of Contemporary China* 30(127).

Kapstein, Ethan. 1991. *The Political Economy of National Security: A Global Perspective*. Columbia: University of South Carolina Press.

Keohane, Robert. 1984. *After Hegemony: Cooperation and Discord in the World Political Economy*. Princeton: Princeton University Press.

Kim, Dong Jung. 2019. "The Perils of Geoeconomics." *The Washington Quarterly* 42(1).

Koo, Min Gyo. 2020. "The Hegemonic Competition in the Indo-Pacific Region and the Making of South Korea as a Middle Power." *The Korean Journal of Defense Analysis* 32(1).

Lake, David. 2018. "Economic Openness and Great Power Competition: Lessons for China and the United States." *The Chinese Journal of International Politics* 11(3).

Lee, Dongxin, Yanlong Yang, and Sang-Man Lee. 2021. "A Study on East Asian Supply Chain Restructuring and Regional Cooperation under the Adjustment of Economic Globalization." *Journal of Northeast Asian Studies* 26(2).

Lee, Seung Ook, Joel Wainwright, and Jim Glassman. 2018. "Geopolitical Economy and the Production of Territory: The Case of US-China Geopolitical-Economic Competition in Asia." *Environment and Planning A: Economy and Space* 50(2).

Luttwak, Edward. 1990. "From Geopolitics to Geo-economics: Logic of
  Conflict, Grammar of Commerce." *The National Interest* 20.

Mastanduno, Michael. 2003. "The Strategy of Economic Engagement: Theory
  and Practice." Edward Mansfield and Brian Pollins. eds. *Economic
  Interdependence and International Conflict: New Perspectives on An
  Enduring Debate*. Ann Arbor: University of Michigan Press.

Morrissey, John. 2017. "Geoeconomics in the Long War." *Antipode* 49(S1).

Oye, K. 1992. "Beyond Postwar Order and New World Order: American Foreign
  Policy in Transition." K. Oye et al. eds. *Eagle in a New Sand: American
  Grand Strategy in the Post-Cold War Era*. New York: HarperCollins
  Publishers.

Posen, Adam. 2021. "The Price of Nostalgia: America's Self-Defeating Retreat."
  Foreign Affairs 100(3).

Roberts, Anthea, Henrique Moraes, and Victor Ferguson. 2019. "Toward a
  Geoeconomic Order in International Trade and Investment." *Journal of
  International Economic Law* 22.

Rodrik, Dani and Stephan Walt. 2021. "How to Construct a New Global Order."
  HKS Working Paper, No. RWP21-013.

Scholvin, Sören and Mikael Wigell. 2018. "Power Politics by Economic Means:
  Geoeconomics as an Analytical Approach and Foreign Policy Practice."
  Comparative Strategy 37(1).

Sparke, Matthew. 1998. "From Geopolitics to Geoeconomics: Transnational
  State Effects in the Borderlands." *Geopolitics* 3(2).

_____. 2007. "Geopolitical Fears, Geoeconomic Hopes, and the Responsibilities
  of Geography." *Annals of the Association of American Geographers* 97(2).

Troxell, John. 2018. "Geoeconomics." *Military Review* 98(1).

Vihma, Antto. 2018a. "Geoeconomic Analysis and the Limits of Critical
  Geopolitics: A New Engagement with Edward Luttwak." *Geopolitics* 23(1).

_____. 2018b. "Geopolitics Defined and Redefined." *Geopolitics* 23(1).

Wong, Audrye. 2021. "How to Not Win Allies and Influence Geopolitics:
  China's Self-Defeating Economic Statecraft." *Foreign Affairs* 100(3).

『매일경제』. 2021/03/31.

https://www.ipinst.org/2019/02/rechard-haass-world-in-disarray#4

필자 소개

신욱희 Shin, Wookhee

서울대학교 정치외교학부 교수
서울대학교 외교학과 졸업. 미국 예일대학교 정치학 박사

논저 『삼각관계의 국제정치: 중국, 일본과 한반도』, 『한미일 삼각 안보체제: 형성, 영향, 전환』, "구성주의 국제정치이론의 의미와 한계"

이메일 shinir@snu.ac.kr

제2장

세계경제의 네트워크화와 미중 전략 경쟁

— 복합 지경학의 부상

The Global Network Economy and the U.S.-China Strategic
Competition: The Emergence of Complex Geoeconomics

이승주 | 중앙대학교 정치국제학과 교수

* 이 글은 『정치·정보연구』 24권 3호(2021)에 게재된 논문을 일부 수정하였다.

중국의 부상으로 촉발된 '지정학의 귀환(return of geopolit-ics)'에 대한 관심은 미중 전략 경쟁이 본격화되면서 복합 지경학에 대한 관심으로 이동하고 있다. 미중 전략 경쟁, 보호주의 확산, 자국 우선주의는 지경학의 중요성을 재인식하는 계기가 되었다. 이 글은 세계경제의 네트워크화와 미중 전략 경쟁으로 인해 복합 지경학이 경제와 안보를 연계하는 핵심적 수단이 되었다는 전제에서 출발한다. 첫째, 세계경제의 네트워크화는 복합 지경학의 변화를 초래한 중대한 요인이다. 세계경제가 네트워크화됨에 따라 전통적 지경학의 수단을 실행하는 데 따른 경제적·정치적 비용이 기하급수적으로 증가하게 되었기 때문이다. 둘째, 미중 전략 경쟁은 미중 양국이 군사적 수단이 아닌 경제적 수단을 활용하고 있다는 점에서 전형적인 지경학적 현상인 동시에 네트워크 제재, 스마트 제재, 표적 제재 등 새로운 방식을 동원하고 있다는 점에서 복합 지경학의 새로운 차원을 보여준다. 셋째, 지구적 가치 사슬(global value chains, GVCs)은 코로나19의 세계적 확산으로 구조적 취약성이 노출되었는데, 미국과 중국은 공급 사슬의 재편 과정에서 경제와 안보를 긴밀하게 연계하는 복합 지경학 경쟁을 전개하고 있다.

Since the rise of China reinvigorated academic and policy-oriented interests in the "return of geopolitics," the networked nature of the world economy and the U.S.-China strategic competition paved the way to the emergence of "complex geoeconomics" in the 21st century. The U.S.-China strategic competition, the spread of protectionism, and nationalism have fundamentally reshaped the strategic implications of geoeconomics. This article posits that complex geoeconomics has emerged as a core means of linking economy and security in the context of the networked nature of the world economy and the U.S.-China strategic competition. First, the networked of the world economy generated profound changes in geoeconomics as the economic and political costs of implementing traditional means of geoeconomics have increased exponentially in the networked world economy. The U.S.-China strategic competition demonstrates a new dimension of complex geoeconomics in that the U.S. and China resort to economic means, not military means, while mobilizing alternative means of geoeconomics such as network sanctions, smart sanctions, and targeted sanctions. Third, the global value chains (GVCs) revealed the structural vulnerabilities due to the global spread of the COVID-19, the U.S. and China engaged in complex geoeconomic competition by closely linking economy and security in the process of the restructuring of the GVCs.

KEYWORDS 지경학 Geoeconomics, 네트워크 network, 미중 전략 경쟁 the U.S.-China strategic competition, 경제 제재 economic sanctions, 경제적 통치술 economic statecraft, 지구적 가치 사슬 global value chains

I 서론: 복합 지경학의 부상

중국의 부상으로 촉발된 '지정학의 귀환(return of geopolitics)'에 대한 관심은 21세기 복합 지경학으로 이동하고 있다(Sparke 1998; Beeson 2018; Csurgai 2018). 이 글은 세계경제의 네트워크화와 미중 전략 경쟁의 전개가 전통 지경학과 차별화되는 복합 지경학의 대두를 촉진하였다고 주장한다. 21세기의 거시적 변화 속에서 진행되는 복합 지경학은 동원되는 수단, 영향력, 결과 면에서 전통적인 지경학과 상당한 차이가 있다. 전통적으로는 지정학적 목표를 실현하는 수단으로서 지경학에 초점을 맞추었으나, 세계경제의 네트워크화와 미중 전략 경쟁은 지정학의 수단에 머물렀던 지경학에서 지정학 경쟁과 상승작용을 지경학으로 변환하게 하였다. 지경학이 지정학의 수단으로 활용되는 제한적 역할을 하던 데서 탈피하여, 지경학이 지정학적 경쟁 자체에 영향을 미치는 요인으로 부상한 것이다. 그 결과 지경학과 지정학의 혼합이 이루어지는 21세기 복합 지경학이 등장하게 되었다(Sum 2019). 지경학 경쟁의 지정학적 전환(geopolitical turn)이 복합 지경학의 특징이다.

　복합 지경학의 등장은 미중 양국의 경제적 통치술의 변화를 촉진하였다. 전통적인 지경학은 강대국이 국력의 비대칭성을 활용하여 약소국을 제어하는 경제적 수단으로 활용되는 경향이 있었다. 현재도 미국과 같은 강대국이 이라크, 이란, 북한, 벨라루스, 미얀마, 콩고 등을 대상으로 경제 제재와 같은 전통적 경제적 통치술을 활용하고 있는데, 이는 강대국 정치의 산물의 성격이 강하다(U.S. Department of the Treasury 2021). 한편, 미중 전략 경쟁의 국면에서 등장한 복합 지경학은 국내총생산(Gross Domestic Product, GDP)과 같은 국력의 비대칭에 기반한 경제적 통치술에 더하여 21세기 세계경제의 특성을 반영한 새로운 경제적 통치술을 활용한다는 점에서 전통적인 지경학과 차이가 있다. 한편, 전략 경쟁에 돌입한 미국과 중국은 미래 경쟁력의 확보라는 목표를 위해 지정학적 갈등을 주저하지 않는 모습을 보이고 있다. 전략 경쟁을 벌이는 미국과 중국이 수출 통제 및 수입 제한과 전통적인 경제적 통치술을 여전히 광범위하게 사용하는 것이 사실이다. 그러나 21세기 세계경제의 성격과 국력이 대등한 미국과 중국의 전략 경쟁을 감안할 때, 전통적인 경제적 통치술의 한계와 부정적 효과가 점차 명확해지고 있다. 따라서 미국과 중국은 전략 경쟁을 전개하는 과정에서 전통적 경제적 통치술과 새로운 경제적 통치술을 지구적 차원에서 연계하는 복합 지경학의 모습을 보이고 있다(Sparke 1998).

복합 지경학에서 발견되는 새로운 경제적 통치술은 다음과 같은 특징을 갖는다. 첫째, 미중 전략 경쟁 시대 복합 지경학의 핵심은 경제와 안보의 양면 연계이다. 전통적인 지경학에서는 안보 갈등 또는 위협의 해결 수단으로 경제 제재를 사용한다는 점에서 경제와 안보를 수단과 목표로 설정하는 경향이 있다. 따라서 전통 지경학에서는 안보 목표를 위해 경제적 수단을 동원하는 일방향적 연계가 일반적이다. 복합 지경학은 미국과 중국이 경제와 안보를 양방향적으로 연계하고 있다는 점에서 전통적인 지경학과 차별화된다. 트럼프 행정부의 미국이 '경제 안보가 곧 국가안보'라고 규정한 데서(The White House 2017), 경제와 안보를 수단과

목표의 관계를 넘어 동등한 수준에서 선순환적 구조를 형성해야
할 관계로 새롭게 규정하였다. 미국이 중국의 부상을 '경제적 침
공(economic aggression)'으로 규정하고(White House Office of
Trade and Manufacturing Policy 2018), 분산적 접근이 아닌 전 정
부적 대응을 위한 국가전략을 수립해야 할 필요성에 주목한 것은
복합 지경학의 새로운 단면을 드러낸다.

둘째, 전통적인 경제적 통치술은 양자 차원의 비대칭성을 기
반으로 한 것이었다. 대규모 무역 적자를 안고 있는 국가가 이를
상대국에 대한 협상의 지렛대로 활용하는 것이 전통적인 경제적
통치술의 한 단면을 보여준다(Hirschman 1980). 반면, 4차 산업혁
명으로 상징되는 21세기 기술 혁신은 '모든 것이 모든 것에 연결'
되도록 함으로써 국가, 기업, 개인들이 디지털 네트워크를 통해 다
차원적으로 연결되는 현상을 형성을 촉진하였다. 다차원적 디지털
네트워크에 대한 적응과 규제는 국제관계에서 새로운 권력 이동을
초래하고 있다(Schwab 2016). 세계경제의 네트워크화는 경제적
통치술의 변화를 초래한 중대한 요인이다. 세계경제가 네트워크화
됨에 따라 전통적 경제적 통치술의 경제적·정치적 비용이 기하급
수적으로 증가하고 있기 때문이다. 그 결과 세계 주요국들이 경제
적 총량의 비대칭성에 기반한 전통적 방식뿐 아니라, 네트워크 내
의 위치를 활용하는 새로운 경제적 통치술을 병행 추구하는 것이
복합 지경학의 특징이다. 네트워크 제재, 스마트 제재, 표적 제재
등 새로운 방식이 광범위하게 활용되는 것은 이러한 배경이다.

셋째, 네트워크를 활용한 제재의 가능성 증가가 미중 전략 경
쟁과 결합되면서 공급 사슬의 재편이 복합 지경학의 핵심 이슈로

부상하고 있다. 공급 사슬은 코로나19의 세계적 확산으로 구조적 취약성이 노출되었는데, 미국과 중국은 공급 사슬의 재편 과정에서 경제와 안보를 긴밀하게 연계하는 복합 지경학 경쟁을 전개하고 있다. 미국은 공급 사슬 재편을 경제적 관점에서만 접근하기보다는 중국과의 전략 경쟁을 고려하여 추진하고 있다. 바이든 행정부가 공급 사슬 재편의 구체적 대안으로 리쇼어링(reshoring), 니어쇼어링(nearshoring), 우방 쇼어링(friend shoring) 등을 추구하는 것은 전략 경쟁의 수단으로서 공급 사슬의 지경학적 가치를 반영한 것이다.

II 복합 지경학의 부상

1. 선행 연구 검토

지경학에 대한 연구는 등장 배경, 지정학적 영향, 동원 수단, 제재 방식을 중심으로 이루어져왔다. 첫째, 지경학 개념을 선도적으로 제시한 루트왁(Luttwak)은 군사력에 비해 경제적 수단의 중요성이 증대됨에 따라, 국가들이 지경학에 의존하는 경향이 강해지는 경향에 주목하였다. 강대국들이 경쟁을 전개하는 데 있어서 과거와 같은 군사적 수단이 아니라 경제적 수단을 활용하는 경향이 강화된 것이 지경학 부상의 한 원인이다(Luttwak 1990). 그 결과 '갈등의 논리와 경제의 방법이 혼합(admixture of the logic of conflict with the methods of commerce)'되는 경제와 안보가 연계되는 현상이 대두되었다는 것이다(Luttwack 1990).

둘째, 이러한 설명은 지경학에서 '지(geo)'의 의미와 기능이 여전히 불분명하다는 한계에 직면하였다. 이러한 한계를 보완하기 위하여 지경학을 '경제력의 지전략적 사용(geostrategic use of economic power)'이라고 규정하는 관점이 대두되었다(Wigell 2016). 국가가 경제적 수단을 활용할 때 명확한 지정학적 목표를 가지고 있으며, 지정학적 경쟁에 기원을 두고 있는 지경학 경쟁 또한 '제로섬'의 성격을 갖는다는 것이다(Li 2020). 또한 지경학은 지리적 특성을 반영한 권력의 경제적 기반 또는 세력권과 같은 특정 지역을 통제하기 위해 경제적 수단을 동원한다는 설명은 지경학에서 '지' 개념을 보다 명확하게 하려는 시도가 이루어졌다(Scholvin and Wigell 2018). 이러한 시각은 전통 지경학의 한계를 보완하면서도 '국익의 증진과 수호 및 지정학적 이점을 위한 경제적 수단의 활용'이라는 점에 대해 공통된 인식을 갖는다(Blackwill and Harris 2016).

셋째, 동원 수단과 관련, 전통 지경학에 대한 연구들은 경제 제재에 초점을 맞추고 있다. 경제 제재는 군사력을 대체하면서도 의도한 정책 목표를 달성하는 데 효과를 발휘할 수 있는 전통적인 지경학의 대표적 수단이다. 경제 제재는 상대국의 경제에 영향을 미침으로써 특정 이슈 영역에서 정책적 양보 또는 타협을 달성할 목적으로 경제 관계를 제한하거나 종료하는 것이다. 경제 제재는 다양한 정치적 목적을 위해 사용되는데, 수출 통제, 수입 제한, 원조 삭감, 금융 제한 등의 수단이 동원된다. 중국과 같은 비민주의 국가도 상대국과의 관계를 조절하는 수단으로 경제 제재를 활용한다. 특히, 비민주주의 국가들은 경제 제재가 국내적 차원에서 권위주의 지배를 공고화하는 효과가 있기 때문에, 국내정치적 동기에서 경제 제재를 광범위하게 활용하는 경향이 있다(Grauvogel and von Soest 2014).

넷째, 경제 제재의 효과와 관련, 전통적인 경제 제재가 외교정책 목표를 달성하는 효과적인 수단인지에 대해서는 다양한 견해가 엇갈리고 있다. 냉전이 치열하게 전개되던 1960~70년대 경제 제재의 효과에 대해 긍정적인 평가가 다수 있었으나, 1980년대 이후 경제 제재 회의론이 제기되는 등 경제 제재의 효과에 대해서 평가가 엇갈리는 상황이 전개되었다(Hufbauer et al. 1990; Drury 1998; Pape 1997). 경제 제재의 효과를 제고하기 위해서는 동원하는 수단, 이슈 연계, 국내적 조건에 대한 고려가 필요하다. 경제 제재는 협상 수단으로 제재 비용을 상회하는 실질적 또는 상징적 이득이 기대될 때 실행된다. 즉, 경제 제재를 부과하는 국가는 아무런 행동을 취하지 않거나 군사적 수단을 동원하는 것보다 더 많은 이득을 제공할 것으로 기대될 때, 경제 제재를 실행하게 된다(Martin 1993; Elliott 1997).

다섯째, 제재를 받는 국가의 국내적 조건도 경제 제재의 효과에 영향을 미치는 주요 요인 가운데 하나이다. 민족주의적 정서가 강력하게 작동할 경우, 제재를 가하는 국가의 요구를 수용하는 데 현실적 어려움이 발생하기 때문에 경제 제재를 견디는 선택을 하게 된다. 경제 제재를 부과하더라도, 상대국이 경제 제재를 우회하는 수단을 확보할 경우, 경제 제재의 효과가 발휘되기 어렵다. 경제 제재의 우회가 불가능한 경우에도, 권위주의체제의 지도자가 국내적으로 정치적 반대 집단에 비용을 전가함으로써 경제 제재의 정치적 부담을 완화하는 효과를 기대할 수 있다(Pape 1997). 전반적으로 상대국이 경제 제재를 부과하는 국가에 비대칭적으로 의존되어 있을 경우, 경제 제재가 한층 효과를 발휘할 수 있다는 점은 부인하기 어렵다.

2. 복합 지경학의 등장: 미중 전략 경쟁과 세계경제의 네트워크화

전통 지경학에 대한 기존 설명들은 국가 간 갈등 해결 수단으로서 경제적 수단의 중요성, 경제적 수단의 지전략적 사용, 경제 제재의 수단과 효과, 전략 등 다양한 이슈들을 검토하고 있다. 그러나 기존 연구들은 지경학을 강대국 정치의 맥락, 즉 국력의 비대칭성이 존재하는 상황에서 동원되는 경제적 수단의 활용, 비교적 단순한 방식의 경제 제재, 양자 차원의 경제 제재 등에 초점을 맞추고 있다. 이러한 연구 경향은 세계경제의 네워크화와 미중 전략 경쟁이라는 현실의 변화를 포착하는 데 일정한 한계가 있다.

세계경제의 네트워크화와 미중 전략 경쟁은 경제와 안보 사이의 상호작용을 촉진하면서 지경학의 성격에 질적 변화를 초래하고 있다. '경제정책의 안보화와 전략 정책의 경제화(securitisation of economic policy and economisation of strategic policy)'가 동시에 진행되는 복합 지경학이 등장한 배경이다(Roberts et al. 2019). 전통 지경학은 경제적 수단이 군사적 수단을 대체하여 그 중요성이 커졌다는 점에 주목하면서도, 경제적 수단의 동원이 지정학적 목

표의 달성을 위한 것으로 설명함으로써 경제·안보 연계를 일방향
적으로 설정하고 있다. 그러나 미중 전략 경쟁이 현재는 물론 미래
경쟁력의 선제적 확보를 위한 경쟁이라는 점을 감안할 때, 경제·
안보 연계를 쌍방향적으로 설정해야 할 현실적 필요성이 증대하였
다(Mastanduno 1999). 미중 전략 경쟁에서 경제적 또는 기술적 요
인이 미래 경쟁력과 안보 위협에 미치는 효과가 증대되는 복합 지
경학의 부상을 촉진하였다. 경제적 상호의존의 증가, 디지털 연결
성의 증대, 기술 경쟁의 격화 등 경제적 요인들이 안보 불확실성을
높이는 요인이다(Roberts et al. 2019).

2000년대 세계화의 진전에 따른 상호의존의 증가는 두 가지
상반된 현상을 수반하였다. 세계화가 진행되는 과정에서 체제 차
원에서 국가 간 불균등성과 비대칭성이 감소하는 효과가 발생하였
다. 세계경제에서 한 국가의 경제력이 차지하는 비중이 감소한 것
이 세계화의 효과를 보여준다. 1960년에서 2020년 미국의 GDP
가 5,433억 달러에서 20조 9,370억 달러로 증가한 반면, 세계
GDP는 같은 기간 1조 3,850억 달러에서 84조 7,050억 달러로 증
가하였다. 그 결과 세계 GDP에서 미국의 GDP가 차지하는 비중
이 1960년 39.2%에서 2020년 24.7%로 감소하였다.[1] 범위를 선
진국과 개도국으로 확대하더라도 불균등성의 감소 추세가 나타난
다. G7을 포함한 41개 선진 경제(advanced countries)가 세계경제
에서 차지하는 비중이 1980년 63.7%에서 2020년 42.2%로 감소

---

1   The World Bank, "GDP (current US$) - United States, World." https://data.
     worldbank.org/indicator/NY.GDP.MKTP.CD?locations=US-1W&name_
     desc=true

하고, 기타 신흥 경제(emerging economies)의 비중은 37.2%에서 57.8%로 증가하였다.[2] 상호의존의 증가로 인해 미국과 같은 강대국 또는 선진국과 개도국 사이의 격차가 감소하고, 개도국도 세계화의 혜택을 고루 누릴 수 있는 환경이 조성되었다는 점에서 세계가 '평평'해지는 효과를 초래하기도 하였다(Friedman 2005).

한편, 기술 혁신으로 촉진된 세계화는 세계경제 네트워크의 불균등성과 비대칭성을 더욱 확대하는 요인으로 작용하였다. 네트워크는 불균등하게 확장하는 속성이 있기 때문이다. 비대칭적 네트워크 구조 속에서 진행되는 상호의존의 증가는 허브 국가가 다른 국가들에 비해 더 많은 링크를 갖는 불균형을 초래한다(Hafner-Burton et al. 2009). 더 나아가 세계경제의 네트워크화가 진행되면서 네트워크 내에서 허브를 확보한 국가가 위치 권력(positional power)을 활용하여 상대국을 압박할 수 있게 된다(Drezner 2003). 국가 간 갈등과 분쟁을 완화하는 방화벽으로 작용하였던 상호의존이 21세기 네트워크화된 세계에서는 새로운 유형의 권력으로 부상하였다.

세계경제의 네트워크화가 진전됨에 따라, 국가의 권력 행사 방식에도 변화가 발생하였다. 21세기 연결성이 고도화된 네트워크에서 비대칭적 상호의존 자체가 상대를 압박하는 힘의 근원이 된다. 주요국들이 네트워크 내에서 중요한 위치를 확보하여, 국가 간 협력을 촉진하고 이 과정에서 자국과 타국의 이익을 함께 추구하며 영향력을 확대하는 네트워크 권력(network power)을 발휘하게

---

2   International Monetary Fund(2021).

된 것이다(Hanfer-Burton et al. 2009). 불균등 네트워크 구조 하에서 허브 국가가 상호의존적 관계를 활용하여 다른 국가에 위협을 가하거나 조정의 비용을 전가할 수 있는 능력을 보유하게 된다. 또한 허브 국가는 양자 차원의 압박뿐 아니라 네트워크 전체를 교란할 수 있는 권력 자원을 확보함으로써 국가 간 갈등을 조절하는 능력을 보유하게 되었다. 허브 국가가 시스템 전체의 교란을 통한 상대국 압박이라는 구조적 접근을 가능하게 하였다. 세계경제의 네트워크화로 인해 형성된 네트워크의 불균등성이 상호의존의 무기화 현상을 촉진함으로써(Farrell and Newman 2019), 네트워크 권력의 질적 변화를 초래한 것이다.

III 복합 지경학과 21세기 경제적 통치술: 네트워크 제재와 경제·안보 연계

경제 제재의 수단이 다양해지고 효과가 제고되면서 경제적 통치술에 대하여 재조명이 이루어지고 있다. 경제적 통치술은 상대국으로부터 외교적 순응을 이끌어내기 위해 동원되는 경제적 수단을 넘어서는 국가의 전략적 지위에 영향을 미칠 목적으로 동원하는 모든 경제적 전략이다(Baldwin 1985). 전통적인 방식의 제재는 제재를 부과하는 국가의 경제에도 피해를 수반하기 때문에 광범위하게 또는 빈번하게 사용하기 어렵다는 점에서 지경학의 수단, 즉 경제적 통치술로서 한계가 있다. 독일이 러시아 제재에 참여했을 때, 그로 인해 영향을 받은 기업의 비율이 무려 58%에 달한 것으로 나타났다(Torry 2014). 경제 제재가 무역 제한, 금융 제재, 가치 사슬의 통제 등 외형적으로 다양한 방식을 취하는 것은 21세기 경제적 통치술에서도 유사하다. 그러나 21세기 경제적 통치술에서 공통적으로 나타나는 현상은 네트워크를 활용하여 제재의 대상을 정교화함으로써 제재의 효과를 극대화하면서도 제재를 부과하는 국가에 귀속되는 부정적 효과를 최소화하는 것이다.

1. 네트워크 제재

네트워크 제재(network sanctions)와 스마트 제재(smart sanctions)는 21세기 경제적 통치술의 대표적인 제재 방식이다. 네트워크 제재는 제재 대상뿐 아니라 제재 대상을 지원하는 개인 또는 집단과 연결된 링크를 차단하는 전략이다.[3] 스마트 제재는 민간인과 제3국에 피해를 초래하는 포괄적이고 무차별적 제재와 달리, 상대국 내의 특정 집단을 분리하여 효율적으로 제재를 부과하도록 설계된 제재이다. 스마트 제재는 제재 대상을 정밀 타격하기 때문에 표적 제재(targeted sanctions)로 불리기도 한다(State Secretariat for Economic Affairs 2017). 스마트 제재는 상대 국가의 순응을 끌어내는 동시에 전체 시스템의 리스크를 관리하는 설계가 가능하다는 점에서 네트워크 제재와 유사한 측면이 있다(Cortright and Lopez 2002). 이러한 제재 방식은 네트워크 내의 일부 링크를 차단힘해

---

3   지원 네트워크 내에 있는 개인 또는 단체의 지정 기준이 주요 타깃과의 관계에서 파생된다는 의미에서 '파생 지정(derivative designations)'이라고도 한다(White 2019).

제재 범위를 특정함으로써 상대국에 대한 제재의 효과는 극대화하는 한편, 제재에 소요되는 비용과 국내정치적 부담을 감소시키는 공통점이 있다.

새로운 유형의 제재는 상대국에게 미치는 경제적 충격을 극대화하는 한편, 제재를 부과하는 국가에게도 초래될 수 있는 외부효과를 낮은 수준에서 제한할 수 있다는 점에서 매력적이다(Drezner 2015). 1990년대 유엔의 대이라크 제재는 역사상 가장 광범위한 것으로 평가되고 있는데, 이 제재로 이라크의 GDP가 1,750억 달러에서 2,500억 달러 감소한 것으로 추산되었다(O'Sullivan 2003). 그러나 광범위한 경제 제재는 상대국 경제에 미치는 효과는 물론 민간인의 피해를 초래하는 인도주의적 차원의 외부효과가 너무도 크기 때문에, 경제 제재를 설계하는 정책 입안자들의 관점에서 매우 곤혹스러운 결과가 초래되었다. 반면, 세계 금융 네트워크를 활용한 제재는 이러한 외부효과를 차단함으로써 인도주의적 피해를 최소화하면서도 유사한 수준의 제재 효과를 기대할 수 있다.

네트워크에서 허브의 위치를 확보하는 국가는 네트워크 외곽에 위치한 국가에 대해 비대칭적 영향력을 행사할 수 있는 위치 권력을 갖게 된다. 금융 제재를 포함하여 특정 국가를 표적화한 제재가 증가하는 것은 세계경제의 네트워크화와 밀접한 관련이 있다. 미국이 금융 제재를 광범위하게 활용할 수 있는 것은 세계 금융 네트워크 구조의 비대칭성이 존재하기 때문이다. 국제은행간통신협회(Society for Worldwide Interbank Financial Telecommunication, SWIFT)의 사례에서 나타나듯이, 수많은 행위자 사이에 세계 곳곳에서 산재되어 행하는 금융 거래는 집중화된 네트워크를 구조를 형성한다. 지구적 가치 사슬(global value chains, GVCs)에도 유사한 현상이 나타난다. 전통적으로는 네트워크 내에서 상호의존에 기반한 협력을 촉진하였던 지점이 현실주의적 동기와 결합될 경우 상대국에 대한 통제와 압박의 지점으로 전환되는 것이다. 구체적으로 네트워크 내 연결성이 좋은 위치를 확보한 국가는 '판옵티콘 효과(panopticon effects)'와 '조임목 효과(choke point effects)'를 통해 상호의존을 무기화할 수 있게 되었다. 판옵티콘 효과는 특정 국가가 네트워크 허브 위치를 활용하여 전략적으로 중요한 정보는 수집하는 것이고, 조임목 효과는 적대국에게 네트워크에 대한 접근을 허용하지 않는 것을 의미한다(Farrell and Newman 2019).

2. 경제·안보 연계

한편, 미중 전략 경쟁과 함께 부상한 경제적 통치술의 핵심은 경제와 안보의 연계이다. 국가 간 상호의존의 증가는 경제 안보와 국가안보의 경계를 약화시키는 구조적 요인으로 작용하였고(Mastanduno 2012), 경제적 통치술은 양자를 연결하는 수단으로 주목받게 되었다. 토착 산업의 육성에 초점을 맞춘 전통적 산업정책과 달리, 21세기 산업정책이 국가안보에 미치는 영향을 명시적으로 고려하여 경제와 안보의 통합을 목표로 하기 때문이다(Siripurapu 2021). 21세기 경제적 통치술로서 산업정책은 미중 전략 경쟁이 본격화되면서 전략적 중요성이 더욱 커지는 이유이다(Aggarwal and Reddie 2020). 전략적으로 중요한 산업을 육성하고, 외국 기업을 차별적으로 대우하며, 경쟁 환경에 영향을 미치는 규제를 도입하고 강압을 위한 수단으로서 경제 제재를 활용하는 등 21세기 경제적 통치술의 수단은 매우 다양하다. 따라서 21세기 경제적 통치술의 특징은 특정한 방식 또는 수단에서 찾기보다는 국가의 경제적·전략적 지위의 향상을 의도한 일체의 수단으로 이해할 필요가 있다.

전략 경쟁을 펼치는 미국과 중국은 경제적 통치술을 광범위하게 활용하고 있다. 바이든 행정부가 첨단기술의 우위를 유지하기 위한 노력을 배가하는 것은 21세기 경제적 통치술의 한 단면이다. 바이든 행정부는 단기적으로는 군산복합체 또는 산관학 생태계를 활용하여 첨단기술 경쟁력을 강화하고, 중장기적으로는 원천 기술(foundational technologies)이 미국의 기술 우위를 유지하는 관건으로 보고, 지원을 확대하고 있다(Schaffer 2021). 반면, 중국 정부는 국내 산업의 지원과 육성을 위해 산업정책을 광범위하게 활용하고 있다. 겸용 기술의 활용과 중요성이 더욱 커지는 상황에서 국방 혁신 시스템과 군민융합(civil-military fusion)은 중국 산업정책의 핵심이다(Cheung and Hagt 2019). 중국의 군민융합은 군을 포함한 공공 부문의 기술 혁신을 민간에 이양함으로써 기존 세계 무역 체제에서는 규제하기 어려운 사실상의 산업정책을 통해 첨단 산업을 육성하고 있다는 것이 미국의 인식이다(Department of State 2020).

미국과 중국은 경제적 통치술의 우선순위와 방식에서 차이를 보이기도 한다. 미국은 공급 사슬의 이전, 중국의 미국 기술 획득과 탈취에 대한 예방적 조치, 기술 혁신 역량 향상, 다자 협력의 증진을 통해 중국의 변화를 끌어내는 데 경제적 통치술의 우선순위를 부여하고 있다. 중국의 기밀 탈취에 대한 취약성 감소, 미국 경제와 산업 시스템을 교란 또는 교란 위협을 협상의 지렛대로 활용할 수 있는 중국에 대한 의존 경감, 기술 확산을 지연시킴으로써 기술 경쟁에서 우위 유지 등을 주요 특징으로 한다. 미국의 경제적 통치술은 미국 기업과 개인에 대하여 중국의 무제한적 접근을 제한하는 방어적 조치와 자체적 혁신 역량을 강화하는 양면성을 보인다(Friedberg and Boustany 2020). 반면, 중국의 경제적 통치술은 미국 및 서구 선진국의 시장개방을 활용하는 한편, 외국 기업의 중국 시장에 대한 접근을 조절하는 약탈적 행위로 나타난다(Friedberg and Boustany 2020).

경제적 통치술은 그것이 실제로 펼쳐지는 장(forum)과의 연관성도 중요하다. 경제적 통치술은 산업정책, 수출 통제, FDI에 대한 규제 확대의 사례에서 나타나듯이 일방적으로 실행하거나, 미중 1단계 합의 및 미일 무역협정의 사례와 같이 양자주의의 형태를 취할 수 있다. 경제적 통치술은 또한 다자 차원에서도 실행될 수 있는데, WTO가 무력화된 상황임을 감안하면, 미국과 중국 사이에 첨예한 갈등을 초래하는 새로운 이슈들을 WTO 협상에 포함시켜 진행하는 방식은 현실적 어려움이 있다. 대신, WTO 전자상거래 협상의 사례에서 나타나듯이, 개별 이슈에 대한 복수주의(plurilateralism) 또는 산업별 협정의 방식을 취할 수도 있다. 정보통신, 5G, 바이오 등 미중 전략 경쟁에서 중요성이 부각되는 중요 기술(critical technologies)을 중심으로 이러한 방식이 확대될 가능성이 있다. 또한 미국과 중국은 포괄적·점진적 환태평양 경제동반자협정(Comprehensive and Progressive Agreement for

Trans-Pacific Partnership, CPTPP) 및 역내 포괄적 경제 동반자 협정(Regional Comprehensive Economic Partnership, RCEP) 등 메가 FTA는 지역 다자 협정으로서 세계경제 질서를 재편하는 과정에서 유리한 입지를 구축하는 선제적으로 수단으로 활용할 수 있다(Lee 2016). 더 나아가 미국이 쿼드 차원에서 중요 기술 작업반(emerging technology working group)을 구성하는 데서 나타나듯이, 지역 차원의 협력을 기반으로 복수국 간 협정을 추진하는 경로를 채택할 수도 있다.

IV 미중 전략 경쟁과 복합 지경학: 미국의 경제적 통치술을 중심으로

1. 무역 전쟁의 지경학

미중 전략 경쟁은 복합 지경학의 대두를 촉진하고 있다. 미국과 중국이 무역 전쟁에서 기술 경쟁으로 이동한 것은 첨단기술 자체의 전략적 중요성이 큰 것뿐 아니라, 관세 부과와 같은 전통적 방식의 무역 제재가 초래하는 비용과 부작용이 크기 때문이다. 무역 불균형은 트럼프 행정부가 중국을 상대로 무역 전쟁을 감행할 수 있었던 구조적 요인이었다. 중국이 WTO에 가입한 2001년 831억 달러에 불과했던 미중 무역 불균형의 규모는 이후 무역 전쟁이 발발한 2018년 4,182억 달러까지 빠른 속도로 증가하였다. 미국과 중국은 무역 전쟁을 수행하는 데 있어서 일차적으로 관세를 주요 수단으로 활용하였다. 2018년 1월 3.1%였던 관세율이 미중 1단계 합의가 체결되기 직전인 2021년 1월 21.0%까지 상승하였다. 중국에 이에 대응하여 미국산 수입품에 대한 관세율을 8.0%에서 21.8%까지 인상하였다. 같은 기간 미국의 중국을 제외한 다른 국가들에 대한 관세율이 2.2%에서 3.0%로 증가하였다. 이 기간 미국을 제외한 다른 국가들에 대한 중국의 관세율은 8.0%에서 6.1%로 오히려 낮아졌다(Bown 2021a).

관세 부과의 비중을 기준으로 하면 변화의 속도와 폭은 더욱 빠르고 가파르다. 미국과 중국 모두 양국의 무역 규모 대비 관세 부과 액수의 비중은 0%에 가까웠다. 그러나 무역 전쟁 개시 이후 미국의 대중 수입에서 관세 부과 액수의 비중이 급격하게 증가하여 2018년 말 65.5%에 달하였다. 이 수치는 이후에도 대체로 유지되어 2021년 1월 기준 66.4%를 기록하였다. 중국 역시 미국산 중국 제품에 관세를 부과하는 품목의 규모가 2018년 말 46.9%에 도달하였고 2020년 9월 58.3%까지 증가하였다. 이 수치는 2021년에도 그대로 유지되고 있다(Bown 2021a).

미국과 중국이 관세 부과를 무역 전쟁의 수단으로 동원하였다는 점이 명확하게 드러난다. 양국 간 무역 불균형은 미국이 비대칭적 협상력을 발휘할 수 있는 구조적 요인으로 작용하였다. 트럼프 행정부가 중국산 수입품에 대하여 광범위하게 관세를 부과함으로써 무역 불균형을 축소하는 한편, 기술 탈취, 보조금, 국영기업, 산업정책 등 구조적 문제를 해결하고자 하였다. 트럼프 행정부가 이러한 전술을 구사할 수 있었던 것은 무역 전쟁의 원인인 무역 불균형이라는 구조적 요인을 활용하여 비대칭적 협상력을 발휘할 수 있었기 때문이다(이승주 2019b). 이러한 방식은 비대칭적 상호의존을 활용하여 상대국을 압박하는 전통적 지경학의 전형적 사례이다.

그러나 무역 전쟁이 진행되는 과정에서 관세 부과에 의존하는 전통적 방식의 이점과 한계가 명확하게 드러나기 시작하였다. 우선, 단기적으로 무역 불균형은 미국이 중국에 대하여 공세를 취할 수 있는 구조적 이점으로 작용하였다. 무역 전쟁 초기 미국의 고율 관세 부과에 대응하여 중국도 관세 보복이라는 강경책으로 맞섰다. 그러나 관세 부과와 보복 관세의 부과 방식의 무역 전쟁이 확전될수록 중국이 무역 불균형이라는 구조적 한계를 극복하기 어렵다는 점이 명확해졌다. 중국은 미국의 관세 부과 수위와 규모에 같은 수준으로 대응할 수 없었기 때문이다. 비대칭적 상호의존의 자연스러운 결과라고 할 수 있다.

그러나 관세 중심의 전통적 방식의 무역 전쟁의 한계도 명확해졌다. 무엇보다 전략 경쟁이라는 특수 상황에서 미국이 관세 부과만으로 중국의 순응을 끌어내는 데 한계가 있었다. 무역 전쟁을 통해 미국은 대중 무역 적자 규모를 축소하는 데 어느 정도 성공한 것은 사실이다. 무역 전쟁이 발발한 2018년 미국의 대중 무역 적자는 기록적인 4,182억 달러에 달하였다. 이후 무역 적자의 규모가 2019년 3,443억 달러, 2020년 3,102억 달러로 감소하였다. 무역 적자의 규모가 2018년 대비 약 25% 감소한 것이다. 그러나 거의 2년에 걸친 무역 전쟁의 결과 도달한 미중 1단계 합의의 이행 결과를 보면, 중국이 약속한 대미 수입 규모 1,731억 달러 가운데 실제로 이해된 규모는 999억 달러로, 이행률이 59%에 불과한 것으로 나타났다(Bown 2021b). 미국이 사상 유례 없는 수준의 무역 전쟁의 결과 도출된 합의의 이행률 59%라는 것은 전통적 방식의 수입 제한이 전략 경쟁을 전개하는 국가를 상대로 효과를 발휘하기 어렵다는 것을 시사한다.

더 나아가 무역 전쟁에도 불구하고 미국의 전체 무역 적자 규모는 2018년에 비해 오히려 증가하였다. 미국의 2018년 무역 적자는 8,703억 달러에서 2019년 8,509억 달러로 다소 감소하였으나, 2020년 9,110억 달러로 증가하였다. 미국은 2021년 1월~7월 6,185억 달러의 무역 적자를 기록하여, 2020년 같은 기간과 비교할 때 무역 적자의 규모가 더 커지고 있다.[4] 미국의 대중 무역 적자가 25%나 감소하였음에도 전체 무역 적자 규모가 감소하지 않고 오히려 증가하였다는 것은 미국의 대중 무역 불균형이 다른 국가로 전환된 된 결과이다. 미국이 중국과의 무역 불균형을 감소하는데 일시적으로 성공한 것처럼 보이지만, 무역 적자를 초래한 구조적 문제를 해소하지 못하고 있는 것이다.

또한 미국은 무역 전쟁을 통해 중국 정부의 첨단산업에 대한 대규모 보조금 지급, 군민융합에 기반한 산업정책, 국영기업의 불투명성, 외국 기업에 대한 불투명한 시장 장벽, 데이터 통제 등 구조적 문제를 해결하고자 하였으나, 중국 정부의 전향적 협력을 기대하기 어려운 상황이다. 전통적 방식의 보호무역 조치에 대한 미국 내의 반발이 이어지고 있다는 것도 대중 압박의 효과를 거두기 어렵게 하는 요인이 된다. 트럼프 행정부가 고율의 관세 부과

---

4   "Trade in Goods with World, Seasonally Adjusted." https://www.census.gov/foreign-trade/balance/c0004.html (검색일: 2021. 9. 15.)

를 하는 데 대하여 미국 내에서는 이러한 보호무역 조치가 중국의 순응을 끌어내기보다는 장기적으로 오히려 '자기패배적(self-defeating)' 결과를 초래할 것이라는 비판이 이어졌다. 중국산 수입품에 대한 관세는 궁극적으로 미국 소비자와 수입 기업에게 전가되어 기업 경쟁력을 저하하고 소비자 물가의 인상을 초래할 뿐, 트럼프 행정부가 표면적으로 내세운 목표를 달성하는 수단으로 부적절하다는 것이다("Trump's Misguided Trade War" 2018).

전통적 방식의 무역 제한은 중국의 구조적 문제를 해결하는 데 한계가 있을 뿐 아니라, 제재를 부과하는 미국도 상당한 경제적·정치적 비용을 지불해야 하는 딜레마에 직면하게 되었다. 관세 부과라는 전통적 방식의 경제적 통치술에 기반한 무역 전쟁은 상대국에 대한 피해를 입히기도 하지만, 자국 경제에도 부정적인 영향을 미칠 수밖에 없다. 무역 전쟁으로 인해 미국이 입은 GDP 감소는 0.3%에서 0.7%, 금액으로는 최대 1.7조 달러에 달하는 것으로 추산되었다(Moody's Analytics 2019; Amiti et al. 2020). 또한 미국 정부가 중국산 수입품에 부과한 관세 가운데 460억 달러를 미국 기업들이 부담한 것으로 나타났다. 결국 미국 정부, 특히 트럼프 행정부의 경제 제재가 상대국의 부담을 증가시키기는 하였으나, 전통적 방식의 경제 제재 부과는 그 부정적 영향을 정밀하게 통제하기 어려웠다. 미국 정부가 중국을 상대로 더 나은 협상 조건을 확보하는 데도 그 효과가 제한적이었다(Drezner 2019). 트럼프 행정부가 경제 제재를 남발함으로써 오히려 중국이 경제적 수단을 활용하는 것을 학습하는 의도하지 않은 결과까지 초래되었다. 경제 제재에 과도하게 의존함으로써 미국이 동원할 수 있는 경제적 지렛대를 오히려 축소하고, 궁극적으로 미국 경제적 통치술의 효과를 반감시키게 된 것이다.

2. 복합 지경학의 새로운 수단: 네트워크 제재

전략 경쟁에 돌입한 미국과 중국은 규모의 비대칭성을 활용한 전통적 수단에만 의존하기보다는 새로운 경제적 통치술을 함께 강구하였다. 관세 부과 중심의 무역 전쟁이 상호의존의 총량적 비대칭성을 활용한 게임이라고 한다면, 상대국 또는 기업의 공급망 교란을 시도하는 것은 공급 사슬의 비대칭성을 활용한 정밀 타격 게임이다(이승주 2019b). 미국은 중국을 상대로 전통적 방식과 새로운 방식의 경제적 통치술을 결합함으로써 무기화된 상호의존의 효과를 극대화하고자 하였다. 그 결과 미국과 중국은 네트워크화된 세계에서 연결성의 구축을 공공재로 활용하기보다는 자국의 국익을 극대화하는 수단으로 활용하고 있다. 네트워크에 기반하여 상대국을 압박하는 것이 힘을 투사하는 데 용이하고, 자국에 미치는 부정적 영향을 제한하는 데도 효과적이기 때문에 네트워크를 구축하고 네트워크 내에서 유리한 위치를 확보해야 할 동기가 커진다. 이 방식은 자국의 피해를 최소화하면서 상대에게 더 큰 영향을 주는 수단을 제공한다는 점에서 관세 전쟁과 본질적으로 다르다.

미국 정부의 화웨이에 대한 다양한 제재는 네트워크 제재 방식의 경제 전쟁이다. 미국 정부는 2019년 5월 19일 화웨이와 68개 계열 기업에 대한 거래 제한 기업 목록에 포함시키는 조치를 단행하였다. 이를 통해 미국은 화웨이에 주요 부품과 운영 시스템을 공급하고 있는 구글, 인텔, 퀄컴, 자이링스, 브로드컴 등 미국 기업과의 거래를 제한함으로써 화웨이의 5G 경쟁 계획은 물론 통신 장비 시장에서 화웨이의 영향력 확대를 견제하였다. 미국이 중국에 이러한 압박을 가할 수 있는 것은 미국 기업들이 화웨이가 포함된 공급망에서 허브 위치를 차지하고 있어 조임목 효과를 거둘 수 있기 때문이다.

네트워크에 기반하여 중국을 압박하는 미국의 전략은 반도체 분야에서 극명하게 나타난다. 반도체 공급 사슬은 지리적으로 매우 넓은 지역에 산재되어 있으며, 하나의 제품이 생산되기까지 70회 이상 초국적 이동이 이루어지기도 한다. 작은 변화에도 공급 사슬의 교란이 쉽게 일어나고, 다른 국가를 압박할 수 있는 것은 반도체 공급 사슬의 이러한 특징 때문이다. 미국은 반도체 연구개발 능력 면에서 우위를 확보하고 있을 뿐 아니라, 반도체 공급 사슬의 핵심 공정을 관리하고 있다. 더 나아가 반도체가 '21세기 산업의 석유'라고 불리는 데서 나타나듯이, 미국은 반도체 공급 사슬에 대한 장악력을 활용하여 화웨이와 ZTE 등 다른 첨단 산업에서 중국을 압박하고 있다. 반도체 산업의 공급 사슬은 일반적으로 디자인 → 제조 → 조립 → 테스트 및 첨단 패키징 → 원료 → 제조장비의 5단계로 나누어진다. 반도체 공급 사슬의 핵심 공정 단계를 지리적 분포와 결합하면, 반도체 공급 사슬 내에서 생산 단계별로 초국적 이동 또는 거래 네트워크가 형성되어 있음을 알 수 있다. 일본에서 실리콘 인곳(silicon ingot)이 웨이퍼로 생산된 후 미국으로 이동하여 팹 웨이퍼(fab wafer)로 생산되고 다시 미국 내에서 웨이퍼 다이(wafer die)를 선별하는 공정이 이루어진다. 웨이퍼 다이는 다시 싱가포르 등 동남아 지역으로 이동해서 조립 과정을 거친 뒤 전자제품 생산에 사용되기 위하여 중국을 포함한 여러 국가로 이동하였다.

미국이 반도체 기술 및 생산 네트워크의 주요 길목을 장악하고 있기 때문에 중국을 압박할 수 있다. 미국 정부가 주로 반도체 공급 사슬의 최초 단계인 미국 디자인 기술의 25% 이상을 사용하는 기업들이 화웨이 등에 수출할 경우, 상무부의 사전 승인을 얻도록 하는 것이 공급 사슬의 핵심인 디자인 기술을 장악하고 있기 때문에 가능하다(The White House 2021). 더 나아가 미국은 네덜란드의 ASML 등 반도체 공급 사슬의 마지막 단계인 제조장비에서 지배력이 큰 기업들과 협력을 통해 중국에 대한 수출을 제한함으로써 네트워크 기반의 공세의 효과를 더욱 높이고 있다(Woo and Yang 2021). 반도체 기술 및 생산 네트워크 미국이 공급 사슬의 최초 단계와 최후 단계에 대한 영향력을 확보하고 있기 때문에 가능한 네트워크 제재이다. 반면, 중국이 SMIC 등을 중심으로 세계 반도체 생산의 16%를 차지하고, 시장 점유율을 빠르게 확대해 가고 있지만, 제조 공정의 일부에서 역량을 확대하고 있는 것이기 때문에, 여전히 미국의 반도체 네트워크를 활용한 제재에 취약한 상태이다. 중국 정부가 자체적인 혁신 역량을 강화하는 노력을 배가하는 것은 반도체 네트워크의 비대칭성을 인식한 데 따른 것이다.

한편, 미국 또한 중국이 네트워크를 통하여 가하는 위협에 노출되어 있기 때문에, 네트워크를 재조정해야 할 필요성에 직면하고 있다. 구체적으로 트럼프 행정부는 리쇼어링과 경제 번영 네트워크(Economic Prosperity Network)를 추진하였다. 미국이 의약품,

생필품, 배터리 등 다수의 산업에서 중국 중심의 공급 사슬에 대한 의존도가 높기 때문에, 중국의 수출 제한 등의 조치에 매우 취약하다는 점을 인식한 결과이다. 코로나19는 공급 사슬의 취약성을 극명하게 보여주는 계기로 작용하였다. 코로나19의 확산 초기 중국은 마스크 등 의료제품과 개인보호장비의 수출 제한을 시행하였는데, 이는 미국이 공급 사슬의 취약성을 재인식하는 결과를 초래하였다. 중국이 이러한 품목의 공급 사슬에서 생산 공정의 주요 지점을 확보하고 있어서 단기적으로 대체하기 어렵다는 점을 미국의 일반 대중들이 명확하게 인식하게 된 것이다(Eshoo and Schiff 2019). 전략 경쟁을 전개하는 미국으로서는 이를 안보 위협으로 인식하게 되었다. 더욱이 전례 없는 보건 위기 속에서 주요 품목의 생산을 중국에 의존하는 것의 위험성이 중국의 마스크의 수출 제한 및 마스크 외교를 더욱 명확하게 드러나게 되었다. 코로나19가 공급 사슬의 취약성에 대한 인식을 정책 결정자에서 일반 대중에게까지 확대하는 계기가 된 것이다.

　　미국 정부의 입장에서 공급 사슬의 구조적 취약성과 중국에 대한 의존도는 전략 경쟁을 전개하는 데 있어서 구조적 제약 요인으로 작용하였다. 미국 기업들이 공급 사슬의 취약성을 보완하는 수준을 넘어, 트럼프 행정부에 이어 바이든 행정부가 공급 사슬의 재편을 국가안보 차원에서 추진하게 된 원인을 여기에서 찾을 수 있다. 코로나19 이전까지 미국의 다국적기업들은 공급 사슬을 형성·관리하는 데 있어서 효율성의 관점에서 접근하였다. 그러나 코로나19 이후 미국 기업들은 자동화 도입의 속도를 높이고 다수의 공급 업체들을 확보하는 방식으로 공급 사슬의 취약성을 보완하는 노력을 하고 있다(EY 2020). 다소의 효율성 저하를 감소하고 취약성을 강화하는 선택을 하고 있는 것이다. 미국 정부는 기업들의 이러한 노력에서 더하여 공급 사슬의 구조를 재편하는 한층 더 강도 높은 변화를 추구하고 있다.

코로나19로 인해 촉발된 공급 사슬의 안보화는 리쇼어링과 공급 사슬의 재편으로 나타났다. 미국이 반도체, 대용량 배터리, 희토류와 같은 핵심 전략 물자, 백신을 포함한 의약품의 공급 사슬의 재조정을 추진하는 것은 중국에 대한 의존도를 줄임으로써 공급 사슬의 취약성을 완화하려는 전략이다(The White House 2021). 구체적으로 미국은 공급 사슬의 취약성을 완화하기 위해 국내 생산 역량을 확충하는 리쇼어링과 부분 디커플링(partial decoupling) 또는 부분 이탈(partial disengagement)을 결합하고 있다. 미국은 공급 사슬의 완전한 디커플링보다는 첨단기술과 산업에 대한 미국의 우위를 유지하는 데 필수적인 분야의 공급 사슬을 재편하는 방식으로 공급 사슬 전략을 보다 정교화하는 부분 디커플링 또는 부분 이탈을 시도하고 있다.

이는 '관리된 상호의존'의 시대가 본격화될 것임을 시사한다(Moraes 2018). 관리된 상호의존은 두 가지 의미가 있다. 첫째, 중국과의 상호의존을 적절한 수준에서 관리하는 것이다. 공급 사슬의 분리 또는 디커플링에 대한 논의가 다수 이루어지고 있으나, 토니 블링컨(Antony Blinken) 미국 국무장관이 언급하였듯이, 미중 공급 사슬의 완전한 분리는 비현실적일 뿐 아니라 역효과를 초래할 수 있다(Brennan 2020). 그렇다고 해서 미국과 중국이 현재와 같이 높은 수준의 상호의존을 유지하는 것은 전략 경쟁을 전개하는 데 장애 요인으로 작용할 수 있기 때문에, 고도의 상호의존과 디커플링이라는 양극단 사이에서 상호의존을 적절하게 관리할 것으로 전망된다.

부분 디커플링은 전면 기존의 경제 관계의 유지 또는 완전한 디커플링과는 달리 소비재, 농산물, 원자재에 대한 관세 장벽을 인하하여 자유무역을 회복하되, 첨단기술 분야에 대한 보호와 경쟁을 지속하는 두 가지 방식을 혼용하는 것이다. 공급 사슬 재편의 관점에서 볼 때, 부분 이탈은 '중국+1' 또는 '중국+2'와 같은 다변화의 형태로 나타나게 된다. 부분 디커플링과 부분 이탈은 공급 사슬의 취약성을 보완하는 가운데 중국에 대한 의존도를 점진적으로 낮추는 다변화 전략을 통해 안보 위협을 완화하는 데 공통점이 있다. 바이든 행정부는 단기적으로 수출 통제 전략을 범위는 축소하되 제재 대상에 대해서는 강도 높은 규제를 하는 '제재 범위를 좁혀서 정밀 타격하고, 역으로 중국의 침투에 대해서는 장벽을 높이는(small yard, high fence)' 양면 전략을 추구하고 있다(Du and Walsh 2021). 이 전략은 제재 범위를 무차별적으로 확장하여 이에 참여하는 기업들도 상당한 희생을 감당해야 하는 전통적 방식의 제재에 비해 기업과 외국 정부의 이해와 협력을 구하는 데 상대적으로 용이하기 때문에 국가 전략으로서 공급 사슬 재편 전략의 통합성을 높인다는 의미가 있다.

3. 혁신 역량의 강화와 네트워크 협력

미국이 네트워크 기반의 경제적 통치술을 효과적으로 운용하기 위해서는 두 가지 조건이 충족될 필요가 있다. 미국의 자체적인 기술 혁신 역량 강화와 국제협력이 그것이다. 첫째, 미국은 국내적으로 토착 기술의 기반을 강화하기 위해 독자적인 혁신의 생태계를 구성하고 있다. 바이든 행정부가 출범 직후 3,250억 달러 규모의 연구, 혁신, 팬데믹 대응 계획을 공개하였다. 바이든 행정부는 배터리와 청정 에너지 등 미국이 중국에 비해 상대적으로 열위에 있는 첨단기술 분야에 집중적으로 지원할 예정이다. 구체적으로 바이든 행정부는 청정 에너지에 360억 달러, 반도체 제조와 연구에 500억 달러, 실험실 업그레이드에 400억 달러, 국가과학재단(National Science Foundation, NSF) 지원에 500억 달러, 전기자동차 시장 개편에 1,740억 달러를 투입할 계획이다("Biden unveils historic $325B research and innovation plan" 2021). 바이든 행정부의 전략은 단순히 중국에 대한 의존도를 낮추는 것보다 공급 사슬, 즉 네트워크의 취약성을 보완하려는 전략이라고 할 수 있다. 미국 정부는 또한 혁신경쟁법(Innovation and Competition Act)을 통해 신흥 기술(emerging technologies)에 2,500억 달러를 투입하여 주요 첨단기술의 혁신 역량을 제고하고, 중국의 미국 기술에 대한 접근을 제한하는 프로그램을 지원할 계획이다(Harrington and McCabe 2021).

둘째, 다변화 전략은 국제협력을 필요로 한다. 혁신 역량의 강화는 미국이 중국과의 전략 경쟁을 하는 데 있어서 필수적인 동시에, 동맹 및 파트너들과의 협력을 강화하는 데도 필요하다. 즉, 혁신 역량의 강화는 다른 국가들이 미국과의 협력을 더욱 추구하도록 함으로써 협력 네트워크 내에서 허브로서 미국의 위치를 강화할 수 있게 된다. 이러한 면에서 국내적 차원에서 연구개발 역량의 확충은 능동적이면서 근본적인 대중국 대응 전략이다(Manuel et al. 2019). 전략 경쟁이 가속화됨에 따라 미국은 중국을 견제하는 수단 가운데 하나로서 배타적인 네트워크를 형성하는 움직임을 강화하고 있다. 미국이 인도태평양전략을 구체화하면서 중국을 견제하고, 화웨이에 대한 제재 효과를 극대화하기 위하여 '파이브아이즈(Five Eyes)'와 협력을 강화하는 것은 네트워크 협력을 활용한 21세기 경제적 통치술의 한 수단이다. 미중 무역 전쟁에서 나타나듯이, 미국은 양자 차원에서 중국을 상대로 상호의존을 무기화하는 한편, 주요국들과 파트너십을 강화함으로써 그 효과를 더욱 증대시키기 위해 노력하고 있다. 네트워크화된 세계에서 상호의존 무기화의 효과를 제고하기 위해서는 네트워크 내에서 중요한 위치를 점하는 국가들 사이의 협력이 중요하기 때문이다.

바이든 행정부는 혁신 역량의 강화를 바탕으로 첨단기술 국제협력을 추진하고 있다. 민주주의 기술 동맹인 'D10'을 통해 기술 표준, 무역, 공급 사슬을 연계하는 포괄적인 민주주의 국가 간 기술 협력을 강화하는 한편, 쿼드(Quad)를 '쿼드 플러스(Quad Plus)'로 확장하여 첨단기술을 매개로 한 경제·안보 연합체를 추구하는 것이 대표적인 국제협력의 사례이다. 2020년 5월 영국이 제안한 D10은 5G를 포함한 첨단기술의 중국 의존도를 낮추기 위한 국제협력으로 참여국들의 경제 규모, 기술 수준, 시장 규모 등을 고려할 때(Reuters 2020/5/29), 첨단기술 협력의 실질적 효과를 제고할 수 있다. 바이든 행정부는 D10을 기반으로 '기술 민주주의(techno-democracies)' 대 '기술 전제주의(techno-autocracies)'의 구도를 형성하여, 민주주의 국가들과의 기술 협력을 확대·강화하는 경제·안보 연계 전략을 추구하고 있다. 더 나아가 바이든 행정부는 D10과 쿼드 플러스를 유기적으로 결합한 기술 기반의 경제·안보 전략을 추구하고 있다. 2021년 6월 G7 정상회의는 한국, 호주, 인도 등이 초청되었다는 점에서 D10 형식을 실질적으로 출범시켰다는 의미를 부여할 수 있다.

V 결론

지금까지 복합 지경학의 대두를 세계경제의 네트워크화와 미중 전략 경쟁의 관점에서 검토하였다. 기술 혁신과 세계화로 인한 국가 간 상호의존이 미중 전략 경쟁과 결합하여 질적인 변화를 일으킴으로써 네트워크를 활용하고 경제와 안보를 연계하는 경제적 통치술의 활용이 가능해졌다. 이 연구로부터 도출될 수 있는 이론적·현실적 시사점은 다음과 같다. 첫째, 복합 지경학의 새로운 경제적 통치술인 네트워크 제재에는 역설이 존재한다. 네트워크에 기반한 제재는 그 효과가 큰 만큼 상대국이 양자 차원의 대응을 넘어 네트워크 자체를 재편하는 전략을 추구하도록 촉진한다. 상호의존의 무기화의 빈도와 강도가 많아지고 강해질수록 제재 대상국도 이에 대한 학습 효과를 얻게 되어 효과적인 대응이 가능해질 수 있다. 예를 들어, 제재의 대상이 될 것이라고 예상하는 국가들은 네트워크로부터 분리를 시도하거나 취약성을 축소하기 위해 새로운 대안적 네트워크의 형성을 시도할 가능성이 있다. 미국이 디커플링을 시도하는 것은 중국이 주요 첨단 산업 분야에서 지구적 생산 네트워크에 대한 의존도를 낮추고 국내 생산 능력을 증대함으로써 취약성을 감소시키려는 의도이다. 이러한 현상은 개별 산업 수준에서도 나타날 것으로 보이는데, 미국의 화웨이 제재가 5G 기술 표준의 분화를 초래하여 개방적 인터넷이 아니라, '분할 인터넷(splinternet)'이 초래될 것이라는 경고가 나오고 있다(Kolodny 2018).

둘째, 네트워크화된 세계에서 상호의존 무기화가 단기적으로는 상대국으로부터 양보와 타협을 유도하는 수단이 될 수 있으나, 장기적으로 손실이 될 가능성을 배제할 수 없다. 상호의존 무기화를 반복적으로 활용할 경우, 상대국 또한 중장기적으로는 취약성을 보완 또는 극복하는 차원에서 보다 효과적인 대응 수단을 강구하게 된다. 이 경우, 상호의존의 무기화를 통해 상대를 압박할 수 있는 수단을 영구적으로 상실할 수 있다는 점에서 장기적 손실로 전환될 가능성이 있다. 일본이 한국에 대하여 반도체 원료 및 소재에 대하여 화이트 리스트 삭제 조치를 취하였다. 이와 관련, 한국 반도체 산업이 단기적으로는 어려움을 겪었으나, 일본 원료 및 소재에 대한 의존도를 낮추는 의도하지 않은 결과가 초래되었다(산업통상자원부 2021).

셋째, 경제적 통치술의 효과적 실행을 위해서는 국내적 조건과의 정합성이 필요하다. 정부와 기업이 협력의 정도가 경제적 통치술의 효과를 결정하는 핵심 요인이 된다(Gertz and Evers 2020). 이와 관련, 경제적 통치술의 효과적 수립과 실행을 위한 정부·기업 관계에 대한 연구의 필요성이 증대되고 있다. 전통적인 안보 연구에서는 안보에 지대한 영향을 미치는 기술, 금융, 무역 등의 이슈가 다루어지기는 하였으나, 경제·안보 연계의 주요 행위자로서 정부·기업 관계는 '블랙박스(black box)'로 남겨진 상태였다. 그러나 경제·안보 연계가 빈번해지고 광범위하게 확산되는 현실에서 핵심 행위자들인 정부와 기업의 상호작용에 대한 본격적인 연구가 필요하다.

참고문헌

산업통상자원부. 2021. 『K-소부장 새로운 역사를 쓰다: 소재·부품·장비 경쟁력 강화 2년의 기록』. 산업통상자원부.

이승주. 2019a. "미중 무역 전쟁: 트럼프 행정부의 다차원적 복합 게임." 『국제·지역연구』 28(4).

_____. 2019b. "미중 무역 전쟁의 동학: 외연의 확대와 상호의존의 역습." EAI 특별기획논평시리즈. 미중 경쟁과 세계 정치 경제 질서의 변환: 무역편.

Aggarwal, Vinod K. 2013. "U.S. Free Trade Agreements and Linkages." *International Negotiation* 18(1).

Aggarwal, Vinod K. and Andrew Reddie. 2020. "New Economic Statecraft: Industrial Policy in an Era of Strategic Competition." *Issues &Studies* 56(2): 204006.

Amiti, Mary, Sang Hoon Kong, and David E. Weinstein. 2020. The Investment Cost of the U.S.-China Trade War. Federal Reserve Bank of New York. May 28. https://libertystreeteconomics.newyorkfed.org/2020/05/the-investment-cost-of-the-us-china-trade-war/ (검색일: 2021. 9. 17.)

Baldwin, Richard. 1985. *Economic Statecraft*. Princeton, N.J.: Princeton University Press.

Beeson, Mark. 2018. "Geoeonomcis with Chinese characteristics: the BRI and China's evolving grand strategy." *Economic and Political Studies* 6(3).

"Biden unveils historic $325B research and innovation plan." 2021. ScienceBusiness. April 21. https://sciencebusiness.net/news/biden-unveils-historic-325b-research-and-innovation-plan

Blackwill, Robert D. and Jennifer M. Harris. 2016. *War by Other Means: Geoeconomics and Statecraft*. Cambridge, MA: Harvard University Press.

Bown, Chad. 2021a. "US-China Trade War Tariffs: An Up-to-Date Chart." March 16. https://www.piie.com/research/piie-charts/us-china-trade-war-tariffs-date-chart

_____. 2021b. "US-China phase one tracker: China's purchases of US goods." PIIE Charts. August 31. https://www.piie.com/research/piie-charts/us-china-phase-one-tracker-chinas-purchases-us-goods

Brennan, David. 2020. What Antony Blinken Has Said About Key Foreign Policy Issues. *Newsweek*. August 21. https://www.newsweek.com/what-antony-blinken-said-about-key-foreign-policy-issues-1549404

Cheung, Tai Ming and Eric Hagt. 2019. China's Efforts in Civil-Military Integration, Its Impact on the Development of China's Acquisition System,

and Implications for the United States. Proceedings of the Sixteenth
Annual Acquisition Symposium.

Cortright, David and George A. Lopez. eds. 2002. *Smart Sanctions: Targeting Economic Statecraft*. Rowman & Littlefield.

Csurgai, Gyula. 2018. "The increasing importance of geoeconomics in power rivalries in the twenty-first century." *Geopolitics* 23(1): 38-46.

Department of State. 2020. "Military-Civil Fusion and the People's Republic of China." https://www.state.gov/wp-content/uploads/2020/06/What-is-MCF-One-Pager.pdf (검색일: 2020. 12. 10.)

Drezner, Daniel W. 2003. "The Hidden Hand of Economic Coercion." *International Organization* 57(3).

_____. 2015. "Targeted Sanctions in a World of Global Finance." *International Interactions* 41(4).

_____. 2019. "Economic Statecraft in the Age of Trump." *The Washington Quarterly* 42(3).

Drury, A Cooper. 1998. "Revisiting Economic Sanctions Reconsidered." *Journal of Peace Research* 35(4): 497-509.

Du, Zhihang and Matthew Walsh. 2021. US shifts from 'decoupling' to 'small yard, high fence' on China. *Nikkei Asia*. February 16. https://asia.nikkei.com/Spotlight/Caixin/US-shifts-from-decoupling-to-small-yard-high-fence-on-China (검색일: 2021. 10. 15.)

Elliott, Kimberly Ann. 1997. Evidence on the Costs and Benefits of Economic Sanctions. PIIE. October 23. https://www.piie.com/commentary/testimonies/evidence-costs-and-benefits-economic-sanctions (검색일: 2021. 9. 17.)

Eshoo, Anna G. and Adam B. Schiff. 2019. "China's Grip on Pharmaceutical Drugs Is a National Security Issue." *Washington Post*. September 10.

EY. 2020. How do you find clarity in the midst of a crisis? Global Capital Confidence Barometer. March.

Farrell, Henry and Abraham L. Newman. 2019. "Weaponized Interdependence: How Global Economic Networks Shape State Coercion." *International Security* 44(1).

Friedberg, Aaron L. and Charles W. Boustany Jr. 2020. "Partial disengagement: a new US strategy for economic competition with China." *The Washington Quarterly* 43(1): 23-40.

Friedman, Thomas L. 2005. *The World Is Flat: A Brief History of the Twenty-first Century*. Farrar, Straus and Giroux.

Gertz, Geoffrey and Miles M. Evers. 2020. "Geoeconomic Competition: Will State Capitalism Win?" *The Washington Quarterly* 43(2).

Grauvogel, Julia, and Christian Von Soest. 2014. "Claims to legitimacy count: Why sanctions fail to instigate democratisation in authoritarian regimes." *European Journal of Political Research* 53(4).

Hafner-Burton, Emilie, Miles Kahler and Alexander H. Montgomery. 2009. "Network Analysis for International Relations." *International Organization* 63(3).

Harrington, Jake and Riley McCabe. 2021. What the U.S. Innovation and Competition Act Gets Right (and What It Gets Wrong). CSIS. July 1. https://www.csis.org/analysis/what-us-innovation-and-competition-act-gets-right-and-what-it-gets-wrong

Hass, Ryan and Abraham Denmark. 2020. More pain than gain: How the US-China trade war hurt America. Brookings. August 7. https://www.brookings.edu/blog/order-from-chaos/2020/08/07/more-pain-than-gain-how-the-us-china-trade-war-hurt-america/ (검색일: 2021. 9. 17.)

Hirschman, Albert O. 1980. *National Power and the Structure of Foreign Trade*. University of California Press.

Hufbauer, Gary Clyde, Jeffrey J. Schott, and Kimberly Ann Elliott. 1990. *Economic Sanctions Reconsidered: History and Current Policy*. 2nd edition. Institute for International Economics.

Kolodny, Lora. 2018. "Former Google CEO Predicts the Internet Will Split in Two — and One Part Will Be Led by China." *CNBC*. September 20. http://cnbc.com/2018/09/20/eric-schmidt-ex-google-ceo-predicts-internet-split-china.html (검색일: 2020. 10. 20.)

Lee, Seungjoo. 2016. "Institutional Balancing and the Politics of Mega-FTAs in East Asia." *Asian Survey* 56(6).

Li, Mingjiang. 2020. "The Belt and Road Initiative: geo-economics and Indo-Pacific security competition." *International Affairs* 96(1): 169-187.

Luttwak, Edward N. 1990. "From geopolitics to geo-economics: Logic of conflict, grammar of commerce." *The National Interest* 20: 17-23.

Manuel, Anja and Pavneet Singh, and Thompson Paine. 2019. Compete, Contest, and Collaborate: How to Win the Technology Race with China. Cyber Policy Center, Stanford University.

Martin, Lisa L. 1993. "Credibility, Costs, and Institutions: Cooperation on Economic Sanctions." *World Politics* 45(3): 406-432.

Mastanduno, Michael. 1999. "Economic Statecraft, Interdependence, and National Security: Agendas for Research." *Security Studies* 9(1-2).

_____. 2012. "Economic Statecraft." *Foreign Policy: Theories, Actors, Cases*. Oxford University Press.

Moody's Analytics. 2019. Trade War Chicken: The Tariffs and the Damage

Done. September.

Moraes, Henrique Choer. 2018. "The turn to managed interdependence:
a glimpse into the future of international economic law?" https://
www.ejiltalk.org/the-turn-to-managed-interdependence-a-glimpse-into-
the-future-of-international-economic-law/ (검색일: 2020. 7. 9.)

O'Sullivan, Meghan. 2003. *Shrewd Sanctions: Statecraft and State Sponsors of
Terrorism.* Washington, DC: Brookings Institution Press.

Pape, Robert A. 1997. "Why Economic Sanctions Do Not Work." *International
Security* 22(2).

Roberts, Anthea, Henrique Choer Moraes and Victor Ferguson. 2019. "Toward
a Geoeconomic Order in International Trade and Investment." *Journal of
International Economic Law* 22.

Scholvin, Sören and Mikael Wigell. 2018. "Power politics by economic means:
Geoeconomics as an analytical approach and foreign policy practice."
Comparative Strategy 37(1).

Schaffer, Aaron. 2021. "The Technology 202: Biden's first bipartisan
achievement might be on technology investment." *The Washington Post.*
May 17.

Schwab, Klaus. 2016. The Fourth Industrial Revolution: what it means, how
to respond. January 14. https://www.weforum.org/agenda/2016/01/the-
fourth-industrial-revolution-what-it-means-and-how-to-respond/ (검색일:
2021. 5. 10).

Siripurapu, Anshu. 2021. Is Industrial Policy Making a Comeback? Council
of Foreign Relations. March 16. https://www.cfr.org/backgrounder/
industrial-policy-making-comeback (검색일 2021. 9. 17.)

Sparke, Matthew. 1998. "From geopolitics to geoeconomics: Transnational state
effects in the borderlands." *Geopolitics* 3(2): 62-98.

State Secretary of Economic Affairs. 2017. "Smart sanctions – targeted
sanctions." https://www.seco.admin.ch/seco/en/home/Aussenwirtsc
haftspolitik_Wirtschaftliche_Zusammenarbeit/Wirtschaftsbeziehungen/
exportkontrollen-und-sanktionen/sanktionen-embargos/smart-sanctions-
gezielte-sanktionen.html (검색일: 2021. 9. 1.)

Sum, Ngai-Ling. 2019. "The intertwined geopolitics and geoeconomics of
hopes/fears: China's triple economic bubbles and the 'One Belt One
Road' imaginary." *Territory, Politics, Governance* 7(4).

The Sentry. 2018. https://enoughproject.org/wp-content/uploads/ExplainerOn
MultilateralTools_TheSentry_Sept2018.pdf

The White House. 2021. Building Resilient Supply Chains, Revitalizing American
Manufacturing, and Fostering Broad-Based Growth. 100-Day Reviews

under Executive Order 14017. June 21.

"Trump's Misguided Trade War." 2018. *The New York Times*. June 24.

U.S. Department of the Treasury. 2021. "Sanctions Programs and Country Information." https://home.treasury.gov/policy-issues/financial-sanctions/sanctions-programs-and-country-information (검색일 2021. 9. 17.)

Vihma, Antto. 2018. "Geoeconomic Analysis and the Limits of Critical Geopolitics: A New Engagement with Edward Luttwak." *Geopolitics* 23(1).

White House Office of Trade and Manufacturing Policy. 2018. How China's Economic Aggression Threatens the Technologies and Intellectual Property of the United States and the World.

White, Joshua. 2019. Consequences for Kleptocrats: Financial Pressures to Support Peace in South Sudan. The Sentry.

Wigell, Mikael. 2016. "Conceptualizing regional powers' geoeconomic strategies: neo-imperialism, neo-mercantilism, hegemony, and liberal institutionalism." *Asia Europe Journal* 14(2): 135-151.

Woo, Stu and Jie Yang. 2021. "China Wants a Chip Machine From the Dutch. The U.S. Said No." *The Wall Street Journal*, July 17.

필자 소개

이승주 Lee, Seungjoo

중앙대학교 정치국제학과 교수
연세대학교 정치외교학과 졸업, 캘리포니아 버클리대학교 정치학 박사

논저 『미중 경쟁과 글로벌 디지털 거버넌스』, 『사이버 공간의 국제정치경제』, "The Political Economy of Change and Continuity in Korea: Twenty Years after the Crisis", "경제·안보 넥서스(nexus)와 미중 전략 경쟁의 진화", "Evolution of Korea's Disaster-Management Diplomacy: Disaster Management as a Nexus between ODA Policy and Middle-Power Diplomacy", "트럼프 행정부의 등장과 미중 무역 전쟁: 다차원적 복합 게임의 시각"

이메일 seungjoo@cau.ac.kr

제3장

한국의 FTA 전략과
지경학적 상상으로서의 '경제영토'

The Promotion of Free Trade Agreements and 'Economic
Territory' as a Geoeconomic Imaginary in South Korea

이승욱 | 카이스트 인문사회과학부

* 이 글은 *Critical Asian Studies*에 발표한 논문 "Free trade agreements and
'economic territory' as a geoeconomic imaginary in South Korea"을 번역,
편집 그리고 새로운 논의를 업데이트하였다.

'경제영토' 담론은 2000년대 초반 한국경제의 신자유주의화와 함께 급부상하였는데, 이 글에서는 '경제영토'가 일종의 지경학적 상상(geoeconomic imaginary)으로 작동하면서, 축적전략으로서 FTA를 촉진시킬 뿐만 아니라, 민족주의를 동원하여 정권의 정치적 정당성을 강화시키는 역할을 수행하였음을 주장한다. 이를 위해 제솝(Bob Jessop)과 섬(Ngai-Ling Sum) 등 랭커스터대학 사회학자들이 제안한 문화정치경제학(Cultural Political Economy)을 비판적으로 고찰하였다. 이를 통해 이 연구는 한국의 정치경제에 대한 새로운 이해를 추구하고 문화정치경제학 분석의 새로운 지평을 열고자 한다.

The discourse of "economic territory" has, since the early 2000s, surfaced in conjunction with economic neoliberalization in South Korea. This paper argues that economic territory as a geoeconomic imaginary not only facilitated the expansion of free trade agreements as an accumulation strategy but also served as a hegemonic project which masked the nature of an accumulation strategy as a class project and consolidated political legitimacy by manipulating nationalism. To examine this linkage, it critically draws upon the idea of cultural political economy (CPE) developed by Lancaster-based sociologists Bob Jessop and Ngai-Ling Sum. This paper offers a fresh and more substantial interpretation of South Korea's political economy and opens up new analytical space for CPE.

KEYWORDS 문화정치경제학 Cultural political economy, 경제영토 economic territory, 축적 전략 accumulation strategy, 정치 헤게모니 political hegemony, 자유무역협정 free trade agreements

I 들어가며

2011년 제66주년 광복절 경축사에서 이명박 대통령은 다음과 같이 선언하였다.

> 우리가 살 길은 세계를 향해 나가는 것입니다. 이를 위한 핵심 전략이 FTA입니다. 이미 우리는 FTA를 가장 많이 체결함으로써 세계에서 경제영토가 가장 넓은 나라가 되었습니다.[1]

이 연설에 따르면, 아시아에서 가장 작은 국가 중 하나인 우리나라가 이제 세계에서 가장 큰 경제영토를 가지게 되었다는 것인데, 여기에서 대통령이 말한 경제영토란 도대체 무엇인가? 여기서 경제영토는 자유무역협정(이하 FTA)에 의해 개방된 경제공간을 의미하는데(Sohn and Koo 2011), FTA를 통해 개방된 해외시장을 과연 "우리의 영토"라고 볼 수 있는지에 대한 논란을 차치하고, 이 연설을 둘러싼 논란은 사실 다른 곳에 있다. 당시 청와대 홈페이지에 게시된 이 연설의 영문 번역본에서는 "세계에서 경제영토가 가장 넓은 나라가 되었습니다"라는 연설 부분이 번역되지 않고 삭제된 것이다.[2] 대통령은 분명 연설에서 이 문장을 언급하였고, 위에

---

1 대통령기록관 홈페이지 (http://17cwd.pa.go.kr/kr/president/speech/speech_view.php?uno=558&article_no=3&board_no=P04&search_key=&search_value=&search_cate_code=&order_key1=1&order_key2=1&cur__no=1&cur_year=2011&cur_month=08)에서 인용함.

2 이와 관련하여 대통령기록관 홈페이지(http://17cwd.eng.pa.go.kr/pre_activity/speeches/speeches_view.php?uno=5487&board_no=E03&search_key=&search_value=&search_cate_code=&cur__no=6)에서는 "What we

서 인용하였듯이 연설을 기록한 청와대 국문 홈페이지에서는 해당 문장이 삭제되지 않고 그대로 들어가 있다. 이 문장이 영문 번역본에서 누락된 유일한 문장이기 때문에 이를 단순히 실수라고 보기는 어려울 것 같다. 그렇다면 이 누락을 어떻게 이해할 수 있을까? 세계에서 가장 경제영토가 넓다는 주장이 외부로 알려지게 되는 것을 달가워하지 않았을지도 모른다. 혹은 당시 정부에서 FTA 체결 숫자와 경제영토 간에 별 관계가 없거나 아니면 경제영토 개념 자체에 대해 근거가 없는 것이라 생각했을 수도 있을 것이다.[3] 그리고 무엇보다 대통령의 이 주장은 엄밀히 말해 사실이 아니다. 정부에서 소개하는 경제영토 계산법(전 세계 GDP 대비 FTA 체결 상대국 GDP 합계 비율)에 따르면, 2015년이 되어서야 중국, 베트남, 뉴질랜드와 체결한 FTA의 발효로 세계 5위권이었던 한국의 경제영토가 74.6%로 칠레(85%), 페루(78%)에 이어 세계 3위로 올라섰다(김진수 2015). 따라서 우리나라의 경제영토가 세계에서 가장 넓다는 대통령의 주장은 사실이 아니다.

이 연구는 이와 같이 대통령이 강조하였던 경제영토가 일종의 지경학적[4] 상상으로써 축적전략으로서의 FTA 정책의 추진을 용이

have to do to survive as a nation is to venture into the global market. In this context, our core strategy is to secure free trade agreements. Our country has signed more FTAs than any other country in the world."로 번역되어 있다.

3   경제영토 개념에 대해 산업부 관계자는 "'경제영토'가 국제적으로 통용되는 개념은 아니다. 자유무역협정 네트워크의 크기를 나타내기 위해 외교부에 통상교섭본부가 있던 시절부터 써오던 용어다"라고 설명하였다(김정필 2014).

4   지경학이라는 용어는 루트왁(Edward Luttwak)이 처음 제안한 개념으로 그는 이를 "상업의 문법에 따른 전쟁의 논리"라고 정의하였다(Luttwak 1990, 19). 이 정의에 따라 그는 미래의 국가 간 갈등은 지경학 논리에 의해 결정될 것이고 이것이

하게 하였을 뿐만 아니라, 계급 프로젝트로서 FTA 정책의 본질을 감추고 오히려 민족주의를 이용해 정권의 정치적 정당성을 강화한 헤게모니 프로젝트의 일환으로 동원되었음을 주장한다. 이를 위해 영국 랭카스터 대학의 제숍(Bob Jessop)과 섬(Ngai-Ling Sum)이 제안한 새로운 버전의 조절이론이라 할 수 있는 문화정치경제학(Cultural Political Economy)의 논의를 비판적으로 살펴보고자 한다. 문화정치경제학은 정치경제학에서의 문화적 전환에 주목하면서 비판 기호학 분석(Critical Semiotic Analysis)과 비판 정치경제학(Critical Political Economy)의 새로운 결합을 시도한 접근이다 (Jessop 2010a, 336). 이 연구는 기본적으로 문화정치경제학에 기반하고 있으나, 문화정치경제학에서 담론적 기제와 정치경제 간의 관계에 대한 새로운 접근이 필요함 또한 지적하고자 한다. 이와

쇠퇴하는 지정학적 갈등을 대체할 것이라고 주장하였다. 즉, 루트왁은 냉전의 종언 이후 미국 주도의 안정된 세계질서가 정착될 것이라는 당시 지배적인 예측과는 달리 경제 논리 중심의 새로운 형태의 갈등이 세계질서를 지배할 것이라고 주장하였다. 루트왁의 주장은 특히 트럼프 행정부의 출범과 함께 전 세계적으로 무역전쟁이 격화되면서 최근 다시금 주목을 받고 있다(Winter 2018; Lind 2019. 지경학의 부활과 관련한 보다 상세한 논의는 Lee(2021)을 참고). 그러나 비판지리학자들은 이러한 개념을 비판하고 지경학을 탈영토화된 경제 흐름 및 상호작용과 연관지어 논의하였다. 예를 들면 스파크(Matthew Sparke 1998, 70)는 지경학은 자유무역과 이에 따른 국경 없는 경제적 흐름에서 생겨난 일련의 일상적인 가정들과 실천들을 의미한다고 주장하였다. 그러나 여기서 유의해야 할 것은 지경학의 의미가 반드시 탈영역화된 경제적 힘들로 한정될 필요는 없다는 것이다. 지경학은 국가 간뿐만 아니라 국가 내의 경제활동의 공간 조직을 의미하기도 하는데(Castree, Kitchin and Rogers 2013, 178), 이와 같이 지경학의 개념은 초기 루트왁이 제안한 국가 간 상업적 갈등에만 국한되어 이해되어서는 안 되며, 비판지정학, 페미니스트 지정학 등 다양한 이론적 흐름으로 발전한 지정학의 논의와 같이 다양한 이론적 흐름들과 연계하여 개념적 확장 가능성에 대해 고려할 필요가 있다.

더불어 일반적으로 발전주의에서 신자유주의로의 선형적 전환으로 이해되는(Gray 2008; Pirie 2008), 한국 정치경제 전환의 복잡성에 주목하고자 한다. 경제영토라는 상상은 '발전주의적 신자유주의'(최병두 2007; Park, Hill, and Saito 2012)로 개념화되는 한국 자본주의의 혼종성을 잘 드러내는데, 기존의 연구에서는 담론적 기제가 한국의 정치경제에서 어떻게 작동하였는지 큰 관심을 기울이지 않았다. 즉, 한국 정치경제에 대한 분석에 있어 문화적 전환(cultural turn)에 대한 논의가 충분치 않았다고 볼 수 있다. 따라서 이 연구는 한국 정치경제에 대한 새로운 해석을 제공하고 나아가 문화정치경제학에 있어 새로운 분석의 지평을 열고자 한다.

II 문화정치경제학(Cultural Political Economy)

일반적으로, 조절이론은 다양한 경제적 그리고 경제외적(extra-economic) 제도와 실천들이 자본축적을 어떻게 지속시키는지에 (또는 축적체제와 조절양식 간의 관계에) 초점을 두었다(Aglietta 1979; Boyer 1990; Jessop 1990). 특히 포디즘(Fordism)의 발전, 위기 그리고 쇠락에 대한 분석과 포스트 포디즘(post-Fordism)의 뒤이은 부상에 대한 해석은 경제사회학, 경제지리학 그리고 제도경제학 등의 다양한 분야에 강한 반향을 불러일으켰다(Amin 1994; Jessop 1988; 1995; Tickell and Peck 1992). 그럼에도 불구하고 조절이론은 다양한 비판에 직면하였는데, 우선 포디즘, 포스트 포디즘 식의 자본주의 시기 구분은 기능주의라는 비판을 받았으며, 포디즘에서 포스트 포디즘으로의 전환에 대한 이론적 설명 또한 취약하였다. 이와 함께 국가 스케일(national scale)에 대한 협소한 초점 그리고 이론의 적용이 서유럽, 미국 등의 서구 지역에만 한정되었다는 것 또한 문제로 지적되었다(Lee and Wainwright 2010, 567-568). 또한 조절이론은 "국가의 경제적 순간들("economic moments of the state")"에만 초점을 두어, 축적전략과 헤게모니 프로젝트에 대한 분석에 있어 기호학적·이데올로기적 과정에 대해서는 충분히 고려하지 못했다(Jessop and Sum 2006, 371). 이상의 한계들을 극복하려는 시도에서(특히 마지막), 제솝과 섬은 조절이론과 그람시(Antonio Gramsci)의 논의를 연계시킬 필요성을 강조하면서, 문화정치경제학이라는 새로운 이론을 제안하였다(Jessop and Sum 2006, 348-372).

문화정치경제학은 비판정치경제학에 문화적 전환을 결합한 것으로, 다시 말해 정치와 경제 간의 관계를 분석함에 있어 기호적 접근을 강조한 것이라고 할 수 있다(Jessop and Sum 2001; Jessop 2010a; Sum and Jessop 2013a; 2013b). 그러나 이것이 정치경제학 분석에 있어 단순히 문화적 차원을 추가하는 것을 의미하는 것이 아니라, 문화정치경제학은 사회관계의 구성에 있어 기호적(담론적) 그리고 기호 외적(물질적) 양상과 과정 간의 절합(articulation)을 강조한다(Sum and Jessop 2013a, 26). 이런 의미에서 문화정치경제학은 소위 "존재론적 차원에서 문화적 전환"을 취한다고 볼 수 있다(Jessop 2012a, 5; Jessop and Sum 2011, 81). 제솝은 이러한 새로운 접근이 구조주의와 구성주의라는 진퇴양난의 상황에서 제3의 길을 제시하였다고 주장하였다(Jessop 2010a, 340). 그럼에도 불구하고 문화정치경제학은 기본적으로 사회관계에서 담론 또는 상상(imaginaries)이 가지는 수행적 역할을 주목한다. "이러한 상상(imaginaries)이 세계를 해석하기 위한 것만이 아니라 세계를 구축하는 데 있어 영향을 미치는 기호적 틀을 어떻게 제공하는가?"(Jessop 2010a, 342). 보다 구체적으로, 문화정치경제학은 왜 그리고 어떻게 특정한 담론과 상상이 선택되고, 정책과 전략이 되고, 구조와 실천으로 제도화되는지를 분석하기 위해 기호적 그리고 기호 외적 메커니즘 간의 상호작용을 탐색한다(Sum 2005, 1).

특히 문화정치경제학 연구자들은 상상(imaginaries)이 구체적 정책, 전략 또는 구조로 제도화되거나 관례화되는 방식을 설명하기 위해 특정한 진화적 메커니즘, "변이(variation), 선택(selection), 그리고 유지(retention)"를 강조한다(Jessop 2011, 7). 구체적으로 이들의 분석은 1) 다양한 상상 또는 담론이 지배적 상상 또는 담론과 어떻게 경합하는지, 2) 특정 상상이 어떻게 다른 상상들보다 앞서 선택되는지, 그리고 3) 몇몇 상상이 프로젝트나 전략으로 당연시되고 구조화되는지 등에 대해 주목한다. 이러한 과정을 통해 문화정치경제학은 담론적 과정들이 담론 외적 과정들과 어떻게 연관되는지 살펴보는데, 특히 특정 상상의 변이, 선택, 유지의 과정에서 기호 외적 요인들의 역할이나 이러한 상상들이 어떻게 물질세계를 구성하는지를 주목한다.

이상의 이론적 정교화와 더불어 관련 연구자들은 구체적인 사례연구를 통해 문화정치경제학을 발전시켰다. 섬은 홍콩/주강 삼각주 지역을 사례로, 경쟁력이라는 지배적인 상상이 이론에서 발전해 정책 패러다임과 지식 브랜드화되는 과정을 분석하였다(Sum

2010). 제숍은 1980년대와 1990년대 지식기반경제를 새로운 지배적인 경제적 상상의 출현으로 보고, 이것이 어떻게 경제전략과 국가프로젝트에 영향을 주었는지 분석하였다(Jessop 2010b). 그는 또한 세계경제 및 생태위기의 영향에 초점을 두고, 새로운 경제적 상상으로서 '그린 뉴딜'의 부상에 대해 주목하였다(Jessop 2012b). 이상의 논의들은 문화정치경제학의 이해에 공헌하였으나, 이와 함께 몇몇 이론적 한계 또한 드러내었다.

첫째, 제숍과 섬은 문화정치경제학을 비판정치경제학의 대안적 이론으로 제시하면서, 기존의 조절이론에서 나타나는 "경제주의(economism)로의 끝없는 유혹"을 뿌리치는 데 실패했다고 비판하였는데(Jessop and Sum 2011, 81-82), 그들 또한 같은 유혹에서 벗어나지 못하였다. 제숍과 섬은 경제와 정치 차원에서 모두 기호적 접근의 중요성을 강조하였으나(Jessop 2002, 7; Sum 2010, 548-549), 구체적 사례를 분석하는 경우에는 헤게모니나 지배와 같은 정치적 측면에 대해서는 거의 다루지 않고 담론적 기제가 어떻게 자본 축적을 지속하고 촉진하는지에 대해서만 초점을 두었다. 특히 문화정치경제학에 기반한 대부분의 연구들은 경제적 상상(예를 들어 지식기반경제, 브랜딩, 경쟁력, 문화산업과 창조산업 등)의 역할이나 경제구조재편 또는 자본축적에 있어 경제적 상상의 영향만을 강조하였다(Ribera-Fumaz 2005; Jessop 2008; Jessop and Oosterlynck 2008; Sum 2009; 2010). 게다가 이들이 정치적 측면에 대해 설명할 때조차 분석적으로 경제적인 측면과 분리하는 경향을 보였다. 예를 들어 제숍과 섬은 지배적인 정치 및 국가의 상상을 둘러싼 투쟁은 정부의 본성, 목적 그리고 이해를 형성하는 데 중요한 역할을 한다고 주장하였으나(Jessop and Sum 2011, 84), 다른 연구에서는 경제적 영역을 형성하는 경제적 상상의 수행적 힘에 대한 질문을 강조하거나(Sum and Jessop 2013a, 26) 또는 경제적 상상이 경제적 '사건'을 해석하는 데 있어 기호적 프레임을 제공할 뿐만 아니라, 그러한 사건과 경제적 맥락을 구축하는 데 일익을 담당한다고 주장하였다(Jessop 2004, 164). 이와 같이 문화정치경제학자들의 연구에서 정치와 경제를 분리된 각각의 영역으로 당연시하는 경향을 확인할 수 있다. 그러나 경제적 상상은 왜 경제적 목적만을 위해 작동하고, 정치적 상상은 왜 정치 헤게모니와 지배를 위해서만 동원되어야만 하는가? 이 연구는 특정한 상상의 동원을 통해 경제와 정치적 지배 간의 절합(articulation)의 가능성에 주목한다. 다시 말해 지경학적 담론과 상상이 축적 전략과 정치 헤게모니 프로젝트를 어떻게 연계하는지 탐색하고자 한다.

III 한국의 새로운 축적 전략, 자유무역협정(FTAs)

한국의 경제발전을 설명하는 주요한 시각 중 하나로 발전주의 국가론을 꼽을 수 있다(Amsden 1989; Wade 1990; Evans 1995; Woo-Cumings 1999). 이 이론에서는 산업 전략에서 노동과 금융정책에 이르기까지 광범위한 경제 영역에 대한 국가의 적극적인 개입을 주목하였는데, 국가의 전략적 목표는 수출지향 산업화를 추구하는 동시에 국내시장을 보호하는 것이었다. 일반적으로 신베버주의로 일컬어지는 이 접근은 동아시아의 전후 경제성장으로부터 이론적 영감을 받았는데, 일본, 한국, 대만 등과 같은 동아시아 국가들의 빠른 경제성장을 정부의 뛰어난 역량과 역할을 통해 설명하였다. 특히 한국의 발전은 한때 "발전주의 국가모델의 원형(prototype)"으로 칭송받았으나(Moon 2000, 70), 1990년대 후반의 IMF 경제위기는 그 자체로 한국 경제성장 신화의 붕괴였다. IMF(국제통화기금)는 시장개방, 규제완화 등을 포함한 구조조정 프로그램(Structural Adjustment Programs)을 수용하는 조건으로 구제금융을 제공하였는데, 여기에는 한때 기적으로 여겨졌던 한국경제 발전모델이 비효율적이고 부패한 모델[예를 들어 정실 자본주의(crony capitalism)]로 규정되면서 IMF 구조조정의 정당성을 뒷받침하였다. 이에 대해 커밍스(Bruce Cumings)는 아시아 경제위기의 실질적 의미는 일본–한국식 후발 발전모델을 끝장내려는 미국의 시도라고 주장하였다(Cumings 1998, 45). 즉, 발전주의 국가모델의 자본축적 위기를 해소하기 위해 새로운 축적 전략이 강제된 것이고, 그 결과 신자유주의 발전 전략이 발전주의 국가 모델을 대체하게 된 것이다.[5]

김대중 대통령은 IMF 구조조정 프로그램을 수용하였고 이후 한국경제의 본격적인 신자유주의화가 시작되었다. 위기 이전에 이미 김영삼 정부의 세계화 전략이 재벌의 초국가화(transnationalization)를 진전시켰던 것에 반해, 김대중 정부는 국내 경제의 개혁에 초점을 두었다(Dent 2003, 264). 특히 금융위기 이후 "개방만이 살 길이다"라는 담론이 확산되면서, 이는 IMF

---

5   Hart-Landsberg and Burkett(2001)은 한국경제 위기의 구조적 원인과 신자유주의 구조조정에 관하여 심도 있는 분석을 제공하였다.

의 처방을 무조건 수용해야 한다는 당시 정부의 결정을 정당화했을 뿐만 아니라 무역 자유화를 더욱 촉진하는 효과를 낳았다(Cho 2006). 이와 관련하여 상징적 변화로 외무부의 명칭이 외교통상부로 바뀌었고(Park and Koo 2007, 268), FTA 전략의 적극적 추진으로 이어졌다. 1998년 11월 김대중 정부는 최초의 자유무역협정으로 칠레와의 FTA를 추진한다고 선언하였고, 뒤이은 노무현 정부는 보다 적극적으로 FTA 전략을 확대해나갔다. 최초의 FTA인 한-칠레 자유무역협정은 2003년 2월 공식 서명을 거쳐 2004년 4월 발효되었다. 뒤이어 노무현 정부는 일본, 중국, ASEAN, 미국, EU 등 거대 시장과의 FTA 체결을 추진하였는데, 이는 결국 FTA 확대가 세계경제와의 보다 긴밀한 통합이 새로운 자본축적전략으로 자리매김했음을 의미한다.

IV 새로운 지경학적 상상으로서 경제영토

> 한반도라는 물리적 영토 공간뿐만 아니라 시장을 개척하고 자원을 확보할 수 있는 공간이라면 그곳이 경제적으로는 우리의 영토인 셈이다.[6]

경제영토 담론은 노무현 정부에서 FTA를 적극적으로 추진하면서 처음으로 등장하였다. 당시 대통령 경제보좌관이었던 정문수는

---

6   이명박 국정백서(2008.2~2013.2) 03 세계를 경제영토로. p.48.

FTA 확대, 특히 미국과의 FTA 체결을 강조하면서 다음과 같이 주장하였다.

> 개방한 나라가 성공도 하고 실패도 하지만, 쇄국을 하면서 성공한 나라는 없다. 지역주의가 급속히 확산되는 추세 하에서 우리가 FTA 추진을 더 이상 늦춘다면 세계 교역질서 흐름에서 낙오될 수밖에 없다. … 우리는 FTA 측면에서는 분명 후발국이다. 참여정부는 이러한 상황에서 여건이 허락하는 대로 가능한 한 빨리, 가능한 한 많은 국가와 자유무역협정을 체결하는 것을 목표로 하고 있다. 칠레 등 소규모 경제권 3개국과의 FTA만 체결된 우리로서는 거대·선진경제권과의 FTA 추진을 서둘러야 할 상황에 서 있다(정문수 2006).

암스트롱(Charles Armstrong)은 노무현 정부의 경제자유화 전략에 대해 다음과 같이 설명하였다.

> 한국의 시장자유화에 대한 강조는 적어도 1990년대 중반 김영삼 정부의 세계화 정책 이래로 지속적이었으나, 노무현 정부의 자유무역, 특히 양자 자유무역협정에 대한 열광은 비할 바 없이 강하였다. 노무현 정부 하에서 2년 동안 45개 국가와 FTA 협상을 하였는데, 이는 여지없이 세계기록이라 할 수 있다(Armstrong 2008, 125).

노무현 대통령은 1990년대 WTO(세계무역기구) 체제로의 편입은 어쩔 수 없는 불가피한 선택이었으나, 이제는 WTO, FTA 모두 지속적인 경제성장을 위한 수단이 되었음을 강조하였다(대한민국 정책브리핑 2005). 그러나 이러한 경제자유화 접근은 시민사회의 강한 저항에 부딪혔다(Park 2009). 이에 대응해 노무현 정부는 "FTA를 통해 경제영토를 넓힌다"(최영태 2012), "FTA를 통해 '무한대의 경제영토'를 얻을 수 있다"(우석훈 2008, 97) 등과 같은 새로운 지경학적 담론을 담은 주장들을 내세웠다. 여기서 경제영토의 개념은 앞서 설명하였듯이 FTA를 통해 개방된 경제공간을 의미하는데, 문제는 여기서 '영토'라는 용어의 사용이 마치 "우리의 영토를 넘어서, 주권과 같이 배타적 권리를 주장할 수 있는 새로운 경제 공간을 얻을 수 있다"라는 의도된 착각을 불러일으킨다는 것이다. 이는 결국 FTA의 추진을 정당화하고 이에 대한 저항을 무력화하기 위해 경제 민족주의를 동원한 것이라 볼 수 있다. 이와 같은 지경학적 상상은 대중들로 하여금 세계가 마치 우리의 잠재적 영토인 것으로 상상하게끔 하는 효과를 낳는다. 예를 들어 정부는 한미FTA 추진에 대해 한국의 경제영토를 확대하는 불가피하고 필수적인 조치로 강조하면서, 이를 통해 한국의 수출지향 경제가 제약 없이 해외시장에 대한 접근을 확대할 수 있다고 주장하였다. 노무현 대통령 또한 한미FTA 체결의 중요성을 강조하면서, FTA야말로 한국의 경제영토를 팽창할 수 있는 새로운 환경을 창출하는 전략이 될 수 있다고 하였다(이백만 2006). 이런 측면에서 볼 때 경제영토라는 상상은 1990년대 초 김영삼 정부의 세계화, 1990년대 후반 IMF 위기극복과 관련하여 경제개방을 정당화하던 다양한 담론들의 연장선상에 있다고 볼 수 있을 것이다.

뒤를 이은 이명박 정부는 노무현 정부의 모든 것을 부정한다는 소위 'ABR(Anything But Roh)'를 표명하였으나(황준범 2008),

예외 중 하나가 FTA 정책이었다. 이는 한미FTA가 당시 보수진영이 지지하였던 노무현 정부의 몇 안 되는 정책 중 하나였다는 것을 고려한다면 그다지 놀라운 것은 아니다. 계속된 논란에도 불구하고 이명박 정부는 2010년 12월 한미FTA를 타결하였고, 이외에도 ASEAN, EU, 인도 등과 FTA 체결을, 중국, 인도, 호주, 베트남 등과는 FTA 협상에 돌입하였다. 적극적인 FTA 전략과 발맞추어 경제영토 담론은 정부기관, 언론 그리고 기업 등에서 광범위하게 유통되었는데, 그 결과 경제영토라는 지경학적 상상은 한국 사회에서 자연스럽게 받아들여지게 되었다. 이 절에서는 노무현, 이명박 정부 모두 경제영토라는 지경학적 상상을 적극적으로 이용하였으나, 목적과 방식에서 차별화되었음을 설명하고자 한다.

우선 노무현 정부는 FTA 정책에 기반한 새로운 자본 축적전략을 정당화하고 촉진하기 위해 경제영토 담론을 동원하였는데, 이는 FTA 정책의 실질적 수혜집단을 감추고 특정 집단의 이익을 국가의 이익으로 포장한다는 점에서 민족주의를 활용한 상상이라고 할 수 있다. 특히 FTA 추진이 진보적인 시민사회 진영의 강력한 반대에 직면하였던 것을 고려할 때, 경제영토 상상은 국가의 이익이라는 이름으로 복잡한 현실을 효과적으로 단순화시켰다고 볼 수 있다. 구체적으로 농업 등 일부 민감한 경제 분야의 희생은 몇몇 수출산업의 성장을 통한 경제성장의 긴요성이라는 명분으로 정당화되었는데, 사실 이러한 논리는 새롭지 않은 것이었다. 1990년대 초반 '관세 및 무역에 관한 일반 협정(GATT)' 체제 우루과이라운드 협상 타결 결과 "대통령직을 걸고 쌀시장 개방을 막겠다"는 공약과는 달리 쌀시장 개방을 허용한 것에 대해 당시 김영삼 대통령은 "국제사회 속의 고립보다는 GATT 체제 속에 경쟁과 협력을 선택할 수밖에 없었다"면서 "부존자원이 없는 우리나라로서는 자유무역을 통해 경제적 성장과 국부를 신장시켜 나갈 수밖에 없다"라고 해명하였다(이인용 1993; 중앙일보 1993). 그러나 약 10여 년의 경제자유화 이후 불가피성을 강조했던 이와 같은 수동적인 접근은 경제영토라는 상당히 적극적인 지경학적 상상으로 바뀌었다. 경제영토 담론은 '신자유주의 세계화', '국제 경쟁력', '자유무역' 등과 같은 상호 연관된 메타내러티브들을 강력하게 뒷받침하는 효과를 발휘하였고, 이들은 세계화 적응의 실패에 따른 경제위기를 극복하고 글로벌 경쟁으로부터 생존해야 한다는 주장으로 이어졌다. 또한, 몇몇 수출산업의 세계시장에서의 성공은 국가 전체에 이익을 가져올 것이기 때문에, FTA로 인해 일부 분야가 겪을 위기는 감수할 만한 것으로 당연시되었다.

이러한 지경학적 상상은 다양한 사회 및 경제조직에 의해 적극적으로 홍보·확산되었다. 대표적으로 2007년 5월 15일 기획재정부 산하에 FTA국내대책위원회가 설립되었고, 산업통상부 장관 그리고 한국무역협회회장이 함께 위원장을 맡았다. FTA 활성화를 위해 대중들의 지지를 확보하기 위한 목적으로 설립된 국내대책위는 다양한 정부부처 및 민간단체를 포괄하는 민-관 합동조직으로, 공식적인 업무는 FTA 체결과 비준에 관한 정보를 대중에게 전달하고, FTA에 대한 여론을 모으고, FTA를 둘러싼 사회적 갈등을 조정하고, 국회의 활동을 지원하고 국내 지원 대책을 마련하는 것이었다(정인교 2009; Harrison 2013, 46). 국내대책위 결성 이전 2006년 4월 18일에는 경제4단체(전국경제인연합회, 한국무역협회, 한국상공회의소, 중소기업중앙회) 포함 주요 경제단체들이 FTA에 대한 업계의 의견을 수렴하고자 FTA 민간대책위원회를 출범시켰다. 이들 위원회의 구성을 살펴보면 노동조합과 시민단체 등은 배제되었는데, 이는 결국 FTA 추진을 둘러싼 계급정치 지형을 그대로 드러내고 있다. 또한 비록 중소기업중앙회가 민간대책위에 참여하였지만, FTA가 기본적으로 중소기업에게는 불리하고 수출 위주의 대기업들에게는 유리한 기회라는 비판이 줄곧 제기되었다(선대인 2011; 박원석 2012). 실제로 한국무역협회가 진행한 중소기업의 FTA 활용실태에 관한 조사에 따르면, FTA로 수출증대 효과를 보고 있는 중소기업은 26.3%에 불과하였다(정의진 2013). 그럼에도 불구하고 중소기업들은 FTA에 대해 별다른 저항을 하지 않아 자본 내 갈등이 뚜렷하게 부각되지는 않았다.

　　FTA국내대책위와 FTA민간대책위는 2007년 11월 28일부터 12월 1일까지 "세계가 한국의 경제영토입니다"라는 슬로건으로 FTA EXPO를 개최하였는데(아래 그림 3-1 참조), 그 목적은 기업들로 하여금 FTA를 잘 활용할 수 있도록 지원하는 동시에 국민들의 FTA에 대한 이해를 높이겠다는 것이었다. 두 위원회는 경제영토 이미지를 적극적으로 활용한 온라인 및 오프라인 광고들을 통해 FTA를 적극적으로 홍보하였다(아래 그림 3-2 참조). 그러나 두 위원회가 FTA 홍보에 중요한 역할을 하였지만, FTA 관련 정보 통제 및 정책 결정에서는 정부가 사실상 독점적인 역할을 하였다. 심지어 국회조차 정보 및 전문성의 부족으로 의사결정 과정에서 제한된 역할만을 수행하였다(Harrison 2013, 48). 이는 한편으로 발전주의 국가의 영향이라 볼 수도 있겠지만, 다른 한편으로는 FTA 추진을

그림 3-1. FTA EXPO 2007 지면 광고

출처: https://www.fta.go.kr/

그림 3-2. 자유무역협정 국내대책위원회 일간지 광고

출처: https://www.fta.go.kr/

정권의 헤게모니 강화와 연결시키려 한 정부의 의도 때문이라 볼 수 있는데, 이러한 움직임은 특히 이명박 정부에서 본격화되었다.

경제영토라는 상상은 노무현 정부에서 FTA 추진을 뒷받침하기 위해 처음으로 동원하였고, 뒤이은 이명박 정부에서도 그대로 활용되었으나 약간의 변주가 있었다. 앞서 소개하였듯이, 이명박 대통령은 "우리는 FTA를 가장 많이 체결함으로써 세계에서 경제영토가 가장 넓은 나라가 되었습니다"라고 주장하였는데, 여기서 경제영토 상상을 동원한 데에는 FTA 정책 정당화 이상의 목적이 담겨 있었다. 퇴임 연설을 포함한 다른 연설들에서도 이명박 대통령은 한국이 FTA 체결을 통해 경제영토가 팽창하였다는 것을 반복적으로 주장하였다. 또한 경제영토의 확장을 통해서 한국이 세계경제위기를 빠르게 극복할 수 있었음을 지속적으로 강조하였다.[7] 2013년 2월, 청와대는 12권으로 구성된 '이명박 정부 국정백서'를 발간하였는데, 이 가운데 세 번째 권의 제목이 '세계를 경제영토로'였다. 400페이지가 넘는 이 책에서는 FTA 전략과 경제영토의 상상이 이전 김대중, 노무현 정부로부터 계승한 것임을 결코 인정하지 않았다. 대신에 오히려 이명박 정부가 집권한 2008년 당시 한국은 칠레, 싱가포르 등 단지 4개 국가와만 FTA를 체결한 'FTA 후발국가'였음을 강조하면서 이전 정권들에서의 FTA 정책 추진에 대해 비판적인 입장을 취하였다. 또한 전 세계적으로 FTA를 통한 무역의 규모가 50퍼센트를 넘었음에도 불구하고 한국의 경우 10퍼센트에도 미치지 못하고 있음을 지적하였는데,[8] 이와 같이 이전

---

7   이명박 정부 국정백서 (2008.2~2013.2) 03 세계를 경제영토로. p.48.
8   이명박 정부 국정백서 (2008.2~2013.2) 03 세계를 경제영토로. p.48, 61.

정권에 대한 비판은 결국 FTA 확대를 오로지 이명박 정부의 성과로 강조하기 위한 것이었다.

이와 관련하여 국정백서에서 경제영토의 개념적 범위가 확대되는 것을 확인할 수 있는데, FTA 정책뿐만 아니라 자원외교와 무역 성과(예를 들어 한국이 세계에서 9번째로 1조 달러 무역액 달성) 등이 모두 경제영토의 확장을 설명하는 데 동원되었다. 이러한 정책들이 어떻게 경제영토의 확장과 연결되는지에 대해서는 별다른 설명 없이, FTA 체결 수, 자원외교 계약 수와 규모, 그리고 무역액 이상 3가지의 측정 가능한 경제성과는 경제영토의 확장으로 이어졌다고 강조하였다. 이는 결국 경제영토라는 상상이 가지는 목적이 변화하였음을 보여주는데, 경제영토가 더이상 FTA 정책을 정당화하는 것만이 아니라 정부의 성과를 수치화하고 평가할 수 있는 잣대로 활용되었다는 것이다.[9] 따라서 이는 지경학적 상상이 새로운 자본축적 전략을 뒷받침하는 동시에 정치적 헤게모니를 강화하는 데 이용되었음을 보여준다.

2008년 취임한 지 얼마 되지 않아, 이명박 정부는 한국 사회를 뒤흔든 대중시위로 헤게모니의 위기를 맞이하였다. 광우병 시위로 불린 대규모 촛불시위는 미국산 쇠고기 수입을 계기로 촉발되었지만, 이명박 정부에서 적극적으로 추진하였던 가스·수도·전기·의료보험 민영화 및 교육개혁 등의 광범위한 신자유주의 정책에 대한 대중들의 반발 또한 강하였다(Lee, Kim, and Wainwright 2010). 2008년 5월 초에 시작되어 8월 중순까지 100일 이상 지속

9 　이런 의미에서 경제영토라는 지경학적 상상은 신자유주의 세계화 담론이 보다 구체적이고 수치화할 수 있는 개념으로 정교화될 수 있음을 보여준다.

되었던 시위로 이명박 정권은 심각한 정치적 타격을 입었는데, 이를 강력하게 진압했음에도 정당성의 위기를 극복할 수 있는 새로운 헤게모니 프로젝트가 절실하게 필요하였다. 이러한 상황에서 경제영토 담론이 적극적으로 동원되었던 것이다. "대한민국이 국토는 좁지만 경제영토는 세계에서 제일이다"(청와대 2010a)라는 주장은 2010년 12월 7일 제51회 국무회의에서 처음으로 등장하였고, 이후 이명박 정부의 핵심 내러티브로 자리 잡았다.[10] 대통령의 주요 행사 연설, 2주 간격의 라디오·인터넷 연설, 2011년과 2012년 대통령 연하장 등의 다양한 채널과 기회를 통해 이와 같은 주장을 전 사회적으로 확산시키면서, 'FTA를 통한 경제영토의 확장'을 정부의 주요 성과로 적극적으로 선전하였다. 예를 들어 당시 정부가 적극적으로 추진하였던 한·중 FTA에 대해 "한·중 FTA를 체결함으로써 이명박 정부의 치적 중 하나인 'FTA를 통한 경제영토 확장'을 완결하겠다는 의지도 내재돼 있는 것"이라는 주장하기도 하였다(추승호 2011). 심지어 2011년 10월 당시 대통령의 미국 방문 기간 열렸던 현지 동포 간담회에서 이명박 대통령은 미 의회의 한미FTA 비준이 얼마 남지 않았음을 언급하면서 "이제 우리가 미국보다도 넓은 경제영토를 가지게 됐다고 생각할 수 있다"라고까지 주장하였다(김종우·이승우 2011). 이러한 일종의 랭킹 장치(ranking device)의 동원을 통해 경제영토라는 상상을 수량화, 측정 가능한 변수로 변환한 것인데, 이를 통해 노무현 정부 시절 FTA

10 경제영토 담론과 더불어 자유무역의 중심이 될 것이라는 주장 또한 제기되었다. "우리는 국토는 좁지만 경제영토는 세계에서 가장 넓은 나라이자 자유무역의 세계중심 국가가 될 것"(청와대 2010b).

정책의 정당화 목적의 "세계에 대한민국의 경제영토를 확장하자"
라는 주장은 이명박 대통령 시기에는 "이제 우리는 세계에서 가장
넓은 경제영토를 가지게 되었다"는 구체적 성과를 홍보하는 주장
으로 탈바꿈하였다. 특히 대통령이 직접 이와 같은 주장을 지속적
으로 반복하면서, 경제적 성과가 자연스럽게 정치적 업적으로 치
환되게 되었다. 앞서 글을 시작하면서 언급하였듯이 이 주장은 사
실에 근거하고 있지 않은데, 이명박 대통령은 퇴임을 앞둔 시점
이 되어서야 이를 수정하였다. 2013년 신년사와 퇴임 연설에서만
이 그는 우리나라가 세계에서 세 번째로 넓은 경제영토를 가지게
되었다고 하였다. 그러나 사실 여부를 떠나 더 심각한 문제는 넓
어진 경제영토가 마치 국민 모두에게 이익이 된다는 허구적 가정
이 이러한 주장의 기저에 작동하고 있었다는 것이다. 경제성장률
이 국민경제의 현실을 반영하는 데 적실성이 있는지에 대한 논란
이 있지만, 일단 이명박 정부 시절 평균 경제성장률은 김대중 정부
시절의 5.1%와 노무현 정부의 4.5%보다 낮은 3.2%를 기록하였
다. 즉, 경제영토는 일종의 기호학적 조정(semantic fix)으로 첫째,
특정 계급의 이익을 국가의 이익으로 효과적으로 혼동케하고 FTA
전략의 모순을 감춤으로써 위기를 당분간 관리할 수 있게 하였다
(Jessop and Sum 2017, 346). 따라서 이명박 정부에서 경제영토는
경제적 차원에서 새로운 축적전략의 효과적 추진 그리고 정치적
차원에서 정치 헤게모니의 강화라는 두 가지 상이한 목적을 성취
하기 위한 지배적 프레임으로 동원되었다. 그 결과 집권 초기 신자
유주의 개혁으로 헤게모니 위기를 맞이하였던 이명박 정부는 경제
영토 상상의 적극적인 동원을 통해 정치 헤게모니 강화와 신자유

주의 구조조정 추진을 위한 기틀을 마련할 수 있었다. 이는 지경학적 상상의 역할이 경제적 전략의 지원만을 위한 것이 아니라, 자본축적 전략과 헤게모니 정치프로젝트 간의 새로운 연계 구축에 기여할 수 있음을 보여준다.

V 나가며

우리 모두가 지리를 벗어나서는 존재할 수 없는 것처럼, 우리는 지리에 대한 투쟁으로부터도 자유스러울 수 없다. 그 투쟁은 복합적이고 흥미있는데 그 이유는 그것이 비단 군인들과 대포들에 관한 것만이 아니고, 관념과 형식, 이미지들과 상상에 대한 것이기 때문이다(사이드 2011, 52-53).

에드워드 사이드는 지리(geography)에 대해 그 물리적 속성을 넘어 담론, 이미지, 상상으로 접근해야 할 필요성을 강조하였는데, 이러한 시각은 비판지정학의 탄생에도 유의미한 영향을 미쳤다. 재현(Representation)의 지리와 권력 간의 관계에 초점을 둔 비판지정학의 통찰력은 루트왁(Edward Luttwak 1990)이 제기한 지경학에도 영향을 미쳐 지경학적 상상력, 재현, 담론 등에 대한 활발한 논의가 이루어지고 있다(Domosh 2013; Sparke 1998; 2007; 2018; Sum 2019). 예를 들어 스파크는 지경학을 "자유무역과 국경 없는 경제적 흐름이라는 맥락에서 발생한 일련의 일상적인 가설들과 실천들을 호명하는 데 유용한 용어"(Matthew Sparke 1998, 70)

라고 주장하면서, 지경학을 신자유주의 세계화와 밀접히 연관된 담론적 실천으로 규정하였다. 이 논문에서 또한 지경학을 루트왁의 전략적 개념이 아닌 정치경제를 구성하는 유의미한 담론적 실천과 상상으로 접근하였다.

그동안 적지 않은 연구들이 발전주의에서 신자유주의로의 한국경제의 전환에 대해 분석을 진행하였다(Kim 1999; Gray 2008; Pirie 2008). 그러나 다양한 담론들이 이러한 전환 과정에서 어떻게 작동하였는지에 대해 주목한 연구는 그리 많지 않은 형편이다. 이 연구에서 주목한 지경학적 상상으로서의 경제영토는 국가가 주도한 담론적 프로젝트로, 처음에는 새로운 축적 전략을 지원하기 위한 목적에서, 그리고 이후에는 정치 헤게모니를 강화하기 위한 목적으로 동원되었다. 이 상상은 한국이 세계 경제에서 어떻게 살아남을지 또는 중국과 일본이라는 거대 경제권 사이에 낀 지경학적 위치 등을 부각시키면서 경제 민족주의에 긴밀하게 연계되어 작동하였다. 이를 통해 FTA를 통해 수혜를 받는 특정 집단의 이익을 국가의 이익인 것처럼 인식하게 하는 착시적 효과를 만들어내었다.

1990년대 후반 정부의 FTA 전략 채택 및 추진은 FTA 반대를 중심으로 시민사회 진영이 결집하는 새로운 전선을 만들어내었다. 이들 반FTA 연대의 강력한 저항은 FTA 전략의 순조로운 추진을 어렵게 하였지만, 궁극적으로 FTA 전략 체결을 막지는 못하였다. 이러한 실패는 FTA 전략을 국가의 이익으로 효과적으로 포장한 정부의 담론적 전략에 제대로 대응하지 못한 것과도 연관된다고 할 수 있을 것이다. 일부 진보진영에서는 경제영토 정책과 FTA전략이 재벌에게만 이익이 된다고 주장하였으나(박원석 2012), 경제영토의 정치적 효과에 대해서는 별다른 비판을 제기하지 않았다. 다시 말해, 제도적, 물질적 실천에만 주로 초점을 두었던 FTA 반대투쟁은 정부가 동원한 경제영토 담론에 대해서는 제대로 대응하는 데 실패하였다.

이제 한국경제의 신자유주의화가 어느 정도 전면화되었고 특히 한미FTA 체결 이후 FTA 반대를 주장하는 목소리도 더 이상 크게 들리지 않게 되었다. 이명박 정부 이후에는 FTA를 정당화하는 지경학적 상상으로 경제영토의 동원 또한 일부 정부 부처에서만 간헐적으로 나타나고 있다.[11] 특히 이명박 정부 하에서 경제영토를 헤게모니 강화와 연결하였던 것에 반해 이후 정부들에서는 더 이상 경제영토를 적극적으로 동원하지 않고 있다. 그럼에도 불구하고 경제영토는 완전히 사라지지 않고 한국 사회에서 경제개방과 자유무역을 뒷받침하는 담론적 기제로 여전히 작동하고 있다. 예를 들어 한국경제신문에서는 "'한강의 기적' 일군 자유무역 … 세계 78% 한국의 경제영토"(정태웅 2020)라는 제목의 기사에서 한국경제의 기적을 자유무역 체제의 적극적 동참에서 비롯된 것으로 주장하면서, 경제영토의 확대를 그 근거로 제시하였다. 또한 같은 신문에서 실린 칼럼 "문재인 정부엔 '경제영토' 개념이 없다"(현승윤 2019)에서는 "시장에서 경쟁하는 것은 기업이지만 '시장의 경계'를 넓히는 일은 국가"의 일임을 강조하면서 경제영토의 확대는 정치 영역에 속하는 일이기 때문에, 현재 정부와 정치권에서는 이제 잊혀 가고 있는 '경제영토' 개념을 다시 살려야 한다

---

11   예를 들어 박근혜 정부의 문화체육관광부는 지난 2015년 "우리나라 경제영토, 어디까지 넓혔나"라는 홍보기사를 발표하였다.

고 강조하였다. 그러나 이러한 입장은 최근 변화하는 세계 정세를 고려할 때 시대착오적이라고밖에 할 수 없다. 최근 *The New York Times*의 "In Washington, 'free trade' is no longer gospel"이라는 제목의 기사에서 트럼프에 뒤이어 바이든 정부에서도 자유무역 그 자체를 목표로 해야 한다는 입장을 폐기하였다고 소개하였다(Swanson 2021). 즉, 냉전 이후 수십 년간 종교적 신념 수준으로 당연시되었던 자유무역의 원칙이 이제는 세계경제의 보편적 규범으로서의 지위를 상실하게 되었다는 것이다. 이미 전 세계 불평등 심화 등 신자유주의 세계화의 폐해가 명백해진 현시점에서 여전히 경제영토라는 상상 아닌 환상에 빠져 있는 것은 세계가 이미 변화했음에도 도그마에서 벗어나지 못하고 있다고밖에 볼 수 없을 것이다.

참고문헌

김정필. 2014. "FTA로 넓혀졌다는 '경제 영토'가 뭐지?"『한겨레신문』. 11월 11일.
   https://www.hani.co.kr/arti/economy/economy_general/663995.html#cb
   (검색일: 2021. 8. 8.)

김종우·이승우. 2011. "李대통령 '미국보다 경제영토 넓다'."『연합뉴스』. 10월 12일.
   https://www.yna.co.kr/view/AKR20111012047400001 (검색일: 2021. 8. 8.)

김진수. 2015. "한·중 FTA 국회 비준 'GDP 12조 달러 거대 시장' 열린다."
   위클리공감. 12월 7일. http://gonggam.korea.kr/newsView.do?newsId=
   01Ib36m4DGJMP000 (검색일: 2021. 8. 8.)

대한민국 정책브리핑. 2005. "노무현 대통령 취임 2주년 국회연설문 전문." 2월 25일.
   https://www.korea.kr/news/policyNewsView.do?newsId=70083548
   (검색일: 2021. 8. 8.)

박원석. 2012. "FTA로 경제영토 넓어진다더니 중소기업엔 그림의 떡." 정의당
   원내브리핑. 10월 15일. http://justice21.org/newhome/board/board_view.ht
   ml?num=2192&page=253 (검색일: 2021. 8. 8.)

선대인. 2011. "한미FTA로 부자 퍼주기."『주간경향』. 953호. http://weekly.khan.
   co.kr/khnm.html?mode=view&code=124&artid=201111291541351
   (검색일: 2021. 8. 8.)

에드워드 W. 사이드. 김성곤·정정호 역.『문화와 제국주의』. 서울: 도서출판 창.

우석훈. 2008.『촌놈들의 제국주의』. 서울: 개마고원.

이백만. 2006. "'외투 준비 안했다고, 겨울 안 오는 것 아니다' 노무현 대통령, 대한상의
   특별강연 요약." 청와대브리핑. 3월 28일. http://16cwd.pa.go.kr/cwd/kr/
   archive/archive_view.php?meta_id=hotis_15&=3&category=&id=82ac250
   9a8d825fa175d9da7 (검색일: 2021. 8. 8.)

이인용. 1993. "김영삼 대통령 특별담화 쌀 개방 사과."『MBC뉴스』. 12월 9일. https://
   imnews.imbc.com/replay/1993/nwdesk/article/1762743_30684.html
   (검색일: 2021. 8. 8.)

정문수. 2006. "왜 우리는 한-미 FTA를 선택했는가." 대한민국 정책브리핑. 5월 2일.
   https://www.korea.kr/news/policyNewsView.do?newsId=135089847
   (검색일: 2021. 8. 8.)

정의진. 2013. "'FTA 효과 본다' ... 중소기업 26% 불과."『뉴시스』. 2월 20일. https://
   newsis.com/ar_detail/view.html?ar_id=NISX20130220_0011855899&cID=1
   0401&pID=10400 (검색일: 2021. 8. 8.)

정인교. 2009. "우리나라 FTA 추진 정책 평가와 국내 FTA 추진체계 강화."
   정석물류통상연구원-한국국제통상학회 공동세미나 발표자료.

정태웅. 2020. "'한강의 기적' 일군 자유무역…세계 78%가 한국의 경제영토."
   『한국경제』. 12월 7일. https://www.hankyung.com/economy/

article/2020120427591 (검색일: 2021. 8. 8.)

조희연. 2006. "'나프타'보다 가혹한 한-미 협정."『한겨레신문』, 6월 13일, http://
www.hani.co.kr/arti/opinion/column/131939.html (검색일: 2021. 8. 8.)

중앙일보. 1993. "청와대 '쌀 직격탄' 피하기 고심." 12월 6일. https://
news.joins.com/article/2844430 (검색일: 2021. 8. 8.)

청와대. 2010a. "제51회 국무회의 관련 브리핑." 대한민국 정책브리핑,
12월 7일. https://www.korea.kr/news/blueHouseView.do?newsId
=148702913&pageIndex=50&srchType=&srchStartDate=2010-01-
01&srchEndDate=2018-08-12 (검색일: 2021. 8. 8.)

_____. 2010b. "이대통령 '한국, 경제영토 세계서 가장 넓은 나라." 대한민국
정책브리핑, 12월 13일. https://www.korea.kr/special/policyFocusView.do?
newsId=148703107&pageIndex=1&pkgId=49500359&pkgSubId=&pkgSu
bs=&exceptNewsId=&cardYn=&cateId=&cateIds=&sectId=&sectIds=&d
ataValue= (검색일: 2021. 8. 8.)

최병두. 2012. "발전주의에서 신자유주의로의 이행과 공간정책의 변화."
『한국지역지리학회지』 13(1): 82-103.

최영태. 2012. "문재인 비난하는 김두관은 '비욘드 노무현' 제대로 하고 있나."
『문화경제』, 7월 27일. http://weekly.cnbnews.com/news/article.html?no
=108823 (검색일: 2021. 8. 8.)

추승호. 2011. "한·중 FTA, 이르면 내달부터 협상 개시."『연합뉴스』, 4월 29일.
https://news.naver.com/main/read.nhn?mode=LSD&mid=sec&sid1=100
&oid=001&aid=0005037587 (검색일: 2021. 8. 8.)

현승윤. 2019. "문재인 정부엔 '경제 영토' 개념이 없다."『한국경제』, 10월 30일.
https://www.hankyung.com/opinion/article/2019103027591 (검색일:
2021. 8. 8.)

황준범. 2008. "'MB 정부' 하다보니 노무현 정부네."『한겨레신문』, 7월 23일. http://
www.hani.co.kr/arti/politics/bluehouse/300369.html#csidxcd8ae04246a1e
e296832eb229d2c71d (검색일: 2021. 8. 8.)

Aglietta, Michel. 1979. *A Theory of Capitalist Regulation: The US Experience*.
London: NLB.

Amin, Ash ed. 1994. *Post-Fordism: A Reader*. Oxford: Blackwell.

Amsden, Alice. 1989. *Asia's Next Giant: South Korea and Late Industrialization*.
Oxford: Oxford University Press.

Armstrong, Charles K. 2008. "Contesting the Peninsula." *New Left Review* 51:
115-135.

Boyer, Robert. 1990. *The Regulation School: A Critical Introduction*. New York:
Columbia University Press.

Castree, Noel, Rob Kitchin, and Alisdair Rogers. 2013. *A Dictionary of Human*

Geography. Oxford: Oxford University Press.

Cumings, Bruce. 1998. "The Korean Crisis and the End of 'Late' Development." *New Left Review* 341: 43-72.

Dent, Christopher M. 2003. "Transnational Capital, the State and Foreign Economic Policy: Singapore, South Korea and Taiwan." *Review of International Political Economy* 10(2): 246-277.

Domosh, Mona. 2013. "Geoeconomic Imaginations and Economic Geography in the Early Twentieth Century." *Annals of the Association of American Geographers* 103(4): 944-966.

Evans, Peter. 1995. *Embedded Autonomy: States and Industrial Transformation*. Princeton, NJ: Princeton University Press.

Gray, Kevin. 2008. *Korean Workers and Neoliberal Globalization*. London: Routledge.

Harrison, James ed. 2013. *The European Union and South Korea: The Legal Framework for Strengthening Trade, Economic and Political Relations*. Edinburgh: Edinburgh University Press.

Hart-Landsberg, Martin and Paul Burkett. 2001. "Economic Crisis and Restructuring in South Korea: Beyond the Free Market-Statist Debate." *Critical Asian Studies* 33(3): 403-430.

Jessop, Bob. 1988. "Regulation Theory, post Fordism and the State: More than a Reply to Werner Bonefield." *Capital & Class* 12(1): 147-168.

_____. 1990. *State Theory: Putting Capitalist States in Their Place*. Cambridge: Polity.

_____. 1995. "Towards a Schumpeterian Workfare Regime in Britain? Reflections on Regulation, Governance, and the Welfare State." *Environment and Planning A* 27(10): 1613-1626.

_____. 2002. *The Future of the Capitalist State*. Cambridge: Polity.

_____. 2004. "Critical Semiotic Analysis and Cultural Political Economy." *Critical Discourse Studies* 1(2): 159-174.

_____. 2008. "A Cultural Political Economy of Competitiveness and its Implications for Higher Education." In *Education and the Knowledge-Based Economy in Europe*, edited by Bob Jessop, Norman Fairclough, and Ruth Wodak, 13-40. Rotterdam: Sense Publishers.

_____. 2010a. "Cultural Political Economy and Critical Policy Studies." *Critical Policy Studies* 3(3/4): 336-356.

_____. 2010b. "The Knowledge Economy as a State Project." In *The Nation-State in Transformation: Economic Globalization, Institutional Mediation and Political Values*, edited by Michael Böss, 110-129. Århus: Aarhus University Press.

_____. 2011. "Imagined Recoveries, Recovered Imaginaries: A Cultural Political Economy Perspective." Cultural Political Economy Research Centre at Lancaster University. http://www.lancs.ac.uk/cperc/docs/E-2012%20 Jessop-CPE-Swansea-Recovery. pdf (검색일: 2021. 8. 8.)

_____. 2012a. "Cultural Political Economy, Spatial Imaginaries, Regional Economic Dynamics." *CPERC Working Paper* no. 2. Accessed August 8, 2021. http://www.lancs.ac.uk/cperc/docs/ Jessop%20CPERC%20 Working%20Paper%202012-02.pdf

_____. 2012b. "Economic and Ecological Crises: Green New Deals and No-Growth Economies." *Development* 55(1): 17-24.

Jessop, Bob and Stjin Oosterlynck. 2008. "Cultural Political Economy: On making the Cultural Turn without Falling into Soft Economic Sociology." *Geoforum* 39(3): 1155-1169.

Jessop, Bob and Ngai-Ling Sum. 2001. "Pre-Disciplinary and post-Disciplinary Perspectives." *New Political Economy* 6(1): 89-101.

_____. 2006. *Beyond the Regulation Approach: Putting Capitalist Economies in Their Place*. Cheltenham: Edward Elgar Publishing, Inc.

_____. 2017. "Putting the 'Amsterdam School' in its Rightful Place: A Reply to Juan Ignacio Staricco's Critique of Cultural Political Economy." *New Political Economy* 22(3): 342-354.

Kim, Yun Tae. 1999. "Neoliberalism and the Decline of the Developmental State." *Journal of Contemporary Asia* 29(4): 441-461.

Lee, Seung-Ook. 2021. "China Meets Jeju Island: Provincializing Geopolitical Economy in East Asia." *Territory, Politics, Governance* DOI: 10.1080/21622671.2020.1840428

Lee, Seung-Ook, Sook-Jin Kim, and Joel Wainwright. 2010. "Mad Cow Militancy: Neoliberal Hegemony and Social Resistance in South Korea." *Political Geography* 29(7): 359-369.

Lee, Seung-Ook and Joel Wainwright. 2010. "Revisiting Regulation Theory for the Analysis of South Korean Capitalism." *Journal of the Economic Geographical Society of Korea* 13(4): 562-583.

Lind, Michael. 2019. "The Return of Geoeconomics." *The National Interest*, 13 October. Accessed August 8, 2021. https://nationalinterest.org/feature/ return-geoeconomics-87826

Luttwak, Edward N. 1990. "From Geopolitics to Geo-Economics: Logic of Conflict, Grammar of Commerce." *The National Interest* 20: 17-24.

Moon, Chung-in. 2000. "In the Shadow of Broken Cheers: The Dynamics of Globalization in South Korea." In *Responding to Globalization*, edited by Jeffrey A. Hart and Aseem Prakash, 65-94. New York: Routledge.

Park, Bae-Gyoon, Richard C Hill, and Asato Saito. 2012. *Locating Neoliberalism in East Asia: Neoliberalizing Spaces in Developmental States*. Oxford: Wiley-Blackwell.

Park, Mi. 2009. "Framing Free Trade Agreements: The Politics of Nationalism in the Anti-Neoliberal Globalization Movement in South Korea." *Globalizations* 6(4): 451-466.

Park, Sung-Hoon and Min Gyo Koo. 2007. "Forming a Cross-Regional Partnership: The South Korea-Chile FTA and its Implications." *Pacific Affairs* 80(2): 259-278.

Pirie, Iain. 2008. *The Korean Developmental State: From Dirigisme to Neo-Liberalism*. New York: Routledge.

Ribera-Fumaz, Ramon. 2005. "Creative Neoliberalisation: A Critical Study in the Cultural Political Economy of the Contemporary City." PhD diss., University of Manchester PhD Dissertation. Accessed August 8, 2021. ProQuest Dissertations & Theses.

Said, Edward. 1993. *Culture and Imperialism*. New York: Vintage Books.

Shin, Gi-Wook. 2003. "The Paradox of Korean Globalization." Working Paper, Walter H. Shorenstein Asia-Pacific Research Center at Stanford University

Sohn, Yul and Min Gyo Koo. 2011. "Securitizing Trade: The Case of the Korea - US Free Trade Agreement." *International Relations of the Asia-Pacific* 11(3): 433-460.

Sparke, Matthew. 1998. "From Geopolitics to Geoeconomics: Transnational State Effects in the Borderlands." *Geopolitics* 3(2): 62-98.

_____. 2007. "Geopolitical Fears, Geoeconomic Hopes, and the Responsibilities of Geography." *Annals of the Association of American Geographers* 97(2): 338-349.

_____. 2018. "Globalizing Capitalism and the Dialectics of Geopolitics and Geoeconomics." *Environment and Planning A* 50(2): 484-489.

Sum, Ngai-Ling. 2005. "Towards a Cultural Political Economy: Discourses, Material Power and (Counter-) Hegemony." EU Framework 6 demologos spot paper. Accessed August 8, 2021. http://eprints.lancs.ac.uk/14554/

_____. 2009. "The Production of Hegemonic Policy Discourses: 'Competitiveness' as a Knowledge Brand and its (Re-)Contextualization." *Critical Policy Studies* 3(2): 184-203.

_____. 2010. "A Cultural Political Economy of Transnational Knowledge Brands: Porterian 'Competitiveness' Discourse and its Recontextualization in Hong Kong/Pearl River Delta." *Journal of Language and Politics* 9(4): 546-573.

_____. 2019. "The Intertwined Geopolitics and Geoeconomics of Hopes/

Fears: China's Triple Economic Bubbles and the 'One Belt One Road' Imaginary." *Territory, Politics, Governance* 7(4): 528-552.

Sum, Ngai-Ling and Bob Jessop. 2013a. "Competitiveness, the Knowledge-Based Economy and Higher Education." *Journal of Knowledge Economy* 4: 24-44.

_____. 2013b. *Towards a Cultural Political Economy: Putting Culture in its Place in Political Economy*. Cheltenham: Edward Elgar.

Swanson, Ana. 2021. "In Washington, 'Free Trade' Is No Longer Gospel." *The New York Times* 17 March. Accessed August 8, 2021. https://www.nytimes.com/2021/03/17/business/economy/free-trade-biden-tai.html

Tickell, Adam and Jamie Peck. 1992. "Accumulation, Regulation and the Geographies of Post-Fordism: Missing Links in Regulationist Research." *Progress in Human Geography* 16(2): 190-218.

Wade, Robert. 1990. *Governing the Market*. Princeton, NJ: Princeton University Press.

Winter, Elisabeth. 2018. "Trump's Trade War: US Geoeconomics from Multi- to Unilateralism." *E-International Relations* 31 August. Accessed August 8, 2021. https://www.e-ir.info/2018/08/31/trumps-trade-war-us-geoeconomics-from-multi-to-unilateralism/

Woo-Cumings, Meredith. 1999. *The Developmental State*. Ithaca, New York: Cornell University Press.

필자 소개

이승욱 Lee, Seung-Ook

카이스트 인문사회과학부 부교수
서울대학교 지리학과 졸업, 미국 오하이오주립대학 지리학 박사

논저 "China meets Jeju Island: provincializing geopolitical economy in East Asia", "Geopolitical economy and the production of territory: The case of US − China geopolitical-economic competition in Asia", "A geo-economic object or an object of geo-political absorption? Competing visions of North Korea in South Korean politics", "China's new territorial strategies towards North Korea: security, development, and inter-scalar politics", "The production of territory in North Korea: 'Security first, economy next'" 등

이메일 geolee@kaist.ac.kr

제4장

중국 지경학의 기원

— 전한 시대 화친(和親)과 기미(羈縻)

The Origin of Chinese Geoeconomics: *Heqin* and *Jimi* during the Former Han Dynasty

이왕휘 | 아주대학교 정치외교학과 교수

중국적 세계질서 또는 천하체계(天下體系)의 다양성을 파악하기 위해 이 글은 중국 지경학의 역사적 기원을 계보학적 관점에서 검토한다. 중국 변경지대와 중앙아시아가 내륙 아시아라는 지경학적 개념으로 규정된 이후 중국 대외관계에 대한 연구의 초점이 안보에서 경제, 중원에서 북방으로 이전되었다. 고고학과 인류학에 기반을 둔 유목사회와 농경사회 비교 연구는 전한 시대 처음 등장한 화친(和親)과 기미(羈縻)에 대한 새로운 이론으로 발전하였다. 유목사회와 농경사회의 경제적 상호의존으로서 화친은 생필품과 군수물자의 거래인 동시에 군비를 절감함으로써 재정 부담을 완화하는 데 기여했다. 즉 한 왕조 시대 천하체계는 중국과 북방민족 사이의 위계적이고 비대칭적인 질서가 아니라 농경사회와 유목사회 사이의 수평적이고 대칭적인 관계라고 할 수 있다. 이런 의미에서 화친은 한 왕조와 흉노 사이의 지경학적 타협으로 해석될 수 있다.

To understand the diversity of Chinese world order or *tianxia* system(天下體系), this article investigates the historical origin of Chinese geoeconomics from a genealogical point of view. After China's frontiers and Central Asia were defined as a geoeconomic concept of Inner Asia, the focus of research on Chinese foreign relations shifted from security to economy and from the central plains to the Northern areas. A comparative study between nomadic and agricultural societies based on archaeology and anthropology has developed into a new theory of *Heqin*(和親) and *Jimi*(羈縻), which first appeared during the Han Dynasty. As economic interdependence between nomadic and agricultural societies, *Heqin* contributed to easing the financial burden by reducing military expenditures while trading daily necessities and military supplies. During the Han Dynasty, the *tianxia* system was not a hierarchical and asymmetrical but a horizontal and symmetrical relationship between the agricultural and nomadic societies. In this sense, *Heqin*, can be interpreted as a geoeconomic compromise between the Han Dynasty and the *Hsiungnu*.

KEYWORDS 지경학 geoeconomics, 중국적 세계질서 Chinese world order, 흉노 *Hsiungnu/Xiongnu*, 화친 *Heqin*, 기미 *chi-mi/jimi*

I 서론

중국이 경제적으로 부상한 이후 세계질서에 대한 영향력을 확대하고 있다(Hevia 2009; Chin, Pearson, and Wang 2013). 국제정치학계에서는 중국적 세계질서(Chinese World Order)를 서구의 외교제도, 국제사회, 세력균형 등과 비교적 관점에서 분석하고 있다(Zhang 2009; Zhang and Buzan 2012; Womack 2012; Kang 2020). 중국적 세계질서의 특징에 대한 논의는 중국의 역사적 전통과 경험을 중심으로 전개되어 왔다(Yan, Bell, and Zhe 2011).

일반적으로 유교의 종법제(宗法制)를 확대한 천하체계(天下體系)—또는 책봉조공(冊封朝貢) 체제—가 중국적 세계질서의 원형으로 간주되고 있다(전인갑 2016; Wang 2017; 리카이성 2020). 그러나 천하체계가 얼마나 그리고 어떻게 중국적인가에 대해서는 합의가 존재하지 않고 있다. 정사(正史)로 인정되는 25개의 왕조는 다양한 민족, 영토, 언어, 문화에 기반을 두고 있다. 이런 점에서 중국적인 것이 무엇인가에 대한 논란은 쉽게 해결되지 않고 있다(거자오광 2019).

또한 천하체계의 기원에 대해서도 다양한 의견이 존재한다. 천하체계가 하·은·주 시대에서 기인했다는 입장은 천명(天命)을 받은 적장자(嫡長子)가 제사 및 가계를 계승하는 종법제의 외연화로 설명한다. 반면 진한 시대 이후에 천하체계와 책봉조공 체제가 시작되었다고 보는 시각은 부국강병을 위한 물질적 기반을 중시한다. 외교제도로 천하체계와 책봉조공 체제를 해석하는 관점에서는 명청 시대에 이르러서야 정기적이고 체계적인 책봉조공이 확립되었다고 본다(Wills 1988; Song 2012).

　마지막으로 중국사에서 천하체계가 안정적으로 유지되지 않은 시기가 여러 번 존재한다는 사실도 심각한 문제다. 천하체계는 중원이 분열되어 있던 시기에는 제대로 작동하지 않았을 뿐만 아니라 통일 왕조가 존재했던 시기에도 심각한 도전을 받곤 했다. 평성의 치(平城之恥) 이후 한 황제와 흉노 선우 사이의 관계는 군신관계가 아니라 형제(兄弟) 관계였으며 한은 흉노에게 조공을 바쳤다. 이와 같이 통일왕조와 주변국 사이의 역전된 관계는 송 시대에도 나타났다. 송은 전연의 맹(澶淵之盟) 이후 요 왕조는 물론 서하에게 형제관계를 맺었으며, 정강의 변(靖康之變) 이후 금에게 숙질(叔姪)관계를 받아들였다(Tao 1988; Wang 2013; Lorge 2015; 신채식 2008; 김성규 2020). 신청사 연구에 따르면, 청 왕조는 변방인 요동에 근거를 두고 있는 만주족이 몽고족 및 티벳족과 연합하여 운영한 왕조라는 점에서 한족 중심의 유교적 정통론(正統論)이나 중화민족 다원일체(多元一體)에 부합하지 않다(Rawski 1996; Zhao 2006; Wu 2016; 김형종 2016; 박민수 2021).

　이러한 역사적 사실의 국제정치적 함의를 정확하게 평가하기 위해서는 중국적 세계질서에 대한 논의에 배태되어 있는 네 가지 편향을 극복해야 한다. 첫째, 중국적 세계질서는 유교의 종법질서에 기반을 둔 위계질서가 아니다. 중국의 대외관계는 유가뿐만 아니라 법가의 영향을 받았다. 유교적 수사로 포장된 천하체계의 이면에는 권력의 논리로 무장한 법가의 권력정치가 자리를 잡고 있다. 이런 점에서 천하체계와 책봉조공 체제의 구분이 중요하다. 전자는 이념적으로 포장된 수사라면 후자는 실제로 집행된 제도이기 때문이다. 즉 천하체계는 역대 왕조가 궁극적으로 추구하는 이상인 반면, 책봉조공 체제는 대외관계를 규율하는 정책으로 실현되었다(Zhou 2011; Wang 2013; Selbitschka 2015).

둘째, 중국적 세계질서에는 다양한 국제관계가 존재한다. 주변국을 군사적으로 압도하지 못했을 때 중원 왕조는 정벌(征伐)이 아닌 화친(和親)을 추구하였다. 주변국에게 경제적 이익을 제공함으로써 침략을 예방하는 화친은 형식적으로 책봉조공 체제에 편입되어 있지만 실질적으로 독립적인 국가와 관계를 의미하는 기미(羈縻)로 포장되었다. 이런 점에서 화친은 실리를 빼앗기는 대신 명분을 지키는 전략이라고 할 수 있다(Yang 1968; Barfield 1989; Di Cosmo 1994 & 2001; 김한규 2005; 이춘식 2020). 왕조의 수도를 중심으로 이뤄진 책봉조공 체제에 대해서는 구체적인 기록이 존재하는 반면, 변경에서 개설된 관시(關市)에 대한 역사적 자료는 많지도 않을 뿐만 아니라 체계적으로 정리·보관되지 않았다(Yu 1967; 葛亮 1996; 王子今·李禹階 2007). 이런 한계 때문에 화친에 대한 연구는 많지 않으며 주목도 받지 못했다.

셋째, 중국 중심적 시각의 한계이다. 중국과 주변국 관계를 변경(邊境) 또는 변강(邊疆)이 아니라 내부 아시아(Inner Asia)로 규정한다면, 중국=중심, 주변국=주변이라는 이분법을 어느 정도 극복할 수 있다(Lattimore 1951). 또한 중국에서 발간된 사서와 문집에 기반을 둔 거의 대부분의 연구에는 화이론(華夷論) 및 정통론(正統論)의 영향이 배태되어 있다. 문헌학의 한계를 극복하기 위해서는 인류학, 고고학, 지리학, 기상학이 보완되어야 한다(Khazanov 1984; Di Cosmo 2009; Pederson et al. 2014; 강인욱 2010). 이런 연구는 중국과 북방민족의 상호관계가 군사적, 경제적, 문화적, 기술적으로 항상 비대칭적이었다는 중국적 시각을 교정하는 데 중요한 역할을 하고 있다.

마지막으로, 명청 시대에 대한 사례 연구가 압도적이라는 점에도 주의가 필요다(Fairbank 1968; Kang 2010; Wang 2011; Park 2017; 浜下武志 1997; 岩井茂樹 2020). 중국적 질서를 총체적으로 이해하기 위해서는 전성기뿐만 아니라 형성기에 대한 연구가 필요하다. 명청 시대를 중국적 질서의 이념형으로 간주한다면, 현재 관점에 과거를 단선적인 발전으로 해석하는 휘그주의 역사학(Whiggish history)의 편향에 직면할 수 있다. 탈냉전 이후 미국 중심의 단극 체제를 중국의 책봉조공 체제에 비유하거나 경제민족주의를 19세기 조공에서 찾는 연구는 이 편향에 내포된 문제를 잘 보여주고 있다(Khong 2013; Helleiner and Wang 2018).

중국적 세계질서 또는 천하체계의 다양성을 파악하기 위해 이 글은 중국 지경학의 역사적 기원을 계보학적 관점에서 검토한다. 중국 변경지대와 중앙아시아가 내륙 아시아라는 지경학적 개념으로 규정된 이후 중국 대외관계에 대한 연구의 초점이 안보에서 경제, 중원에서 북방으로 이전되었다. 고고학과 인류학에 기반을 둔 유목사회와 농경사회 비교 연구는 한 왕조 시대 처음 등장한 화친과 기미에 대한 새로운 이론으로 발전하였다. 유목사회와 농경사회의 경제적 상호의존으로서 화친은 생필품과 군수물자의 거래인 동시에 군비를 절감함으로써 재정 부담을 완화하는 데 기여했다. 즉 전한 시대 천하체계는 중국과 북방민족 사이의 위계적이고 비대칭적인 질서가 아니라 농경사회와 유목사회 사이의 수평적이고 대칭적인 관계라고 할 수 있다. 이런 의미에서 화친은 한 왕조와 흉노 사이의 지경학적 타협으로 해석될 수 있다.

이하 글의 구성은 다음과 같다. 2절에서는 지경학적 관점에서 중국적 세계질서의 기원에 대한 이론적 쟁점을 유목사회와 농경사회의 관계를 중심으로 검토한다. 3절에서는 천하체계/책봉조공 체제와 화친/기미를 비교한다. 4절에서는 전한 시대 천하체계 내에서 화친과 기미가 등장했는가를 한 왕조와 흉노 사이의 관계를 중심으로 설명한다. 흉노의 침략을 군사적으로 극복하는 데 실패한 한 왕조는 공물(貢物), 관시, 통혼(通婚)으로 침략을 예방하는 화친을 추진하였다. 5절에서는 화친을 유목사회와 농경사회의 지경학적 타협으로 해석한다. 형식적으로는 한 왕조가 형제관계에서 흉노의 우위에 있었지만, 실질적으로 한 왕조는 공물, 관시, 통혼을 흉노에게 제공해야 했다. 마지막 절에서는 화친이 미중 패권 경쟁에 주는 함의를 논의한다.

II 유목사회와 농경사회의 지경학

지경학적 관점에서 중국 고대사에 대한 연구는 유목사회와 농경사회의 상호관계에 대한 연구에서 출발하였다. 독일 지리학자 프리드리히 라첼(Friedrich Ratzel)의 생활권(lebensraum) 개념을 원용하여 엘리워스 헌팅턴(Ellsworth Huntington)과 아이제이어 보우만(Isaiah Bowman)은 기후변화가 아시아 초원지대의 유목생활 및 인구의 수와 이동에 미친 영향을 분석하였다. 이런 연구 성과에 기반을 두고 칼 휘팅 비숍은 지리와 기후를 기준으로 중국 문명의 발전을 황하, 장강(양자강), 양자강 이남 해안지역 및 살윈강/메콩강 유역으로 구분하였다(Bishop 1922).

오웬 라티모어는 내륙 아시아 지역의 현장 조사를 통해 기후와 지리의 역할을 강조하는 지리결정론(geographical determinism) 또는 지리 유물론(geographical materialism)에 도전하였다. "인간 사회는 지리적 환경을 조정할 수 있는 능력을 가지고 있다…환경이 원시적 사회를 강력하게 제한하더라도 사회적 진화가 항상 불가능한 것은 아니다"(Lattimore 1938, 1). 즉 그는 인간이 유도한 환경적 변화를 인정함으로써 지리와 사회의 상호작용을 강조하였다. 환경의 도전에 대한 사회의 응전 사례로 그는 중원 지역에서 관개 시설을 통해 농업 지역을 확대하고 생산성을 증대하는 노력을 사례로 제시하였다(Lattimore 1947, 185).

아나톨리 하자노프는 고고인류학적 증거를 통해 라티모어의 주장을 반박하였다. 기본적으로 유목의 범위와 구조는 천연자원(즉 수초)의 이용 가능성, 가축의 수, 인구 규모에 따라 결정된다. 토지와 기후라는 자연환경의 영향을 탈피하는 데 근본적 한계가 있기 때문에 유목사회는 그 자체만으로 발전할 수 없기 때문에 주기적으로 정체되는 특징을 가지고 있다. 이 때문에 그는 유목인과 농경민 사이의 거래와 약탈이 불가피하다고 주장하였다.

유라시아초원 유목민과 접하던 정주국가들은 유목민과의 교역을 흔히 경제적인 압력을 가하는 일종의 대외정책적 수단으로 사용하였다. 중국에서는 유목민과의 교역이 통상 국가에 의해 직접적으로 수행되거나 규제되었고, 이러한 교역이 이루어지는 과정에서 동일한 상황이 놀랄 만한 주기성을 갖고 되풀이되었다. 유목민이 중국에 대한 복속을 인정하지 않으려 하면 중국은 교역을 중지 또는 제한하려고 하였고, 유목민은 무력을 사용하여 교역권을 획득하였다. 중국이 흉노와 맺어야 했던 화친조약에서 후자는 중국이 변경의 시장을 개방할 것을 서약하도록 주장하였다…장기적인 관점에서는 유목민이 정주민으로 하여금 다른 유목민의 공격으로부터 보호와 평화로운 삶의 보장 대신 정규적인 공납을 바치게 하는 편이 훨씬 더 수지가 맞고 안전하기도 하였다(Khazanov 1984, 284, 301).

토마스 바필드는 인류학적 시각에서 초원(북방민족)과 중원(중화민족) 사이의 상호관계에 대한 중화주의적 해석을 전복하였다. 중국의 정사(正史)는 북방민족의 침략과 약탈이 가져온 부정적 결과를 중심으로 서술하고 있다. 이와 반대로 바필드는 초원과 중원 사이의 경제적 상호의존에 주목하였다. 이런 관점에서 화친 시대 조공책봉 체제는 문명/야만의 위계적 이분법이 배태되어 있는 천하체계나 중국적 세계질서와 부합하지 않는다.

부족민들을 중원에 복종하는 모습으로 묘사하려 한 시도는 종종 변경관계의 실제 모습을 숨기려는 것이었다. 그리하여 우리는 유목민들이 "조공을 바치고", "경의를 표하며" 혹은 "인질을 보냈다"는 기록을 보지만, 실제 이 기록들은 유목민을 달래기 위해 막대한 뇌물을 보냈던 사실을 숨기려 한 외교적 연막(煙幕)에 불과하였다. 사료에 내재된 편견은 매우 명백하지만 민족중심주의의 현대 학문은 이러한 편견을 비판 없이 지속시켰다. 예를 들면, 중원왕조의 역사연구에 인생을 바친 학자들은 중원문화의 전통기록에 몰입하여 종종 무의식적으로 한족 가치관과 세계관을 흡수하고 수용하였다. 그들은 한족문화권 내부에 대한 해석에 신중하고 비판적이었지만, 한족 문명을 위협한 '야만인'들에 대해서는 한족의 시각에서 서술하였다. 그리하여 제국에 터무니없는 요구를 전하러 초원에서 온 냄새나는 사신을 응접한 한족 조정 관료의 보고서에 공감했다(Barfield 1989, 32).

무제의 공세 기간 중 화친이 중단되었다. 그러나 선제 이후 화친은 복구되었다. 무제 이전에는 흉노가 화친에 피동적으로 응했다면, 무제 이후에는 흉노가 화친을 능동적으로 요구하였다. 더 많은 경제적 보상을 받았기 때문에 흉노는 한 왕조에 대한 칭신(稱臣)은 물론 입조(入朝)와 인질도 마다하지 않았다.

한무제가 죽고 공격적 정책이 폐기된 지 오래인 기원전 54년 흉노가 한나라의 조건을 받아들이게 되었고 그 후 초원의 어느 유목 세력도 중원의 조공체제 틀을 크게 거부하지 않았다. 이 급격한 변화의 이유는 조공체제가 중원왕조에 대해 최소한의 복종 표시만 하면 그 대가로 대량의 이익을 얻을 수 있는 속임수에 불과하였다는 현실을 유목민들이 인식하게 되었기 때문이었다. 일단 조공체제의 실제 작용을 이해하자 흉노는 조공체제를 적극 수용하였고 여기에서 획득한 자원을 이용하여 초원에서 세력을 재건하였다… 흉노는 조공체제를 대외관계의 이념적 구성 개념으로만 보지 않았다. 초원제국의 지배자라는 경험을 바탕으로 흉노는 중원왕조의 제안을 그들을 굴복시키려는 시도로 해석하였다. 실제 흉노는 착취 관계를 지속하기 위해 주변 부족에게 인질과 조공을 바칠 것을 요구하였다. 그런데 중원왕조의 조공체제가 실제로는 거의 무의미한 명적 복종의 상징만을 요구한다는 것을 흉노는 상상할 수 없었다. 흉노에게 있어서 상징적인 세계는 적개심의 표시로 도시를 불태우고 상대의 머리를 자르는 것에 그쳤다 (Barfield 1989, 143-144).

고고학에 기상학을 연계한 니콜라 디코스모는 유목민족이 자급자급할 수 있기 때문에 농경민족에 의존할 필요가 없다고 주장하였다. 유목사회의 농경사회 약탈을 유목민의 탐욕이나 필요로 보는 시각은 중국 중심적이다. 흉노가 한 왕조를 공격한 이유는 생존에 필요한 생필품을 확보하는 것이라기보다는 통치계급에 하사할 사치품을 공급하는 것이다. 이런 점에서 한 왕조의 공물과 관시는 흉노 경제의 주 수입원이 아니라 부수입에 불과하였다(Di Cosmo 2001).

한 무제가 포기했던 화친이 다시 부활된 원인을 재정 부담으로 설명하였다. 대규모 서역 원정으로 재정이 악화되어 소금과 철을 전매했다는 사실을 감안하면, 총 정부 지출의 7%로 추정되는 흉노에게 지급하는 공물은 상대적으로 적은 비용으로 간주될 수 있다(Von Glahn 2016, 155).

중국에서는 매년 흉노에게 제공해야 하는 조공뿐만 아니라 변경을 항시 수비하는 데 필요한 거대 상비군 또한 고통의 근원이었다… 한나라의 대흉노 전략은 한나라 장수와 사병들의 적극적인 군사 활동을 촉진하기 위해 탐욕을 장려하고, 적이 배반하도록 유혹하기 위하여 포로들에게 보상을 하는 것이었다. 하지만 새로운 영토에 더 많은 사람을 정주시키면서 수요가 증가하고 흉노의 공격에 대항하여 이 지역을 방어할 필요가 생기면서 문제는 악순환하게 되었다. 새로운 영토가 늘어나면서 방어를 위해 군이 더 많이 필요해졌지만, 늘어나는 병력을 뒷받침할 수 없어서 종종 해당 지역의 생산량으로는 부족해졌고, 다시금 새로운 영토를 개척해야 했다. 동시에 내부적으로 경제적 압력이 발생하여 인력과 재정 자원을 모두 소모시키는 무력 원정은 인기를 잃었다. 게다가 이러한 원정이 일반 백성들에게 어떠한 이익을 주는지도 불명확하였다(Di Cosmo 2001, 372-374).

인류학, 고고학, 지리학, 기상학에 기반을 둔 지경학의 관점에서 중국과 북방민족 사이의 관계는 천하체계라는 위계적이고 비대칭적인 질서가 아니라 농경민족과 유목민족 사이의 수평적이고 대칭적인 질서라고 할 수 있다. 환경조건과 생활방식에 따라 내륙 아시아는 사냥, 목축 및 농경의 세 경제권으로 구분될 수 있다. 주의할 점은 이 세 가지 경제권 사이에 우열을 비교할 수 없다는 점이다. 사냥, 목축, 농경 순으로 발전했다는 진화론적 시각이 역사적 사실에 부합하지 않는다. 어느 하나의 경제권이 특정 지역에 장기간 지속했다기보다는 기후변화와 국제관계의 변동에 따라 경제권의 성격이 여러 번 변화하였다. 목축과 농경의 경계선이자 북방민족과 중화민족의 국경으로 간주되어온 만리장성의 위치는 계속 변동하였으며, 목축과 농경의 겸업 지역도 상당히 넓었다. 이런 점에서 지경학은 중화와 야만이라는 이분법을 초월하는 유목국가와 농경제국 사이의 상호작용을 해석할 수 있는 기반을 제공하였다 (Rowe 2007, 761-765; Perdue 2018, 6-9).

III 천하체계/책봉조공 체제 대 화친/기미

1. 천하체계/책봉조공 체제

가장 전형적인 천하체계는 중원의 천자를 중심으로 내신-외신-조공국으로 구성된 동심원 구조로 이뤄져 있다. 『서경(書經)』「禹貢」에는 천하를 왕기(王畿)를 중심으로 500리씩 멀어지는 왕이 지배하는 전복(甸服), 제후가 지배하는 후복(侯服), 평정해야 하는 수복(綏服), 신하의 예를 갖춘 이족이 지배하는 요복(要服), 미개한 만족이 사는 황복(荒服)이라는 오복(五服)으로 구분하였다. 한편, 『주례(周禮)』「夏官·職方氏」에서는 중국(中國)을 구복(九服)으로 나누었다(동북아역사재단 2021).

천하체계는 중원 왕조의 천자가 주변국 군제에서 봉책제수를 하고 주변국 군제는 중원 왕조 천자에게 봉표칭신을 하는 책봉조공 체제로 이뤄져 있다. 엄밀한 의미에서 "책봉은 항상 조공을 동반하며, 조공을 동반하지 않는 책봉은 책봉으로서 의미를 갖지 못했다…조공도 반드시 책봉을 동반해야 하기 때문에, 책봉이 동반하지 않는 조공은 조공이라고 말할 수 없다"(김한규 2005, 31). 이런 점에서 책봉이 없는 조공은 외교적 의미가 없는 경제통상 거래라고 할 수 있다.

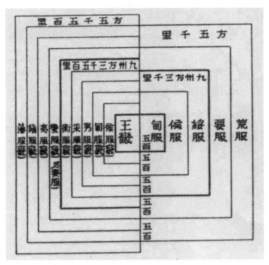

그림 4-1. 五服과 九服 比較圖

출처: 동북아역사재단(2021).

천하체계는 역사적으로 계속 변화해왔다. 책봉조공 체제는 종법제에 기원을 두고 있다. 하 시대 씨족사회 후기 부계 자장제에서 발전한 이 제도는 적서(嫡庶)의 구분을 통해 신분과 재산을 차별하였다. 상 시대에도 봉건제(封建制)가 존재하고 있었다. 그러나 이 당시 봉건제는 혈연에 기반을 둔 종법제가 아니었다. 즉 이전부터 존재하는 성읍 국가를 공식적으로 승인하는 것에 불과하였다.

주 시대에는 이 혈연제도가 분봉제로 진화하였다. 주 왕조는 천자의 가문을 중심으로 하는 종법제에 따라 친족과 공신에게 작위를 내리는 제도를 확립하였다. 본국의 종친화(宗親化)를 통해 왕은 수도를 중심으로 사방 500리의 왕기, 제후가 그 외 지역을 다스리는 구조가 형성되었다. 제후에는 왕의 친척뿐만 아니라 공신, 우방과 옛 제왕의 후손까지 포함되어 있었다. "천자로부터 제후, 경대부, 사에 이르기까지 일종의 거대한 피라미드 형태의 국가 구조를 형성하면서 이들은 전국의 일반백성을 통치하였다"(袁行霈 2017a, 326).

춘추 시대 주 천자의 권위가 하락하기 시작하면서 책봉조공 체제가 붕괴되기 시작하였다. 주 천자가 주관하는 제사에 공물을 바쳤지만, 주요 제후들은 각국 군주 간의 상호방문과 예물의 헌상을 통한 맹약을 추구하였다. 다른 제후보다 훨씬 더 강력한 권력을 가진 춘추오패―제 환공, 진 문공, 초 장왕, 오왕 합려, 월왕 구천―가 출현하여 대국과 소국 사이에서 소사대 대자소(小事大 大字小) 관계가 출현하였다(방향숙 외 2005).

전국 시대에는 주 천자에 대한 존중이 사라졌다. 전국 7웅은 부국강병이라는 목표를 위해 합종과 연횡이라는 동맹 체제를 건설하였다. 동맹 체제에서는 유가적 명분―즉 의(義)―보다 법가적 실리―즉 이(利)―가 정책의 절대적 기준이 되었다. 따라서 이익을 극대화하기 위한 동맹의 이합집산이 합리적이고 정당한 전략으로 간주되었다.

춘추전국 시대에 발생하여 전개된 사대-자소의 국제관계는 상, 주 시대 책봉-조공 관계와는 본질적 성격이 같지 않았다. 책봉-조공 관계는 실질적으로는 독자적 주권을 보유한 독립 국가 상호 간의 관계였다 하더라도 적어도 명분상으로는 책봉히는 주체와 조공하는 주체가 '군'과 '신'의 입장에서 맺은 관계였다. 그러나 사대-자소 관계는 "힘이 많으면 다른 나라가 조(朝)하고, 힘이 적으면 다른 나라에 조(朝)해야 하는"(韓非子 顯學) 특수한 상황에서 강대한 국가와 약소한 국가 사이에 맺은 교린 관계였으니, 이는 사대-자소 관계에서는 '책봉'의 절차나 '칭신'의 예가 결여되어 있음을 보아도 알 수 있는 일이다(김한규 2005, 69-70).

6국을 정복하여 중원을 통일한 진 왕조는 친인척과 공신에게 작위를 내려 간접적으로 지방을 통치하는 봉건제가 아닌 관리를 황제가 직접 관리를 파견하는 군현제(郡縣制)를 선택하였다. 혈연 관계를 중심으로 운영된 종법제와 달리 군현제는 성과를 바탕으로 평가되었다. 따라서 유가적 명분보다 법가적 실리가 우선하는 체제였다. 대외적인 차원에서 진 왕조는 초기에는 흉노와 전쟁도 불사하였으나 후기에는 만리장성을 쌓아 침략을 예방하는 전략으로 전환하였다. 따라서 진 왕조와 흉노 사이의 관계에서 책봉조공 체제는 작동할 수 있는 여지가 없었다.

2. 화친과 기미

반고(班固)가 평가했듯이, 전한 시대 한 왕조와 흉노의 관계는 다양한 형태로 전개되었다.

한 흥기 이래 지금에 이르기까지 긴 세월이 지나 『춘추』[의 244년]보다 오래되었다. [한과] 흉노 사이에는 문치에 주력하여 화친한 때도 있었고, 무력을 사용하여 정복한 때도 있었으며, [한이 스스로를] 비하하고 [흉노를] 받들어 섬긴 경우도 있었고, 위압으로 복종시켜 신하로 부린 경우도 있었다. [한의 흉노 정책이] 굽히기도 하고 떨치기도 하며 다양하게 변화하였는데, [시기마다 국세의] 강함과 약함이 서로 달랐기 때문이다. 그런 까닭에 그 상세[한 사정]은 가히 설명할 수 있다(自漢興以至于今, 曠世歷年, 多於春秋, 其與匈奴, 有脩文而和親之矣, 有用武而克伐之矣, 有卑下而承事之矣, 有威服而臣畜之矣, 詘伸異變, 强弱相反, 是故其詳可得而言也). (漢書 卷94上 · 下 匈奴傳 第64上 · 下)

화뇌여결화친(貨賂與結和親)의 약어인 화친은 공물, 관시, 통혼으로 구성되어 있다. 공물은 한 왕조가 흉노에게 생필품과 사치품을 바치는 것이다. 무제의 서역 원정 시대를 제외하고 한 왕조는 흉노에게 정기적으로 공물을 제공하였는데, 그 규모와 액수가 계속 증가하였다. 통혼은 한 왕실이 선우에게 공주를 바쳐 인척관계를 맺는 것이다. 전한 시대 선우에게 시집을 간 공주, 종실 여인, 궁녀는 모두 13명이다. 혈연을 통해 권력 관계를 강화하는 통혼은 중국의 종법제는 물론 흉노의 풍속과 부합하였다.

관시는 중원의 농경지역과 북방의 유목지역 사이의 경계에서 이뤄진 국경무역에서 출발하였다. 농경지역과 유목지역의 경계는 만리장성(萬里長城)을 자연환경과 역학관계의 변화에 따라 달라지긴 했지만, 농산물과 축산물의 교환 또는 거래하는 장소이자 제도로서 관시는 호시(互市), 합시(合市), 화시(和市), 마시(馬市) 등으로 불렸다.

장성의 수축은 장성 이남에서 농사를 짓는 민족들에게 도움이 될 뿐만 아니라 장성 이북에서 유목생활을 하는 민족들에게도 유익했다. 장성의 존재로 말미암아 기본적으로 유목민족들이 쉼 없이 남쪽으로 침략해 들어오는 것을 막았으며, 남북 민족끼리 서로 죽이고 싸우는 일이 크게 줄었다. 민족끼리 필요한 물건을 조달하는 방식이 폭력적인 방법으로부터 점차 평화적인 절차를 갖추어 가기 시작하였다. 서한 때 남북 민족 간의 정기적이며 조직적인 '호시'가 개시되어 무역이 이루어졌는데, 한나라의 상인이나 관청에서 대량의 철기나 비단 제품 그리고 그 밖의 다른 제품이 흉노·오환·선비 등 지역에서 나는 많은 수의 소·양·말과 가죽 제품 등과 교환되었다. 이러한 경제 문화 교류는 모두 만리장성의 성문이 있는 지역에서 우호적이고 공평하게 이루어졌으며, 남북 민족의 생산과 생활 및 사회 발전에 적극적 작용을 하였다(袁行霈 2017b, 70).

중원 왕조와 북방민족 사이의 경제 문화 교류가 우호적이고 공평했다는 주장은 사실과 부합하지 않는다. 기본적으로 중원 왕조는 북방민족을 순응하게 만들기 위해 관시를 전략적으로 활용하였다. 힘이 강할 때는 중원 왕조가 관시의 폐쇄/축소를 경제 제재로 사용하였다. 반대로 힘이 약할 때는 관시를 확대하는 것은 물론 공물(솜, 비단, 쌀, 술 등)을 바치고 공주—실제로는 종친 및 궁녀까지 포함—를 선우에게 시집까지 보냈다.

선우는 한나라의 물자로 흉노 엘리트에게 포상을 내릴 수 있었지만 대다수 흉노 부족민들의 수요를 충족시키기에는 부족하였다. 부족민들의 수요를 충족시키는 가장 쉬운 방법은 중원을 습격하여 약탈하는 것이었다. 그러나 계속되는 습격은 평화협정을 통해 제공되는 사치품의 공급을 위협하였다. 그리하여 선우는 중원으로부터 물자를 제공받으면 곧 유목민들이 목축제품을 한나라의 물품과 교환할 수 있는 변경 호시의 개방을 강요하였다. 선우가 중원과 평화를 유지하기 위해서는 변경의 교역이 반드시 필요하였다. 한나라 조정이 유목민과의 교역을 금지하지 않는다면 목축경제의 많은 잉여 생산품을 중원의 물품과 교환할 수 있었다. 그러나 중원왕조는 변경 무역을 정치적 이유로 반대하였기에 변경의 교역권은 강요를 통해 획득해야 하였다···습격을 통한 약탈은 두 가지 목적을 달성하였다. 습격에서 얻은 전리품은 중원 왕조가 마침내 변경 호시를 여는 것에 동의할 때까지 흉노 부족민에게 필요한 물자를 제공한다. 그리고 호시가 열리면 단기간에 교역의 중심이 되어 흉노는 목축을 한나라의 물품과 교환하기 위해 모여들었다. 한나라는 법으로 호시에서 흉노에게 군사적 가치가 없는 물건들의 교역만을 허용하였다. 법을 어긴 자는 사형을 당함에도 불구하고 호시에서 밀수꾼들은 철(鐵)과 같이 금지된 품목을 흉노에게 제공하였다(Barfield 1989, 118-119).

국가의 통제를 받는 관시 이외에도 국가의 허가 없이 거래하는 난출(闌出)도 존재하였다. 난출은 소상인이 토산품을 교환하는 것이다(袁行霈 2017b, 257).

현재 변방의 관문이 올바르지 못한 상태여서 함부로 나가는 것을 금하지 못한다. 장후(障候)를 지휘하는 군관들이 사졸들을 시켜 금수를 사냥케 하고 [포획한 동물들의] 껍질과 고기로써 이익을 취한다. 사졸들은 힘들고 봉화는 제대로 운영되지 않으니, [이러한] 손실이 있어도 위로 [올라가는 문서에는] 모여서 보고되지 않는다. 후에 투항

자가 오거나 오랑캐를 생포해야 비로소 [그 같은] 사정을 알게 된다
(今邊塞未正, 闌出不禁, 障候長吏使卒獵獸, 以皮肉爲利, 卒苦而烽火乏, 失亦上
集不得, 後降者來, 若捕生口虜, 乃知之). (前漢書 卷96 西域傳 第66, 龜玆國)

천하체계/책봉조공 체제를 유지하고 싶어했던 한 왕조는 화친
을 기미로 미화하였다. 기미는 "이 편의 의지를 일방적으로 상대방
에게 강제하기보다는 상대방의 의향과 객관적 조건에 따라 쌍방의
관계를 융통성이 있게 조절하는 유연한 태도"(김한규 2005, 36)이
다. 기미는 전략적 목표를 달성하기 위해 경제력을 활용하는 전략
이다. 첫째, 기미의 목적은 공격이 아니라 방어에 있다. 즉 변경의
안정이 기미의 궁극적 목적인 것이다. 압도적 무력을 확보하지 못
했을 때 중원 왕조는 기미를 통해 주변국을 우호적 관계를 조성했
던 사례가 많이 있다. 둘째, 기미의 수단은 제재보다는 원조이다.
물론 통상을 중단하는 폐관(閉關)과 같은 제재가 없지는 않았다.
원조가 군사비보다 더 작다고 판단했을 때 중원 왕조는 침공을 예
방하기 위해 하사품의 형식으로 원조를 제공해왔다.
  기미는 종법제를 외연화하는 유교적 논리보다는 권력 및 경제
관계를 중시하는 법가적 논리에 더 부합한다고 할 수 있다.

한 제국 천자를 정점으로 책봉과 조공을 매개로 한 봉건적 세계질서
의 수립이 '천명'의 신성적 권위와 위엄에 의탁된 유가의 유토피아
사상에 의해 이념적으로 미화되었지만 실제적으로는 한 제국의 동중
아시아 패권 장악과 일극체제의 봉건적 국제질서의 수립이었다(이춘
식 2020, 8).

기미 정책에 따라 중원의 천자가 조공국에게 하사하는 관직은 실질적 권한과 보상이 주어지지 않는 허관(虛官)과 허작(虛爵)이다. 중원 왕조와 경제통상 거래를 할 수 있는 허가인 동시에 조공국 내에서 권력을 정당화하는 수단이라는 점에서 조공국은 허관과 허작을 기꺼이 수용하였다. 무제의 서역 원정 이후 흉노가 형제에서 군신으로 관계 격하를 수용한 이유는 책봉조공 체제가 상징적이고 형식적인 의례라고 간주했기 때문이다. 즉 한 왕조의 책봉조공을 받는다고 해서 흉노 선우의 통치권이 제한되거나 축소되는 것은 아니었다.

조공체제가 요구한 사항은 대부분 형식적인 것이었다. 호한야 선우는 특별 대우를 받아 한나라 모든 귀족보다 지위가 높았으며 많은 선물을 받았고 한나라 조정은 선우의 추종자들을 국가체제에 통합하려 하지 않았다. 이 소식을 접한 질지도 정책을 바꾸어 한나라 조정에 인질을 보내어 조공체제에서의 이익을 추구하였다. 이제 흉노는 한족왕조가 본래 명목적 복종에만 관심을 가졌으며 이를 위해 후하게 대우할 것이라는 사실을 알게 되었다. 이 시기 이후 '복종', '칭신', '조공' 등의 용어를 사용하는 조공체제가 대외관계의 표준이 되었다. 일단 조공체제의 본질을 알고 난 후 초원 부족들은 더 이상 조공체제에 크게 반발하지 않았다. 대신 조공체제를 계속하여 중원을 이용할 수 있는 새로운 틀로 인식하였다. 조공체제를 반대한 중원의 관료들은 유목민들이 진실됨이 없이 단지 이익만을 추구하였다고 비판하였다. 초원부족들에 있어서 (조공체제의) 용어는 수용하기 어려울 것이 없었고 만일 중원왕조가 유목민의 아첨을 큰 대가로 사겠다면 말과

양 등 그들의 가축과 함께 기꺼이 팔고자 하였다. 하지만 한나라 조정과 흉노 모두 이 새로운 친선관계 선언의 이면에는 유목민이 여전히 습격이나 위협을 통해 중원을 혼란시킬 수 있다는 사실이 존재한 것을 잘 인식하고 있었다(Barfield 1989, 149).

IV 한 왕조와 흉노의 화친

대내적으로 한 왕조는 봉건제와 군현제를 조합한 군국제(郡國制)를 채택하였다. 건국 직후 공신과 친인척을 왕으로 임명하는 봉건제가 지배적이었으나, 문제(文帝) 이후 황권이 안정되면서 군현제를 확대하였다. 대외적으로 한 왕조는 책봉조공 체제를 부활시켰다. 한 왕조는 출범 직후 남월국과 위만 조선을 군신 관계 속으로 편입시키는 데 성공하였다. 그러나 더 우월한 군사력을 지닌 흉노에 대해서는 형제 관계를 유지하는 데 급급하였다. 전한 시대에 흉노에 대한 전략은 유가적 명분보다는 법가적 실리에 따라 작동하였다.

한 왕조가 출범한 직후 고제는 흉노의 위협에 대처하기 위해 32만여 보병을 이끌고 출병하였다. 흉노의 모돈 선우는 40여 만 기병을 모아 한 왕조와 대결하였다. 산서성 평성의 백등산(白登山)에서 포위된 고조는 유경(劉敬)을 보내 화친을 시도하였다. "천하가 안정된 지 얼마 되지 않아 사졸들이 전투에 지쳐 있어 다시 무력으로 대응할 수 없습니다(天下初定士卒罷於兵, 未可以武服也)"(史記 卷99 劉敬叔孫通列傳).

평성의 치(平城之恥) 이후 한 왕조는 흉노에게 솜, 비단, 술,

쌀, 식량 등의 공물, 공주를 선우의 아내로 바치는 통혼, 그리고 국경 주변에 교역을 할 수 있는 관시를 약속하였다. 한 왕조와 흉노의 관계는 군신 관계가 아니라 형제 관계였다. 형식적으로는 한 왕조가 형, 흉노가 동생이지만, 실제적으로는 한 왕조가 군사적 침략을 하지 않는 대가로 흉노에게 뇌물을 준 것이다.

이에 고조가 이를 근심스럽게 생각하여 이에 유경으로 하여금 종실의 딸을 옹주라 하여 모셔 가게 해 선우의 연지로 삼게 했고, 해마다 흉노에게 명주솜과 견직물, 술, 식품 등을 일정량 주고 형제가 되기를 약속하면서 화친을 맺었다(於是高祖患之, 乃使劉敬奉宗室女翁主爲單于閼氏, 歲奉匈奴絮繒酒食物各有數, 約爲兄弟以和親). (史記 卷99 劉敬叔孫通列傳)

여러 번의 도발과 전쟁이 있었음에도 불구하고, 평성의 치에서 비롯된 화친은 고조 9년(기원전 198년)에서 흉노에 대한 대대적 공격이 시작된 무제 원광 2년(기원전 133년)까지 지속되었다. 혜제가 즉위한 이후 묵특 선우가 고조의 미망인인 고후를 아내로 삼고 싶다는 국서를 보내왔다. 종법제에 위배되는 흉노의 도발에 대해 어떻게 할 것인지에 대한 논쟁이 벌어졌다. 번쾌(樊噲)는 10만 병력을 동원해 공격해야 한다는 강경론을 개진하였다. 계포(季布)는 한 왕조의 군사력이 흉노를 압도할 수 있는 정도가 아니라는 점에서 화친을 주장하였다.

이전에 진희가 대(代)에서 반란을 일으켰을 때 한나라 군대가 32만으로 번쾌가 대장군이었습니다. 그때 흉노가 고조를 평성에서 포위하였는데, 번쾌가 그 포위를 풀지 못하였습니다. 천하에서는 이에 대해 다음과 같이 노래했습니다. '평성의 아래에서 정말로 고생했구나! 이레 동안 먹지 못하니 쇠뇌를 당길 힘도 없네.' 지금 노래도 지금 소리도 끊기지도 않았고 그때 다친 사람들이 이제 일어설 수 있을 정도일 뿐입니다(前陳豨反於代, 漢兵三十二萬, 噲爲上將軍, 時匈奴圍高帝於平城, 噲不能解圍. 天下歌之曰 '平城之下亦誠苦! 七日不食, 不能彀弩.' 今歌吟之聲未絶, 傷痍者甫起). (漢書 卷94上 匈奴列傳 上)

국력을 어느 정도 회복한 문제는 국경을 침략하는 흉노에 대한 반격을 도모하였다. 그러나 당시 한 왕조가 흉노와 전면전을 수행할 수 있는 정도의 실력을 확보하지 못했다. 이 때문에 문제는 흉노를 대등한 국가로 인정하며 조공을 지속할 수밖에 없었다.

한나라와 흉노는 이웃의 대등한 국가이나 흉노가 북쪽 땅에 위치해 날씨가 추우니 만물을 죽이는 냉기가 일찍 내리기 때문에 [짐이] 관리에게 시켜 해마다 선우에게 일정량의 차조, 누룩, 황금, 비단, 명주솜 등을 보내도록 할 것이오… 짐과 선우는 모두 사소한 지난번 사건 등을 흘려버리고 같이 대도(大道)를 걸으며 과거의 잘못[舊惡]을 깨 버림으로써 장구한 대책을 세워 양국 백성들이 한집안의 식구처럼 살 수 있게 만듭시다(漢與匈奴鄰國之敵, 匈奴處北地, 寒, 殺氣早降, 故詔吏遺單于秫糱金帛絲絮佗物歲有數… 朕與單于皆捐往細故, 俱蹈大道, 墮壞前惡, 以圖長久, 使兩國之民若一家子). (史記 卷99 劉敬叔孫通列傳)

문제의 태중대부였던 가의(賈誼)는 이러한 정책이 천하체계와 조공질서에 부합하지 않는다고 분명하게 인정하였다.

천하의 세가 거꾸로 되어 있다⋯ 지금 한은 매년 금, 솜, 비단 등의 세폐를 봉정하고 있다. 이적이 공물을 징구하는 것은 주상이 조정하는 바이고 천자가 공물을 납입하는 것이 신하의 예이다(天下之勢方倒縣⋯, 而漢歲致金絮采繪以奉之. 夷狄徵令, 是主上之操也；天子共貢, 是臣下之禮也). (漢書 卷48 賈誼傳, 번역은 이춘식 2020, 62 참고)

문제의 후계자였던 경제(景帝)도 정책 기조를 변화시키지 않았다. 오초칠국의 난이 발생한 이후 흉노는 한을 공격할 계획을 논의하였다. 이를 막기 위해 경제는 화친 정책을 재개할 수밖에 없었다.

문제가 붕어하고 경제가 즉위하니 조왕(趙王) 수(遂)가 몰래 흉노로 사신을 보냈다. 오나라와 초나라 [등 일곱 나라]의 반란이 일어났을 때 [흉노는] 조나라와 모의하여 변경을 침입하고자 했다. 한나라가 조나라를 포위해 격파하니 흉노도 [침입 기도를] 그만두었다. 이로부터 이후에 경제가 다시 흉노와 화친을 하고 관시(關市)를 열어 흉노에 [물자를] 보내주고, 한나라 공주를 보냈는데, [이는] 본래의 약속과 같았다. 마침내 경제의 시대에 때때로 소규모의 변경 침범이 있었으나 대규모 침입은 없게 되었다(後歲餘, 孝文帝崩, 孝景帝立, 而趙王遂乃陰使人於匈奴. 吳楚反, 欲與趙合謀入邊. 漢圍破趙, 匈奴亦止. 自是之後, 孝景帝復與匈奴和親, 通關市, 給遺匈奴, 遣公主, 如故約. 終孝景時, 時小入盜

邊, 無大寇.) (史記 卷110 匈奴列傳 第50)

경제를 승계한 무제도 즉위 초에는 화친을 파기하지 않았다. 흉노가 화친을 요구했을 때 어사대부 한안국(韓安國) 등 공경들이 허락해야 한다고 주장하였다.

지금의 황제가 즉위하자 [흉노와] 화친의 맹약을 분명히 하고 대우를 후하게 하여 관시를 통해 [물자를] 풍부하게 주었다. 흉노에게도 선우 이하가 모두 한나라와 친근해져 장성 근처까지 왕래했다(今帝卽位, 明和親約束, 厚遇, 通關市, 饒給之. 匈奴自單于以下皆親漢, 往來長城下). (史記 卷110 匈奴列傳 第50) 건원(建元) 6년(기원전 135년)

원광(元光) 2년(기원전 133년) 6월 무제는 흉노에 대한 대규모 군사작전을 개시하였다. "문제(文帝)와 경제(景帝)의 그윽하고 잠잠한 통치[玄默]는 백성들에게 오세(五世)의 휴식을 주었고, 온 세상이 부유해져 재정에도 여유가 생겼으며, 군마[土馬]도 강건하게 되었다(遭値文·景玄默, 養民五世, 天下殷富, 財力有餘, 土馬彊盛)"(漢書 卷96 西域傳 第66). 위황후의 인척인 위청(衛淸)과 곽거병(霍去病)은 하서주랑을 장악하여 흉노를 넘어 서역으로 진출할 수 있는 통로를 확보하는 데 성공하였다.

그러나 흉노와 전쟁과 서역 정벌은 한 왕조의 재정을 고갈시켰다. 막대한 군사비를 사용하는 대규모 전쟁을 수행하면서 무제는 백량대(柏梁臺)·건장궁(建章宮)을 건설하는 토목공사를 일으켰다. 재정 확충을 위해 무제는 염철업을 국가 전매제로 전환하였다.

또한 물자의 이동 비용을 낮추고 물가를 전국적으로 균등하게 하는 평준법과 균수법을 실시하였다. 이러한 정책의 결과로 재정은 안정되었지만 세금 부담이 커진 농민은 피폐해져 인구 호구가 절반으로 줄어들었다(冷鵬飛 1994, 222).

민생고가 극심해져 반란이 전국에서 발생하자 무제는 윤대(輪對)의 조(詔)를 발표하였다. 이 조서의 핵심은 윤대에 둔전을 개발하여 전쟁 준비를 하자는 수속도위(搜粟都尉) 상홍양(桑弘羊)의 상주를 거부한 것이다.

이제 저 멀리 윤대에 둔전을 청하며 정(亭)과 수(隧)를 세우자고 하니, 이는 천하를 소란케 하고 피곤하게 하는 바이며 백성을 우휼하는 바가 아니다. 이제 짐은 [그런 제안을] 차마 듣지 못하겠노라… 지금은 마땅히 가혹함을 금지하고, 함부로 부세를 걷는 것을 중지하며, 근본이 되는 농사에 힘쓰고, 마복령(馬復令)을 고쳐서 그 부족함을 보충하고, 무비(武備)에 부족함이 없도록 하기만 하면 될 것이다. 군국의 이천 석들은 각각 말과 가축을 올리고 변방을 보강할 계획을 적은 보고서를 올리게 하여, 함께 대책을 논의토록 하라. 이에 다시 군대를 파견하지 않았다. 그리고 승상 차천추(車千秋)를 부민후(富民侯)로 삼아서 [천자가 백성들에게] 휴식을 주고 백성을 부요하게 기르려는 생각을 하고 있음을 분명히 알리도록 하였다(今請遠田輪臺, 欲起亭隧, 是擾勞天下, 非所以優民也. 今朕不忍聞… 當今務在禁苛暴, 止擅賦, 力本農, 脩馬復令, 以補缺, 毋乏武備而已, 郡國二千石各上進畜馬方略補邊狀, 與計對. 由是不復出軍. 而封丞相車千秋爲富民侯, 以明休息, 思富養民也). (漢書 卷96 西域傳 第66)

무제 사후 증세를 주장한 상홍양을 대표로 하는 법가와 민생 안정을 위해 감세를 주장한 곽광이 대립한 염철회의(鹽鐵會議)에서 논쟁하였다. 결과는 어느 쪽의 압도적 승리가 아닌 타협으로 귀결되었다. 양측은 한 왕조의 재정이 파탄났기 때문에 대규모 전쟁을 치룰 수 없다는 점에도 동의하였다(桓寬 BC50).

　　흉노도 전쟁의 피해가 너무 컸다는 인식을 공유하고 다시 화친을 제의하였다.

　　이제까지 한나라 군대가 [흉노 안으로] 깊숙이 쳐들어가 [그들을] 추격하기를 이십여 년 [계속하니] 흉노에서는 임신한 것들이 [전쟁으로] 유산을 하였기 때문에 피폐함이 극에 달해 고통스러워했다… [흉노의] 공격과 노략질 역시 점차 줄어들게 하고 한나라 사신에 대한 대우 역시 더욱 후하게 함으로써 점차 화친에 이르고자 하였다. 한나라 역시 [이를 이용해 흉노를] 기미하고자 하였다(前此者, 漢兵深入窮追二十餘年, 匈奴孕重墮殰, 罷極苦之. 自單于以下常有欲和親計… 然其侵盜益希, 遇漢使愈厚, 欲以漸致和親, 漢亦羈縻之). (漢書 卷94上·下 匈奴傳 第64上·下)

　　흉노가 요구한 조건은 무제의 서역 원정 이전의 관계로 복귀였다. 따라서 흉노의 화친 요구가 형제 관계를 군신 관계로 변화시키지 않았다.

　　그 이듬해 선우가 사신을 보내 한나라에 편지를 보내 말했다. "남쪽에는 대국인 한나라가 있고, 북쪽에는 강한 흉노가 있소이다. 흉노는 하늘의 총애하는 아들[驕子]로 작은 예의로서 스스로를 번거롭게 하지 않습니다. 지금 한나라와 큰 관시(關市)를 열고 한나라 [종실의] 여인을 취해 아내로 삼고자 합니다. 해마다 저에게 누룩으로 빚은 술 만 석, 도정한 곡물 오천 곡, 여러 가지 비단 만 필을 주고, 그 밖의 것을 과거의 약속과 같게 해주신다면 변경을 도둑질하는 것을 그만 둘 것입니다(其明年, 單于遣使遺漢書[云]: 南有大漢, 北有强胡. 胡者, 天之驕 子也. 不爲小禮以自煩. 今欲與漢闓大關, 取漢女爲妻, 歲給遺我蘖酒萬石, 稷米 五千斛, 雜繒萬匹, 它如故約, 則邊不相盜矣).”(漢書 卷94上·下 匈奴傳 第64 上·下)

형제 관계에서 군신 관계로의 전환은 흉노의 내분으로 사방에 서 공격을 받게 된 이후 발생하였다. 외교적으로 대등한 관계에서 종속적 관계로 변화한 것이다. 이때부터 선우가 신하로 칭하고 입 조를 요청하는 문서를 제출하였다(宋眞 2017, 14-15).

이듬해 호한야 선우가 오원새(五原塞)를 두드려 [감로] 3년(전51) 정 월에 입조를 원했다. 한은 거기도위한창을 보내 영접하게 하였으며 지나가는 일곱 군(郡)에서 군마다 2천의 기병을 징발하여 길 위에 늘 어서게 하였다. 선우는 정월에 감천궁에서 천자에게 조하하였다. 한 은 특별한 예로 우대하여 [선우의] 지위를 제후왕 위로 하고 [천자에 게] 배알할 때 신이라고 칭하되 이름을 말하지 않아도 된다고 하였다 (明年, 呼韓邪單于款五原塞, 願朝三年正月. 漢遣車騎都尉韓昌迎, 發過所七郡, 郡二千騎, 爲陳道上. 單于正月朝天子于甘泉宮, 漢寵以殊禮, 位在諸侯王上, 贊 謁稱臣而不名). (漢書 卷94上·下 匈奴傳 第64上·下)

선제는 호한야 선우를 군사적으로 지원하는 것은 물론 이전보
더 더 많은 경제적 원조를 제공하였다.

선우는 자청하길 광록새(光祿塞) 아래 지역에 머물면서 위급한 상황
이 있으면 한의 수항성(受降城)을 지킬 수 있길 원하였다. 한은 장락
위위(長樂衞尉) 고창후(高昌侯) 동충(董忠)과 거기도위 한창을 보내 기
병 1만 6천을 이끌고, 또한 변군의 병사와 말 수천을 징발하여 선우
가 삭방[군]의 계록새(雞鹿塞) 밖으로 나가는 것을 호송하게 하였다.
조서를 내려 동충 등이 남아서 선우를 호위하면서 [선우에게] 복종
하지 않은 자를 주살하는 데 조력하게 했다. 또한 변지의 곡물, [도정
한] 곡물, 건량 등을 앞뒤로 3만 4천 곡(斛)을 [흉노 측에게] 보내 식
량에 보태도록 하였다. 이해 질지 선우 또한 사신을 보내 봉헌(奉獻)
하였다. 한은 그를 매우 후하게 대접하였다. 이듬해 [호한야, 질지]
두 명의 선우가 모두 사신을 보내 입조하고 봉헌하였다. 한은 호한야
의 사자를 대우할 때 더해 주는 것이 있었다. 이듬해 호한야 선우가
다시 입조하였다. 예우와 [재물] 사여는 처음과 같았지만, 의복 110
벌과 비단[錦帛] 9천 필, 명주 솜 8천 근을 더 주었다. [이미 파견된
흉노 지역] 주둔병이 있기 때문에 다시 기병을 내어 호송하지는 않았
다(單于自請願留居光祿塞下, 有急保漢受降城. 漢遣長樂衞尉高昌侯董忠‧車騎
都尉韓昌將騎萬六千, 又發邊郡士馬以千數, 送單于出朔方雞鹿塞. 詔忠等留衞單
于, 助誅不服, 又轉邊穀米糒, 前後三萬四千斛, 給贍其食. 是歲, 郅支單于亦遣使
奉獻, 漢遇之甚厚. 明年, 兩單于俱遣使朝獻, 漢待呼韓邪使有加. 明年, 呼韓邪
單于復入朝, 禮賜如初, 加衣百一十襲, 錦帛九千匹, 絮八千斤. 以有屯兵, 故不復
發騎爲送). (漢書 卷94上‧下 匈奴傳 第64上‧下)

원제(元帝)도 즉위 후 흉노에 식량을 지원하였다. "원제가 처음 즉위하자 호한야 선우는 다시 상서하여 [흉노] 민중이 궁핍하다고 말하였다. 한은 조서를 내려 운중군과 오원군에서 곡식 2만 곡을 옮겨 지급하였다(元帝初卽位, 呼韓邪單于復上書, 言民衆困乏. 漢詔雲中·五原郡轉穀二萬斛以給焉)"(漢書 卷94上·下 흉노전 第64上·下). 더나아가 호한야 선우를 호송했던 거기도위 한창(韓昌)과 광록대부장맹(張猛)은 상호 불가침 조약을 맺었다.

오늘부터 한과 흉노는 합하여 한집안이 되었으니, 대대로 서로 속이거나 서로 공격하여서는 안 된다. [쌍방 간에] 몰래 훔치는 일이 발생하면 서로 통보하여 절도한 자는 처벌하고 [훔친] 물건은 보상한다. 침략이 있으면 군대를 일으켜 서로 돕는다. 한과 흉노 가운데 감히 먼저 맹약을 배반하는 자가 있다면 하늘의 징벌을 받게 될 것이다. 자손 대대로 모두 맹약을 따르도록 한다(自今以來, 漢與匈奴合爲一家, 世世毋得相詐相攻. 有竊盜者, 相報, 行其誅, 償其; 有寇, 發兵相助. 漢與匈奴敢先背約者, 受天不祥. 令其世世子孫盡如盟). (漢書 卷94上·下 匈奴傳 第64上·下)

공경들이 사전에 논의가 없는 결정이라고 비판을 하면서 이 맹약의 무효화를 요구하였다. 원제는 한창과 장맹에게는 벌금을 내는 것으로 속죄하게 하였지만 맹약은 그대로 유지하도록 하였다. 경녕(竟寧) 1년(기원전 33년) 호한야 선우가 다시 입조하였을 때는 예우와 물품을 예전과 같이 하사였는데 의복과 비단, 명주솜은 선제의 황룡 1년(기원전 49년)보다 더 많이 주었다. 또한 원제는 한

종실(宗室)의 사위가 되고 싶다는 선우에게 왕장(王牆)—자는 소군(昭君)—을 사여하였다. 성제 하평 4년(기원전 25년) 선우가 입조하자 경녕 연간과 동일한 물품에 수놓은 비단[錦繡]·무늬 없는 비단[繒帛] 2만 필과 명수 솜 2만 근을 추가하였다.

선우의 입조를 환영하는 정책은 전한 말기에 변화되었다. 애제 건평 4년(기원전 3년) 선우가 다음 해 입조를 요청하였다. 당시 병중이던 애제에게 공경들은 "헛되이 창고와 금고의 재물을 낭비할 것이라며 허락하지 않아도 된다고 하였다"(亦以爲虛費府帑, 可且勿許)고 주장하였다(漢書 卷94上·下 흉노전 第64上·下). 그렇지만 원수(元壽) 2년(기원전 1년) 선우가 와서 입조하자 하평 연간(기원전 28~25년)과 같은 사여품에 의복 370벌과 수놓은 비단과 [기타] 견직물 3만 필, 명주 솜 3만 근을 더 주었다.

V 한 왕조와 흉노의 지경학적 타협

한 왕조에게 흉노와 전쟁은 종법제에 기반을 둔 천하체계와 책봉 조공 체제에 부합하지 않는 화친과 기미라는 새로운 제도의 탄생으로 이어졌다. 이러한 사실은 서역 원정이 성공했던 시대에는 인정되지 않았다. 반고에 따르면 흉노에 대해 공경과 막부는 완전히 다른 입장을 가지고 있었다.

허리띠에 [홀(笏)을] 꽂고 있는 유자(儒者)들은 화친을 지키자고 하고, 갑옷과 투구를 [착용한] 무사들은 정벌을 주장하였으나, 모두 한

때의 이익과 해로움만을 치우쳐 보았을 뿐, 흉노[와 한 관계]의 전 과정을 깊이 고려하지는 못하였다(縉紳之儒則守和親, 介冑之士則言征伐, 皆偏見一時之利害, 而未究匈奴之終始也). (漢書 卷94上·下 匈奴傳 第64上·下)

사마천도 공훈을 노린 장군들의 허언이 문제라는 점을 지적하였다.

항간에서 흉노에 관해 이야기하는 이들은 일시적인 권세를 얻고 싶어하여 제 의견이 채택되도록 아첨함으로써 [황제 또는 장군 등 의견 채택자의] 편견을 조장하고 피아(彼我)[의 정세]를 참작하지 못하였다. [따라서] 장군들은 중국이 광대하다는 것만 믿고 기고만장했으며, 임금은 [그들의 의견에] 따라 정책을 결정하기 때문에 세운 공이 많지 못하였다(世俗之言匈奴者, 患其徼一時之權, 而務諂納其說, 以便偏指, 不參彼己; 將率席中國廣大, 氣奮, 人主因以決策, 是以建功不深). (史記 卷110 匈奴列傳 第50)

한 왕조의 우월한 경제력을 활용한 화친은 우세한 군사력을 가진 흉노를 제어하는 데 매우 효과적이었다. 첫째, 경제력에서 흉노는 한 왕조와 비교할 수 없을 정도로 열악했다. 특히 농사를 짓지 못했기 때문에 식량을 자급하지 못했다. "물과 풀을 따라 옮겨 다니며 살아 성곽이나 일정하게 사는 곳, 농사를 지어 먹고 사는 것이 없었으나, [각자가] 나누어 갖고 있는 땅[分地]은 있었다(逐水草遷徙, 毋城郭常處耕田之業, 然亦各有分地)." 둘째, 경제활동보다 군

사활동에 더 능하였다. 따라서 생필품이 필요하면 강탈하였다. "그
습속은 편하면 가축을 따라 다니면서 새나 짐승을 쏘아 잡는 [사
냥을] 생업으로 삼았고, 급하면 사람들이 싸워 공격하는 것을 익혀
침공하는 것이 [그들의] 타고난 성품이었다(其俗. 寬則隨畜, 因射獵禽
獸爲生業, 急則人習戰攻以侵伐)." 마지막으로 명분보다 이익을 우선
하였다. "오로지 이익이 있는 곳에 있고자 할 뿐 예의를 알지 못하
였다(苟利所在, 不知禮義)"(史記 卷110 匈奴列傳 第50).

　화친의 가장 강력한 수단은 관시였다. 관시는 관(문)과 시의
결합이다. 주례(周禮) 천관총재(天官冢宰)에 국가 수입의 9개 방면
인 구부(九賦)에 관시가 포함되어 있었다(朴健柱 2012, 14). 관시
는 처음부터 국경무역을 관장하는 기구가 아니었다. 관은 전국시
대 방어시설 중 교통의 요지에 설치되었다. 관문을 지키는 관리는
출입을 통제하고 관세를 징수였다(방호 1983, 1권 253). 관세는 소
지한 화물의 양에 따라 정해졌다. 시는 물품 거래가 이뤄지는 장소
이다. 거래에 참가하기 위해서는 관리의 허락이 필요했다. 이중 과
세는 원칙적으로 금지되었다. "관소에서 징세하면 시에서 징세하
지 않고, 시에서 징세했으면 관소에서 징세하지 말아야 한다"(송진
2020, 173).

　전한 시대 관시는 주변국과 정치군사적인 경계인 동시에 통상
을 통제하고 관세를 징수하는 제도로 발전하였다. 흉노에게 허용
한 관시에서 사적인 거래는 금지되었다. 무제는 혼야왕의 무리가
장안의 상인과 거래하자 500여 명의 관련자를 사형시켰다. 독화살
과 황금 같은 전략 물자의 반출이 금지되었다(송진 2020, 234).

　관시의 효과에 대해서는 상반되는 의견이 있다. 관시는 흉노

의 침략을 억제하는 데 크게 기여하였다. "흉노는 탐욕스럽게 여전히 관시를 좋아해 한나라의 재물을 밝히니 한나라에서도 또한 그대로 관시를 끊지 않음으로써 [흉노의 비위를] 맞추었다(然匈奴貪, 尙樂關市, 嗜漢財物, 漢亦尙關市不絶以中之)"(史記 卷110 匈奴列傳 第50). 동중서는 이런 논리를 더 구체화하였다.

의(義)는 군자를 움직이고, 이(利)는 탐욕스런 사람을 움직입니다. 흉노와 같은 자들은 인의(仁義)로 설득할 수 없습니다. 오직 많은 이익을 주어야 기쁘게 할 수 있고 하늘을 향하여 [맹약을] 맺게 할 수 있습니다. 그래서 많은 이익을 제공해야만 그 [침략의] 뜻을 잦아들게 하고, 하늘을 향하여 맹서해야 약속을 굳게 할 수 있으며, [선우의] 아끼는 자식을 인질로 삼아야 그 마음을 묶어 놓을 수 있습니다. 흉노가 비록 마음을 바꾸려 하여도 어찌 많은 이익을 포기하겠습니까. 어찌 하늘을 속일 수 있겠습니까. 어찌 아끼는 자식을 죽이려 하겠습니까. 무릇 세금을 걷어 [흉노에게] 재물을 제공하는 [비용은] 삼군(三軍)을 [출동시키는] 비용에 비교할 수 없[이 작]습니다. 단단한 성곽은 지조 있는 사신이 맺는 맹약보다 나을 것이 없습니다. 이렇게 한다면 변성(邊城)에서 경계를 지키는 백성의 부형(父兄)들은 허리띠를 늦출 것이며, 어린 자식들은 입속의 음식물을 삼킬 수 있습니다 (義動君子, 利動貪人, 如匈奴者, 非可以仁義說也, 獨可說以厚利, 結之於天耳. 故與之厚利以沒其意, 與盟於天以堅其約, 質其愛子以累其心, 匈奴雖欲展轉, 奈失重利何, 奈欺上天何, 奈殺愛子何. 夫賦斂行賂不足以當三軍之費, 城郭之固無以異於貞士之約, 而使邊城守境之民父兄緩帶, 稚子咽哺, 胡馬不窺於長城, 而羽檄不行於中國, 不亦便於天下乎!). (漢書 卷94上·下 匈奴傳 전 第64上·下)

반면 반고는 흉노가 약속을 빈번하게 어기며 한 왕조가 제공하는 사하품이 약탈해서 얻은 전리품보다 더 적다고 비판하였다.

[인질로 보낸] 아끼는 자식을 버리고, 이익에 눈이 멀어 돌아보지 않았으며, 침략하여 획득한 물자가 해마다 1억을 헤아렸다. 하지만 화친으로 지급하는 물자는 1천 금을 넘지 못하니, 어찌하여 [흉노가] 인질을 버리고 [화친으로 얻어지는] '큰 이익[重利]'을 버리지 않을 수 있겠는가? 동중서의 말은 여기에 허점이 있는 것이다(棄其愛子, 昧利不顧, 侵掠所獲, 歲鉅萬計, 而和親賂遺, 不過千金, 安在其不棄質而失重利也? 仲舒之言, 漏於是矣). (漢書 卷94上·下 匈奴傳 第64上·下)

이런 맥락에서 반고는 흉노와 불가근불가원(不可近不可遠)하는 기미가 가장 효과적인 정책이라고 주장한다.

그 [흉노의] 땅은 경작해서 먹을 [것을 생산할] 수 있지 않고 그 인민은 신하로 기를 수도 없다. 그런 까닭에 외부에 두고 안으로 끌어들이지 않으며, 멀리하고 가까이 두지 않는다. 정교(政敎)가 [흉노] 인민에게는 미치지 않으며, [천자의] 역법을 그 나라에 주지 않는다. 항복해 오면 경계하면서 길들이고, 떠나 버리면 방비하면서 지킨다. 그들이 [중국의] 의(義)를 흠모하면서 공물을 바칠 경우에는 예의 바르고 겸손하게 대접한다. [요컨대] 말고삐와 쇠코뚜레[羈縻]를 [잡은 것과 같은 관계를] 단절하지 않고, [문제 발생의] 원인이 저쪽에 있도록 하는 [수동적인 태도가], 대개 성왕이 오랑캐를 통제하고 거느리는 법도이다(其地不可耕而食也, 其民不可臣而畜也, 是以外而不內, 疏而不

戚, 政敎不及其人, 正朔不加其; 來則懲而御之, 去則備而守之. 其慕義而貢獻,

則接之以禮讓, 羈縻不絕, 使曲在彼, 蓋聖王制御蠻夷之常道也). (漢書 卷94

上·下 匈奴傳 第64上·下)

　　무제 때 처음 출현한 기미의 원뜻은 말의 고삐와 소의 코뚜레
이다, 이 단어는 형식적으로 책봉조공 체제에 편입되어 있지만 실
질적으로 독립적인 국가와 관계를 지칭한다. 즉 기미 정책은 중원
왕조가 완전히 정복하기 어렵거나 그럴 필요가 없는 국가와 적극
적 차원에서 외교 관계를 유지하고 소극적 차원에서는 적대 관계
를 예방하기 위한 방편이라고 할 수 있다. "그때그때 마땅함에 따
라서 기미(羈縻)하되 단절하지 않았고, 사양하며 허락하지 않으셨
다(因時之宜, 羈縻不絕, 辭而未許)"(漢書 卷94上·下 匈奴傳 第64上·下).

　　대규모 원정을 통한 정복은 군사적 부담뿐만 아니라 경제적
비용도 컸기 때문에, 한 왕조는 흉노를 완전히 정복하기보다는 기
미 정책을 선호하였다.

　　일축 선우와 호한야 선우가 나라 [사람들을] 이끌고 귀화하여, 엎드
려 기면서 [스스로를] 신하라고 칭하였습니다. 그런데도 여전히 기
미(羈縻)할 뿐, [신첩(臣妾)으로 삼아] 마음대로 다루려고 하지 않았
습니다. 이 뒤로 조알하려는 자들은 막지 않았고, [조알을] 원하지
않는 자들은 강제하지 않았습니다. 그 이유는 무엇입니까? 외국 [사
람들]은 천성이 사납고 거칠며, 생김새가 크고 건장하며, 완력과 용
기를 믿고 의지하니, 선(善)한 [방법으로는] 교화하기가 어렵고, 무
력을 동원해야 따르게 하기가 쉬울 것입니다. [그러니] 강제적인 방

법으로는 굴복시키기가 어려우며 유화적인 방법으로는 [복종을] 언기가 어려운 것입니다. 그래서 미처 복속되지 않았을 때는 군대를 힘들게 부려 먼 곳까지 공격하느라, 나라를 기울여 재화를 탕진하고 죽어 넘어진 시체들에서 피가 흐르니, 굳센 [적의 진영]을 부수고 적을 쳐 없애기가 그처럼 어려운 일이었습니다. 또한 [한에] 신복한 뒤에도 위로의 공물(供物)로 어루만져 따르게 하고, [사신들이] 교왕하며 만날 때에도 뇌물을 보내야 합니다. 위엄 있는 예의에 따라 거동하면서 [신복을 유지하려면] 이처럼 구비해야 하는 것입니다(日逐·呼韓邪攜國歸死[化], 扶伏稱臣, 然尙羈縻之, 計不顓制. 自此之後, 欲朝者不距, 不欲者不彊. 何者? 外國天性忿鷙, 形容魁健, 負力怙氣, 難化以善, 易隸以惡, 其彊難詘, 其和難得. 故未服之時, 勞師遠攻, 傾國殫貨, 伏尸流血, 破堅拔敵, 如彼之難也. 旣服之後, 慰薦撫循, 交接賂遺, 威儀俯仰, 如此之備也). (漢書 卷94上·下 匈奴傳 第64上·下).

주변국에서도 기미 정책의 실리를 추구하였다. 한 왕조의 군사적 공세에 노출되지 않은 국가들은 한 왕조와 교역을 위해 책봉조공 체제를 수용하였다. "서역에서 온 상인일지라도 그들이 황제에게 헌물을 바치러 왔다는 명분을 내세웠을 경우 한에서는 사실은 대우하여 국경을 출입할 수 있도록 허락했다"(송진 2020, 244).

모두 50개 나라였다. 역장(譯長)·성장(城長)·군(君)·감(監)·이(吏)·대록(大祿)·백장(百長)·천장(千長)·도위(都尉)·저거(且渠)·당호(當戶)·장(將)·상(相), 그리고 후(侯)와 왕(王)에 이르기까지 모두 한나라의 인수를 패용한 것이 대저 376명이었다. 그러나 강거·대월지·안식·계빈·오익산리 등과 같은 부류는 모두 극히 먼 곳에 있어서 숫자 안에 넣지 않았고, 그들이 조공을 갖고 와서 바치면 그에 상응해서 보답했고, 감독하거나 통솔하지는 않았다(最凡國五十. 自譯長·城長· 君·監·吏·大祿·百長·千長·都尉·且渠·當戶·將·相至侯·王, 皆佩漢印綬, 凡 三百七十六人. 而康居·大月氏·安息·罽賓·烏弋之屬, 皆以絕遠不在數中, 其來貢 獻則相與報, 不督錄總領也). (漢書 卷94上·下 匈奴傳 第64上·下).

주변국에서도 한 왕조의 허관과 허작을 활용하였다(張錫載 2018; 金慶浩 2018). 허관과 허직이기 때문에 시실상 아무런 권한과 의무가 없었다. 또한 비록 허관과 허직이지만 대내적으로는 정통 성과 권위를 높이고 대외적으로는 흉노의 간섭을 막는 효과가 있 었다. 특히 후계자 선정 과정에서 권력투쟁이 발생했을 경우 한 왕 조의 지지가 결정적 영향을 미쳤던 경우도 있었다.

서역의 여러 나라들은 각자 군장이 있고, 병사의 무리는 나뉘어 약 하며 통일되는 바가 없다. 비록 흉노에 복속하고 있기는 하지만 서 로 친하게 따르지는 않는다. 흉노가 능히 그 말과 가축과 모포[旃罽] 를 획득할 수는 있어도 그들을 통솔하여 함께 나아가거나 물러가게 하지는 못한다. 한나라와는 격절되어 있고 거리도 또한 멀기 때문에, 그곳을 얻어도 유익이 되지 못하고 버려도 손해가 되지 않는다. 번영 은 우리에게 있으니 그들로부터는 취할 것이 없다(西域諸國, 各有君長, 兵衆分弱, 無所統一, 雖屬匈奴, 不相親附. 匈奴能得其馬畜旃罽, 而不能統率與 之進退. 與漢隔絕, 道里又遠, 得之不爲益, 棄之不爲損. 盛德在我, 無取於彼). (漢書 卷94上·下 匈奴傳 第64上·下).

이런 이유에서 왕망의 장군 엄우(嚴尤)는 기미가 정복, 방어, 차단보다 더 효과적인 전략이라고 평가하였다

신이 듣건대 흉노가 [중국에] 해를 입히기 시작한 것은 오래되었습니다만, 상고 시기에 [그들을] 반드시 정벌하였다는 말은 듣지 못했습니다. 후대 주·진·한 세 왕조에서 정벌하였습니다만, 모두 상책을 얻지는 못하였습니다. 주(周)는 중책(中策), 한은 하책(下策)을 얻고, 진은 무책(無策)이었습니다. 주선왕(宣王) 때에 험윤(獫允)이 안으로 침략해 경양(涇陽)에 머물렀습니다. [선왕은] 장군에게 명하여 정벌하게 하였으나, 변경을 보존한 뒤 돌아왔을 뿐입니다. 융적의 침입을 보길 마치 모기나 등애가 쏘는 것에 비유하여 쫓아낼 따름이었습니다. 그래서 천하 [사람들은] 그 현명함을 칭양하였습니다. 이것이 중책입니다. 한무제 때에는 장수를 선발하고 군사를 훈련시키고, [옷가지와 짐] 식량을 소량만 가지고서 [흉노의 진영] 깊숙이 멀리 들어가 지켰습니다. 비록 [전투에] 승리하고 [적의 수급을] 얻는 공적을 세운 일은 있었습니다만 오랑캐는 그때마다 보복하였습니다. 전쟁은 계속되었고 그 참화는 30여 년 동안 지속되었습니다. 중국은 피폐해졌으며 흉노 또한 상처를 입었습니다. 천하가 그 무위(武威)를 칭송하였으나, 이는 하책(下策)입니다. 진시황은 작은 수치를 참지 못하고 민력을 가볍게 여겨 견고한 장성(長城)을 축조하였는데 그 길이가 만 리(萬里)나 이어졌습니다. [공사 물자의] 운반 행렬은 해안 지대로부터 시작되었고 강역의 경계는 이미 완성되었다고 할지라도, 중국의 내부는 고갈되어 사직을 잃고 말았습니다. 이는 무책(無策)입니다
(臣聞匈奴爲害, 所從來久矣, 未聞上世有必征之者也. 後世三家周·秦·漢征之,然皆未有得上策者也. 周得中策, 漢得下策, 秦無策焉. 當周宣王時, 獫允內侵, 至于涇陽, 命將征之, 盡境而還. 其視戎狄之侵, 譬猶蟁蝱之螫, 毆之而已. 故天下稱明, 是爲中策. 漢武帝選將練兵, 約齎輕糧, 深入遠戍, 雖有克獲之功, 胡輒報之, 兵連禍結三十餘年, 中國罷耗, 匈奴亦創艾, 而天下稱武, 是爲下策. 秦始皇不忍小恥而輕民力, 築長城之固, 延袤萬里, 轉輸之行, 起於負海, 疆境旣完, 中國內竭, 以喪社稷, 是爲無策). (漢書 卷94上·下 匈奴傳 第64上·下).

VI 결론

중국적 세계질서에 대한 논쟁을 촉발시키는 데 핵심적 역할을 했던 자오팅양은 천하체계가 21세기 세계질서의 대안이 될 수 있다고 주장하였다. 그의 핵심 논지는 천하체계의 구성 원리가 중국의 강압이 아니라 주변국의 자발적 협조라는 것이다.

아득히 먼 지방들은 결코 동일한 문화 체계에 속하지도 않았을 뿐만 아니라 왕래도 비교적 적었기 때문에 원래부터 '법으로 규정된 조공 체계'는 '스스로 원하는 조공 체계'로 전환되었다. 즉 중원의 정통 왕조는 다른 국가가 천하 왕조를 존숭해야 조공 체계로 발전될 수 있다고 생각했지만 결코 그들이 이렇게 해야 한다고 강요하지는 않았다. 표면적으로 보면 조공의 자발성은 세계를 제어하는 측면에서 실질적인 힘에 한계가 있는 것 같지만, 예의에 관한 중국의 이해가 더욱더 중요해야만 했기 때문에 예의를 사람과 사람 사이나 국가와 국가 사이와 같은 모든 '상호 관계'(inter-ness)를 처리하는 보편 원칙으로 생각했다(趙汀陽 2005, 115).

전한 시대 등장한 화친과 기미는 이러한 주장에 전적으로 부합하지 않는다. 한 왕조와 흉노 사이의 관계는 예의를 중시하는 유가보다는 권력을 중시하는 법가에 더 부합한다.

적국의 제후와 왕들이 우리의 의로움에 기뻐한다 해도, 공물을 바치고 신하가 되는 것은 아니다. 관내의 제후들이 우리의 행동을 비난하면 우리는 그들을 잡아들여 입조하게 할 수 있다. 힘이 강하면 저절로 입조하는 사람이 많고, 힘이 적으면 남의 나라에 입조하는 처지가 된다. 그러므로 현명한 군주는 항상 자신의 힘을 기르는 데 진력해야 한다(故敵國之君王雖說吾義, 吾弗入貢而臣; 關內之侯, 雖非吾行, 吾必使執禽而朝. 是故力多, 則人朝; 力寡, 則朝於人. 故明君務力). (韓非子 第50篇 顯學)

한 왕조와 흉노의 관계는 고제 때 형제 관계에서 출발하여 선제 때 군신 관계로 전환되었다. 외교적 차원에서 이러한 변화에도 불구하고 경제적 차원에서 한 왕조는 흉노에게 공물을 더 많이 하사하는 것은 물론 관시를 통해 교역을 허용하였다. 무제의 서역 원정과 흉노의 내분 이후 한 왕조가 흉노에 대해 명분적으로는 우위를 확보했지만 실리를 증대하는 데는 실패하였다. 가장 큰 이유는 서역 원정으로 인한 재정파탄에 있다. 대규모 전쟁을 더 수행할 수 없는 상황에서 한 왕조는 명분과 실리를 적절히 타협하는 기미 정책을 채택한 것이다.

기미와 화친은 중원이 분열되어 있거나 중원 왕조의 패권이 약화되었을 때 여러 번 등장하였다. 대체적으로 천하체계는 한, 수, 당, 송, 원, 명, 청을 포함한 통일 왕조의 전성기에 제대로 작동했지만 쇠퇴기에는 유명무실해졌다고 할 수 있다. 삼국 시대, 남북조 시대, 오호십육국 시대와 같이 중원이 분열되어 있었던 시대에는 천명(天命)이 어느 나라에 있는지 불분명했기 때문에 천하체계가 존재했다고 볼 수 없다. 한족 중심의 정통론(正統論)의 입장에서는 변경의 소수민족이 중원을 장악한 요, 금, 원, 청은 천하체계에 부합하지 않는다.

중원 왕조가 책봉조공 체계에서 군신 관계를 포기하는 사례는 송 시대에 재현되었다. 송은 전연의 맹(澶淵之盟) 이후 거란, 「4년 전쟁」을 종식한 1044년 강화 후 서하, 정강의 변(靖康之變) 이후 금에게 우위를 인정하는 것은 물론 막대한 세폐도 제공하였다. 당시 북방 민족은 바치는 공물보다 중원 왕조가 주는 하사품을 몇 배 더 늘리는 것을 조건으로 명분상 주종(숙질/형제)관계에서 열위를 수용하였다.

이런 배경에서 중국의 경제적 부상이 천하체계와 책봉조공 체제의 부활로 이어질 것이라는 예상은 성급하다. 일대일로 구상은 미국의 동아시아 회귀/재균형 전략에 대한 방어적 대응이라는 점에서 공세적인 대외 진출로만 보기는 어렵다(Wang 2016). 경제 규모는 물론 소득 수준에서 중국과 미국 사이에 격차가 클 뿐만 아니라 중국이 미국의 자유주의적 국제주의를 대체할 수 있는 이념과 제도를 제공하지 못하고 있기 때문이다.

첫째, 조공체계의 물질적 기반이 더는 존재하지 않는다. 고대의 조공

체계와 현대의 국제체계는 완전히 다른 시공간에 존재한다. 조공체계는 국가 간 교류가 거의 없는 농경사회에 존재하는 반면, 현대의 국제체계는 전 세계적인 상품과 서비스 교류를 특징으로 한 세계화된 산업을 기반으로 한다… 둘째, 조공체계의 개념적 기반이 더는 존재하지 않는다. 유교의 영향으로 고대 동아시아인들은 예의와 형식의 불평등에 대해 불편함을 느끼지 않았다. 그러나 민족국가의 성장 과정을 경험하고 현대 국제법의 세례를 받은 현대인들은 형식적인 불평등을 결코 받아들이지 못한다. 한편, 고대 조공체계는 사실상 중국과 같은 강력한 유교 문명에 기반을 두고 있었기 때문에 주변국가들은 중국으로부터 국가를 통치하는 경험은 물론 한자문화와 생활방식까지 받아들였다. 그러나 현대의 중국은 앞으로 상당히 오랜 기간 동안 권력의 중심일지언정 문명의 중심지는 아닐 것이다. 그렇기 때문에 중국은 이념적으로 서구 민주주의의 영향력을 대체할 수 없고, 언어적으로 영어의 영향력을 대체할 수도 없다(리카이성 2020, 99).

현재 중국의 무역정책은 "기미(羈縻)하되 단절하지 않았고, 사양하며 허락하지 않는다"는 화친과 부합한다. 중국은 세계 최대 교역국으로서 이점을 활용하여 상대국에게 무역제재를 위협하면서도 수입을 증대하는 양면 전략을 능수능란하게 구사하고 있다. 또한 미국과 유럽연합(EU)에 대해서는 저자세를 유지하는 한편, 한국, 호주 등에 대해서는 강경한 조치를 동원하고 있다. 어떤 경우든 아직까지 중국은 무역제재가 대중 교역량이 눈에 띌 정도로 감소할 정도로 심하게 부과하지 않고 있다. 그 이유는 한국과 호주가 미국에 완전히 편승하게 되는 결과의 예방에 있는 것으로 보인다.

이런 점에서 중국은 미국의 견제를 예방하기 위해 주변국에 압박을 강화하는 공세 전략과 회유하는 방어 전략을 병행할 것으로 예상된다.

참고문헌

강인욱. 2010. "기원전 4~서기 1세기의 고고학자료로 본 흉노와 동아시아 – 흉노학의 정립을 위한 토대구축을 겸하여." 『중앙아시아학회중앙아시아연구』 15.

金慶浩. 2018. "居延漢簡에 보이는 前漢時期 河西邊境의 情況." 『中國史硏究』 第117輯.

김성규. 2020. 『송대 동아시아의 국제관계와 외교의례』. 신아사.

김한규. 2005. 『天下國家: 전통시대 동아시아 세계질서』. 서울: 소나무.

김형종. 2016. "최근의 명청대 한중관계사 연구와 신청사." 『동북아역사논총』 53.

동북아역사재단. 2021. "하나라(夏) 멸망 이후 주나라(周) 때까지 중원국가와 융적의 시대적 변화에 따른 관계." http://contents.nahf.or.kr/item/item.do?levelId=jo.k_0002_0094_0020

리카이성(李开盛). 2020. "동북아의 새로운 아키텍처." 이희옥·이율빈 편역. 『미중 전략경쟁과 한반도: 한중 학계의 시각』. 성균중국연구소.

朴健柱. 2012. "中國古代國家商業經營의 傳統." 『中國史硏究』 第81輯.

박민수. 2021. "구미 학계의 '청조(淸朝)' 인식과 서술 –『케임브리지 중국사 9권, 제2부 1800년까지의 청조』를 중심으로." 『동북아역사논총』 71.

방향숙 외. 2005. 『한중 외교관계와 조공책봉』. 서울: 고구려연구재단.

방호. 1983. 『中西交通史』. 中國文化大學出版部(손준식·유진희 역. 『중서교통사 1』. 학고방).

宋眞. 2017. "漢代 대외관계와 외교문서." 『한국사연구』 179.

_____. 2020. 『중국 고대 경계와 그 출입』. 서울대학교출판문화원.

신채식. 2008. 『송대대외관계사연구』. 한국학술정보.

이춘식. 2020. 『고대 중국의 패권전략과 주변국 조공화』. 서울: 고대출판부.

張錫載. 2018. "西漢의 西域邊疆政策." 『中國史硏究』 第115輯.

전인갑. 2016. 『현대중국의 제국몽: 중화재보편화 100년의 실험』. 학고방.

葛亮. 1996. 西汉前期北方边防对策举要. 『中国边疆史地研究』. 4期.

葛兆光. 2014. 『何謂中國?: 疆域, 民族, 文化與歷史』 香港: 香港中文大学出版社, translated by Michael Gibbs Hill. 2018. *What Is China?* Cambridge: Harvard University Press.

_____. 2017. 『历史中国的内与外: 有關「中國」與「周邊」概念的再澄清』 香港: 香港中文大学出版社, 김효민·송정화·정유선·최수경 역. 2019. 『전통시기 중국의 안과 밖 '중국'과 '주변'개념의 재인식』. 서울: 소명출판.

冷鹏飛. 1994. 『中國秦漢經濟史』. 北京: 人民出版社. 최덕경·김백철 역. 2019. 『진한제국 경제사』.

班固. 2009. 『漢書』前漢書 卷94上·下 匈奴傳 第64上·下 동북아역사재단 편. 『중국정사외국전』. 동북아역사재단.

司馬遷. 2009. 『史記』匈奴列傳, 동북아역사재단 편『역주 중국정사외국전』.

동북아역사재단.

王子今·李禹阶. 2007. 汉代北边的"尖市".『中国边疆史地研究』. 3期.

袁行霈 主編. 2006.『中華文明史』. 北京: 北京大出版社. 구자원 역. 2017a.『중화문명사』
　　　제1권 상. 서울: 동국대학교출판부.

_____. 2006.『中華文明史』. 北京: 北京大出版社. 구자원 역. 2017b.『중화문명사』
　　　제2권 상. 서울: 동국대학교출판부.

趙汀陽. 2005.『天下体系: 世界制度哲学导论』南京: 江苏教育出版社. 노승현 역. 2010.
　　　『천하체계: 21세기 중국의 세계 인식』. 서울: 길.

桓寬. BC50.『鹽鐵論』. 김한규·이철호 역. 2002.『염철론』. 서울: 소명출판.

岩井茂樹. 2020.『朝貢·海禁·互市: 近世東アジアの貿易と秩序』. 名古屋大学出版会.

浜下武志. 1997.『朝貢システムと近代アジア』. 岩波書店. 서광덕·권기수 역. 2018.
　　　『조공시스템과 근대 아시아』. 소명출판.

Barfield, Thomas J. 1989. *The Perilous Frontier: Nomadic Empires and China*.
　　　Cambridge: Basil Blackwell. 윤영인 역. 2009『위태로운 변경: 기원전
　　　221년에서 기원후 1757년까지의 유목제국과 중원』. 서울: 동북아역사재단.

Bishop, Carl Whiting. 1922. "The Geographical Factor in the Development of
　　　Chinese Civilization." *Geographical Review* 12(1).

Chin, Gregory, Margaret Pearson, and Wang Yong. 2013. "Introduction: IPE
　　　with China's Characteristics." *Review of International Political Economy*
　　　20(6).

Di Cosmo, Nicola. 1994. "Ancient Inner Asian Nomads: Their Economic Basis
　　　and Its Significance in Chinese History." *Journal of Asian Studies* 53(4).

_____. 2001. *Ancient China and Its Enemies: The Rise of Nomadic Power in
　　　East Asian History*. Cambridge: Cambridge University Press. 이재정 역.
　　　2005.『오랑캐의 탄생』. 서울: 황금가지.

_____. 2009. "Han Frontiers: Toward an Integrated View." *Journal of the
　　　American Oriental Society* 129(2).

Fairbank, John King. ed., 1968. *The Chinese World Order: Traditional China's
　　　Foreign Relations*. Cambridge: Harvard University Press.

Helleiner, Eric and Hongying Wang. 2018. "Beyond the Tributary Tradition
　　　of Chinese IPE: The Indigenous Roots of Early Chinese Economic
　　　Nationalism." *Chinese Journal of International Politics* 11(4).

Hevia, James L. 2009. "Tribute, Asymmetry, and Imperial Formations:
　　　Rethinking Relations of Power in East Asia." *Journal of American-East
　　　Asian Relations* 16(1/2).

Kang, David. 2010. *East Asia before the West: Five Centuries of Trade and
　　　Tribute*. New York: Columbia University Press.

_____. 2020. "International Order in Historical East Asia: Tribute and Hierarchy

Beyond Sinocentrism and Eurocentrism." *International Organization* 74(1).

Khazanov, Anatoly M. 1984. *Nomads and the Outside World*. Cambridge: Cambridge University Press. 김호동 역. 2002. 『유목사회의 구조 역사인류학적 접근』. 지식산업사.

Khong, Yuen Foong. 2013. "The American Tributary System." *Chinese Journal of International Politics* 6(1).

Lattimore, Owen. 1938. "The Geographical Factor in Mongol History." *Geographical Journal* 91(1).

_____. 1947. "An Inner Asian Approach to the Historical Geography of China." *Geographical Journal* 110(4/6).

_____. 1951. *Inner Asian Frontiers of China*. Boston: Beacon Press.

Lorge, Peter. 2015. *The Reunification of China: Peace through War under the Song Dynasty*. Cambridge: Cambridge University Press.

Park, Saeyoung, ed.. 2017. "Special Issue: The Tributary System." *Harvard Journal of Asiatic Studies* 77(1).

Pederson, N., A. E. Hessl, N. Baatarbileg, K. J. Anchukaitis and N. Di Cosmo. 2014. "Pluvials, droughts, the Mongol Empire, and modern Mongolia." *Proceedings of the National Academy of Sciences of the United States of America* 111(12).

Perdue, Peter C. 2018. "Owen Lattimore: World Historian." Oxford Handbook Online.

Rawski, Evelyn. 1996. "Reenvisioning the Qing: The Significance of the Qing Period in Chinese History." *Journal of Asian Studies* 55(4).

Rowe, William T. 2007. "Owen Lattimore, Asia, and Comparative History." *Journal of Asian Studies* 66(3).

Selbitschka, Armin. 2015. "Early Chinese Diplomacy: "Realpolitik" versus the So-called Tributary System." *Asia Major* 28(1).

Song, Nianshen. 2012. ""Tributary" from a Multilateral and Multilayered Perspective." *Chinese Journal of International Politics* 5(2).

Tao, Jing-shen. 1988. *Two Sons of Heaven: Studies in Sung-Liao Relations*. Tucson: University of Arizona Press.

Von Glahn, Richard. 2016. *The Economic History of China from Antiquity to the Nineteenth Century*. Cambridge University Press.

Wang, Fei-Ling. 2017. *The China Order: Centralia, World Empire, and the Nature of Chinese Power*. Albany: SUNY Press.

Wang, Yong. 2016. "Offensive for Defensive: the Belt and Road Initiative and China's New Grand Strategy." *Pacific Review* 29(3).

Wang, Yuan-kang. 2011. *Harmony and War: Confucian Culture and Chinese*

Power Politics. Columbia University Press.

_____. 2013. "Explaining the Tribute System: Power, Confucianism, and War in Medieval East Asia." *Journal of East Asian Studies* 13(2).

Wills, Jr., John E. 1988. "Tribute, Defensiveness, and Dependency: Uses and Limits of Some Basic Ideas About Mid-Qing Dynasty Foreign Relations." *American Neptune* 48(4).

Womack, Brantly. 2012. "Asymmetry and China's Tributary System." *Chinese Journal of International Politics* 5(1).

Wu, Guo. 2016. "New Qing History: Dispute, Dialog, and Influence." *Chinese Historical Review* 23(1).

Yan, Xuetong, Daniel A. Bell, and Sun Zhe. translated by Edmund Ryden. 2011. *Ancient Chinese Thought, Modern Chinese Power*. Princeton: Princeton University Press.

Yang, Lien-sheng. 1968. "Historical Notes on the Chinese World Order." Fairbank, John King. ed., *The Chinese World Order: Traditional China's Foreign Relations*. Cambridge: Harvard University Press.

Yü, Ying-shih. 1967. *Trade and Expansion in Han China: A Study in the Structure of Sino-Barbarian Economic Relations*. Berkeley and Los Angeles: University of California Press.

Zhang, Feng. 2009. "Rethinking the 'Tribute System': Broadening the Conceptual Horizon of Historical East Asian Politics." *Chinese Journal of International Politics* 2(4).

Zhang, Yongjin and Barry Buzan. 2012. "The Tributary System as International Society in Theory and Practice."*Chinese Journal of International Politics* 5(1).

Zhao, Gang. 2006. "Reinventing China Imperial Qing Ideology and the Rise of Modern Chinese National Identity in the Early Twentieth Century." *Modern China* 32(1).

Zhou, Fangyin. 2011. "Equilibrium Analysis of the Tributary System." *Chinese Journal of International Politics* 4(2).

필자 소개

이왕휘 Lee, Wang Hwi

아주대학교 정치외교학과 교수
서울대학교 외교학과 졸업, 런던정경대(LSE) 국제정치학 박사

논저 "동아시아 지역 정체성의 역사적 변화와 그 국제정치적 함의", "수렴과 다양성/분기 이분법: 미중 패권 전이 논쟁에 주는 함의", "바이든 시기 중국의 다자외교 전망"

이메일 leew@ajou.ac.kr

제5장

중국 일대일로, 지경학과 지정학의 상호작용의 딜레마

Geostrategy of China's Belt and Road Initiative: Dilemma of Interaction between Geoeconomics and Geopolitics

이동률 | 동덕여자대학교 중어중국학과 교수

* 이 글은 "중국의 일대일로, 지경학과 지정학의 동학." 『세계지역논총』 39집 3호 (2021)를 수정 보완한 것이다.

중국은 일대일로라는 방식을 통해 해외 인프라 건설 투자라는 새로운 지경학 발전전략을 통해 신성장 동력을 확보하는 한편, 에너지 수송로를 다변화하고자 했다. 특히 중국은 동남아와 인도양을 통해 서진(西進)을 선택함으로써 아태지역의 기성 해양 패권국인 미국과의 지정학적 대결과 갈등을 우회하는 발전전략을 모색했다. 즉, 중국은 일대일로가 동남아와 중앙아시아 등 인접 국가들에게 실질적 혜택을 줄 수 있는 '공공재'임을 역설하면서 인접 국가들의 참여를 유도하고, 경제협력 기반을 강화하면서 점진적으로 부상의 새로운 활로를 모색코자 했다. 그런데 현실은 오히려 미국이 중국의 지경학 발전전략에 대해 본격적인 견제를 시작하면서 일대일로는 오히려 미국과의 경쟁을 지정학과 지경학 차원으로까지 확장케 하는 결과를 초래하고 있다. 그리고 중국의 해양 강국 시도는 동남아 국가들과의 오래된 남중국해 영유권 분쟁을 더 격화시키면서 주변 국가와의 갈등 전선이 확대되고 있다. 일대일로 사업 자체도 곳곳에서 예상치 못한 난관에 봉착하면서 참여 확대를 유도하는 데도 어려움에 직면하고 있다. 요컨대 이 글은 일대일로를 사례로 하여 지경학을 통한 우회 발전전략이 초래한 지정학적 딜레마, 즉 지경학과 지정학의 상호작용의 동학이 전개되고 있는 상황을 분석하고자 한다. 아울러 이를 통해 일대일로라는 지경학적 접근이 가지고 있는 한계, 그리고 새로운 변화가 야기하는 새로운 과제를 포착해보고자 한다.

This article aims to confirm how geoeconomics and geopolitics interact with each other by noting the characteristics of China's Belt and Road Initiative (BRI) pursuing a maritime power and securing energy security in a geoeconomic way. In other words, the BRI was to develop a geo-economic development strategy with the geopolitical purpose of ultimately making China a maritime power in an attempt to favor geopolitical challenges and tasks. However, This article try to confirm that the development of the BRI is recognized as an important strategic base for China's rise, raising competition with the United States and causing a geopolitical dilemma. Through this, this article intend to capture the limitations of the geoeconomic approach of the BRI and the new challenges that new changes cause.

KEYWORDS 일대일로 Belt and Road Initiative, 지경학 geoeconomics, 지정학 geopolitics, 해양강국 maritime power, 해양실크로드 Maritime Silk Road, 인도-태평양전략 Indo-Pacific Strategy

I 서론

중국은 지난 40여 년간의 개혁개방 정책을 통해 이른바 G2로 일컬어질 정도로 비약적인 발전을 이루었다. 그 비약적 발전의 이면에는 제조업 중심의 수출 주도전략이 자리하고 있다. 그리고 2014년 중국은 이른바 경제의 '새로운 정상(新常態, New Normal)'을 언급하면서 사실상 고도성장의 신화를 지속하기 어렵다는 것을 시사했다. 중국은 그 과정에서 두 가지 중요한 변화에 직면하였고 이 변화는 일대일로(一帶一路)라는 새로운 발전전략이 등장하게 되는 중요한 배경이 되었다.

우선 중국은 지난 40여 년간 개혁개방 정책을 추진하면서 제조업 중심의 수출을 통한 경제성장을 이루어내면서 세계의 공장으로까지 일컬어졌다. 그런데 기존의 수출 주도 성장전략이 국내외 환경의 변화에 따라 도전과 한계에 직면하게 되었고 중국은 새로운 발전전략의 모색이 불가피하게 되었다. 중국은 한편으로는 내수 활성화를 적극 모색하면서 다른 한편 국내 축적된 자본과 과잉 생산된 원자재를 활용하여 해외 인프라 건설 투자를 통한 발전도 시도하게 되었다. 이른바 기존의 '해외자본의 투자유치 정책(引進來)' 중심에서 '중국 자본의 해외투자정책(走出去)'으로의 전환이 적극적으로 모색되었다.

둘째, 지난 40여 년의 개혁개방 정책의 성공은 중국의 대륙 중심성이 해양으로 점진적으로 확장하는 결과를 초래했다. 지난 40년의 개혁개방 정책을 통한 성장 과정에서 해외의 국가 자산도 증가하였다. 아울러 고도성장 과정에서 에너지의 해외 의존도가 빠르게 제고되면서 에너지 수급의 안정성을 확보하는 것이 중요해졌다. 즉 해외 수입 대상과 운송로의 다양화와 안정성 확보가 중요한 정치외교적 과제로 대두되었다. 전통적으로 대륙 국가였던 중국이 해양으로의 진출 확대 수요가 증대하면서 새로운 지전략적 구상과 시도가 필요해진 것이다. 이처럼 중국의 변화된 국내외 경제환경에서 새로운 성장 동력을 모색하는 과정에서 이른바 '해양강국'론이 등장하였고 일대일로라는 지경학적 발전전략도 구체화되었다.

요컨대 이 글은 일대일로가 중국 경제의 '새로운 정상화' 시대에 새로운 성장 동력 모색과 에너지 수급의 안정성 확보를 위한 지경학적 접근전략의 일환으로 등장한 상황에 주목하여 이를 통해 지경학과 지정학이 어떻게 상호작용하고 있는지를 검토하고자 한다. 일대일로는 궁극적으로 중국의 해양강국화를 통한 중국 부상 실현이라는 지정학적 목적을 내재한 채 해외 인프라 건설 투자 중심의 지경학적 방식의 발전전략을 전개하여 지정학적 도전과 과제를 우회하고자 했다.

그런데 일대일로가 아시아 인프라 투자은행(AIIB)의 예상 밖의 흥행 성공과 맞물려 예상보다 빠르게 활성화되고 중국 부상의 중요한 전략적 모색으로 인식되면서 오히려 주변국의 경계와 미국의 견제를 촉발하였다. 중국은 남중국해에서 아세안 국가들과의 영유권 분쟁, 미국과의 해양 세력 경쟁, 그리고 코로나 팬데믹이라는 새로운 도전 등 오히려 지정학적 갈등과 딜레마가 심화되는 상황에 직면하면서 일대일로라는 지경학 발전전략은 새로운 과제에 직면하고 있다. 요컨대 이 글은 일대일로를 사례로 하여 지경학을 통한 우회 발전전략이 초래한 지정학적 딜레마, 즉 지경학과 지정학의 상호작용의 동학이 전개되고 있는 상황을 분석하고자 한다. 아울러 이를 통해 일대일로라는 지경학적 접근이 가지고 있는 한계, 그리고 새로운 변화가 야기하는 새로운 과제를 포착해보고자 한다.

II 중국 지전략(地緣戰略, Geostrategy)의 역사적 배경과 특징

중국은 다른 강대국과는 다른 독특한 지리환경으로 인해 전통적으로 지전략이 중요시 되었다. 우선 중국은 지리적으로 대륙성과 해양성을 겸비하고 있는 국가이다. 중국의 육지 국경선 길이는 22,800km이고 해안선의 길이는 18,000km에 달하며 발해, 서해, 동해, 남해와 임해 있으며 7,600개의 섬을 보유하고 있다. 그런데 이러한 지리적 특성에도 불구하고 중국이 전통적으로 대륙 국가로 인식되어 온 것은 그동안 역사적, 지정학적 이유로 대륙 중심의 국가전략을 전개해왔기 때문이다.

중국 고대사는 대륙 내에서 농업문명과 유목문명의 충돌과 융합으로 점철되어 왔으며 해양문명은 거의 존재하지 않았다(楊國楨 2009). 특히 번성기였던 명청 시대에는 400년간 해금(海禁)정책을 엄격하게 실시해 민간의 해양 진출을 통제해왔다. 명대 초기 홍무제는 중국 연해에 왜구들이 출몰하자 해금령을 선포했고 이러한 해금정책은 청대에 이르러 광동성 등 연해지역 주민을 내지로 강제 이주하는 천해령(遷海令)을 통해 더욱 강화되었다(박정현 2005,

174-176). 중국은 1949년 건국 직후에도 소련과의 동맹 체결로 해양세력으로부터의 위협을 상쇄하고자 하였다. 그러나 소련과의 관계가 동맹체결 불과 수년 만인 1956년부터 악화의 길로 들어서면서 중국은 다시 미·소 양 초강대국으로부터 육상과 해상 양방향의 안보 위협에 직면하게 되었다.

요컨대 중국은 역사적으로 북방 유목민과의 대립, 서구 제국주의의 침략으로 인한 주권과 영토의 유린, 냉전시기 안보 취약성 등으로 인해 1980년대 개혁개방 정책이 시작될 때까지 거의 대부분의 시기를 스스로 대륙국가로 한정해왔다. 따라서 중국이 해양을 발전의 공간으로 새롭게 인식하게 되었다는 것은 바로 안보 위협이 획기적으로 개선되었고, 동시에 그로 인해 발전 공간을 확대해갈 수 있는 환경이 조성되었다는 의미가 된다.

시진핑(習近平) 정부에서 본격적으로 대륙과 해양의 양면성을 지닌 지리적 강점을 정상화하여 국익을 극대화하려는 지전략을 모색하기 시작했다. 이른바 '해양강국'론의 등장이다. 그런데 해양강국론은 중국의 가파른 부상과 맞물리면서 2010년을 전후하여 남중국해와 동중국해에서의 영유권 분쟁을 촉발하는 등 해양으로의 팽창이라는 논란을 야기하고 국제사회의 우려와 경계를 자극하였다.

그리고 중국은 세계에서 가장 긴 국경선을 통해 가장 많은 수의 국가와 국경을 접하고 있다는 지리적 특성도 갖고 있다. 육지 국경에 14개 국가, 그리고 해안 국경에 6개 등 20개 국가와 접경하고 있다. 따라서 중국은 전통적으로 접경 국가를 중심으로 하는 주변 지역에 대한 지전략이 매우 중요했다. 중국의 인접지역은 안보와 경제이익이 중첩적으로 집중된 지역이다. 중국은 1949년 건국과 더불어 접경한 14개 국가 모두와 국경을 새롭게 설정해야 하는 과제를 안고 있었다. 그 과정에서 중국은 접경국가 가운데 강국이라 할 수 있는 구소련, 인도, 베트남과의 직접적인 물리적 충돌이 있었고, 한국전에 참전해 미국과의 전쟁도 경험했다.[1] 그리고 2019년 기준 중국의 5대 교역국이 미국을 제외하면 홍콩, 일본, 한국, 대만으로 모두 아시아 국가이며 5대 투자 대국 역시 홍콩, 싱가포르, 한국, 대만, 일본 순으로 전부 아시아 국가들이다.

아울러 중국은 정치 안보 차원에서도 매우 복잡한 도전과 과제들이 주변지역을 중심으로 산적해 있다. 예컨대 해양에서 필리핀, 베트남, 일본 등과 영유권 분쟁이 고조되고 있고 육지에서는 인도와의 국경분쟁, 아프간의 혼란, 한반도에서는 북핵문제, 주한미군과 사드 배치, 그리고 동남아 미얀마의 정치 불안 등 주변지역을 중심으로 다양한 도전과 불안정 요인이 펼쳐져 있다. 뿐만 아니라 대만독립, 홍콩 민주화, 신장과 시짱의 인권 문제와 분리 독립 문제 등 중국 체제와 직접 관련된 현안들까지 접경지역을 중심으로 복잡하게 얽혀 있다. 그리고 특히 이러한 지정학 차원의 거의 모든 문제에 미국이 연루되어 있어 상황에 따라서는 지역 차원을 넘어서 글로벌 쟁점이 되기도 한다. 즉 중국에게 인접지역은 경제이익이 집중된 지경학의 중심 무대인 동시에 지정학 차원의 갈등, 대립, 경쟁이 복잡하게 얽혀진 전략적 요충지이기도 하다.

---

1   중국이 개입한 국가 간 군사 분쟁(Militarized Interstate Dispute, MID)의 거의 절반이 국경 및 영토문제와 관련이 있고, 이들 영토 관련 분쟁의 41%가 정권수립 이후 10년 내에 발생했다(Johnston 1998, 24).

미국 입장에서는 이 지역이 중국이 동남아를 경유해서 남중국해로 팽창하려는 시도를 저지하는 데 있어 지경학과 지정학 차원의 중요한 전략 거점이기도 하다. 특히 미국은 해공군 등 군사력에서 중국을 여전히 압도하고 있기 때문에 군사력을 활용하여 중국을 견제할 수 있는 상대적 강점을 갖고 있다. 반면에 중국은 발전전략의 중심이고 경제이익이 집중된 이 지역에서 군사적 충돌이나 분쟁이 발생할 경우 경제협력이 어려움에 직면하게 되고 경제발전전략에도 중대한 차질을 초래하게 될 수 있다. 특히 남중국해를 경유해서 인도양으로 진출을 모색하기 위해서는 해공군력의 압도적 우위에 있는 미국과는 직접적인 충돌을 하기보다는 견제와 압박을 우회하는 것이 합리적 선택이다.

요컨대 중국은 지리적 특성으로 인해 지정학과 지경학 차원의 요소들이 상호 연계되어 영향을 주고받으며 주변지역을 중심으로 복합적으로 작동하는 현실에 직면해 있다. 중국이 인접지역에서 지전략 차원에서 직면하고 있는 과제는 결국 세 가지로 집약된다. 첫째, 중국이 '내부' 문제로 주장하고 있지만 '외부'와 연루된 경제, 정치, 군사 문제, 예컨대 홍콩, 신장, 티베트, 그리고 대만 문제가 중국 부상의 걸림돌이 되지 않도록 관리해야 한다. 둘째, 중국의 인접지역 국가들과의 안정적인 정치 외교관계를 유지하여 경제협력이 순조롭게 이루어지도록 해야 한다. 셋째, 미국이 이 지역에서의 영향력 확대를 견제해야 한다. 요컨대 중국이 역내에서 지경학적 차원의 협력을 견지하며 경제발전을 지속하기 위해서는 지정학 차원의 복잡한 문제를 해결하거나 안정적으로 관리해야 하는 과제에 직면해 있다. 중국은 지전략 차원에서 지경학이 중점(重點)

이고 지정학은 근본(根本)이라고 인식하고 있다(宋国栋 2006, 1-4). 즉 지경학 차원의 발전을 추구하기 위해서는 지정학 차원의 도전과 딜레마를 관리하는 것이 전제되어야 한다는 것을 의미한다.

결국 경제발전과 안보는 흡사 동전의 양면처럼 긴밀하게 연동되어 작동하고 있음을 상정하고 있다. 중국은 이러한 과제를 해결하는 하나의 대안으로 일대일로라는 지경학전략을 구상하고 전개하고 있지만 여전히 지경학과 지정학의 상호작용의 딜레마를 해소하지는 못하고 있다. 즉 중국은 일대일로라는 방식을 통해 인접 지역 국가들과의 경제협력을 강화하고, 해양진출을 모색하여 상대적으로 미국과의 지정학 차원의 갈등을 우회하고 미국의 역내 영향력 확대의 명분을 제공하지 않기를 기대하고 있다. 중국에게 일대일로는 안보적 도전과 딜레마를 우회하는 새로운 발전전략으로서 가치가 부각되면서 등장했다.

그런데 일대일로가 비록 지경학적 접근이라고 할지라도 안정적인 성취를 담보하기 위해서는 점차 일정한 해양력을 확보하는 것이 불가피하다는 현실에 직면할 수밖에 없게 되었고 실제 해외의 해군기지 건설 등이 일부 추진되었다. 아울러 일대일로는 지경학적 우회발전전략임을 강조한다고 할지라도 중국의 가파른 부상과 병행하여 진행되면서 미국의 견제와 압박을 우회하기는 현실적으로 오히려 더 어려워지고 있다. 실제로 코로나 팬데믹 책임론을 둘러싼 미국과 중국의 갈등이 예상보다는 빠르게 전략 경쟁의 국면으로 확장되고 있다. 그에 따라 일대일로는 결국 미국과 일본이 주도하는 인도-태평양전략(Free and Open Indo-Pacific, FOIP)과의 경쟁구도가 형성되면서 새로운 지정학의 귀환을 자극하고 있다.

III 지경학전략으로서의 일대일로의 등장과 진화

1. 3차 대외개방전략으로서의 일대일로

2013년 시진핑 주석이 직접 일대일로를 처음 제기했을 때 높은 주목을 받은 것에 비하면 실제 그 내용과 목적은 모호했다. 일대일로 건설의 동기와 목적에 대한 논란은 8년이 지난 지금도 완전히 해소되지 않고 있다. 그럼에도 일대일로는 출범 당시의 상황을 고려할 때 중국이 새로운 경제성장 동력을 모색하는 과정에서 다양한 가능성과 아이디어를 동반하면서 시작된 것으로 보는 것이 보편적인 해석이다. 일대일로는 출발 당시 모호성에도 불구하고 자금원으로 기대를 모았던 아시아인프라투자은행(AIIB) 설립이 예상외로 흥행에 성공하면서 본격적으로 주목을 받으며 활성화되었다.

　일대일로의 모호성은 일대일로에 부가될 명칭에 대한 초기의 논란에서도 발견된다. 중국에서도 일대일로를 계획(計劃), 구상(構想), 창의(倡義), 전략(戰略)이라고 부르고, 국제사회에서는 프로젝트, 프로그램, 어젠다(agenda), 이니셔티브(initiative), 아이디어에 이르기까지 다양하게 불리면서 그 자체가 중요한 쟁점이 되었다(이동률 2016, 11-15). 그런데 일대일로의 등장 배경, 과정과 내용을 들여다보면 새로운 획기적 기획이라기보다는 개혁개방 이후 진행된 중국 지역발전전략과 대외개방전략의 변용과 진화의 연장선상에 있음을 발견하게 된다.

　일대일로는 소위 '뉴노멀'로 대변되는 고도 성장 신화의 종언이라는 새로운 도전에 직면하여 개혁개방 과정에 초래된 지역격차

문제를 완화하고, 금융, 건설 분야를 중심으로 해외 투자를 통해 신성장 동력을 확보하는 한편, 에너지 공급선을 다변화하려는 다목적 발전전략 차원에서 제기된 것이다. 일대일로가 초기에 국내 발전전략의 일환으로 이해되고 있었다는 것은 일대일로 관련 초기의 연구 동향에서도 확인된다. 중국 학술 데이터베이스인 중국지망(中國知網 CNKI)에서 검색한 결과 2014년 CNKI에 일대일로를 제목으로 한 연구논문이 총 54편 발표되었는데 그중에 연선국가들과의 협력을 분석한 논문은 17%인 반면에 오히려 중국 국내 성(省), 시(市)들이 경쟁적으로 일대일로에서의 자신들의 가치를 부각시키려는 논문이 22%를 차지한 것으로 나타났다(冯维江 2014, 77).

이른바 '제3차 대외개방전략론'이다. 경제특구로 시작된 1979년의 1차 대외개방과 2001년 WTO 가입 이후의 2차 대외개방의 연장선상에서 일대일로가 등장했고 추진되었다는 논의이다(唐朱昌 2015). 일대일로를 통한 대외개방은 협력의 대상과 방식이 기존의 대외개방과 다르다. 우선 일대일로는 대내와 대외를 포괄하는 쌍방향 개방전략이라는 특징이 있다. 대내 개방의 중심이 동부 연해 지역에서 서부와 남부의 내륙 국경지역으로 옮겨졌다. 그리고 협력의 방식도 제조업 수출이 아닌 인프라 투자 진출과 협력이 중심이고 따라서 주요 협력 대상도 제조품 수출시장인 미국, 일본 등 선진국이 아닌 인프라 건설 수요가 있는 주변 신흥국과 개도국이다.

그리고 특히 일대일로는 중국이 새로운 성장 동력을 확보하기 위해 국제사회에 주도적으로 새로운 협력 방식을 제안했다는 측면에서 기존 국제경제질서와 체제 내에서 수출 주도 성장을 모색했던 방식과는 다를 수 있음을 시사하고 있다. 따라서 일대일로는 우선 그 성격상 중국이 새로운 국제경제질서를 모색하려는 시도의 일환일 수 있다는 논란을 초래할 수 있다. 그리고 국내 경제발전을 위한 대외개방전략으로 출발했지만 협력대상의 지지와 참여를 견인해야 하기 때문에 대외전략으로 확장될 개연성을 내포하고 있다. 요컨대 새로운 대외개방전략으로의 일대일로는 태생적으로 경제, 외교, 안보 문제가 연계되는 복합전략으로 발전될 가능성을 내재하고 있었다.

중국 정부가 2015년 3월 구체화한 일대일로 추진 조직의 면모 역시 일대일로가 통합적 특성을 지니고 있음을 시사해주고 있다. 국가발전개혁위, 외교부, 상무부가 공동으로 '실크로드 경제지대와 21세기 해상실크로드 공동건설 추진을 위한 비전과 행동'을 발표하고, '일대일로 건설공작영도소조(一帶一路建設工作領导小组)'를 새롭게 설립했다. 그리고 당서열 7위인 장가오리(张高丽) 부총리 겸 당정치국 상무위원이 조장을, 당중앙 정책연구실 왕후닝(王沪宁) 주임, 왕양(汪洋) 부총리, 양징(杨晶) 국무위원, 양제츠 외교담당 국무위원을 부조장으로 배치했다. 이러한 조치는 일대일로 구상의 통합적 특징을 설명해주고 있다(『新华网』2015. 2. 2.).[2]

---

2   현재는 조장 한정(韩正) 부총리 겸 정치국 상무위원, 부조장에 양제츠(杨洁篪) 중앙외사공작영도소조 비서장, 후춘화(胡春华)부총리, 샤오제(肖捷)국무원 비서장, 허리펑(何立峰)국가발전개혁위 주임으로 구성되어 있다.

2. 해양 진출 전략으로서의 일대일로

중국에서 해양이 국가 발전을 위한 기회의 공간으로 인식된 것은 그 역사가 길지 않다. 중국은 안보위협이 완화되면서 해양 진출의 환경은 조성되었지만 그럼에도 해양으로 진출해야 하는 동기와 기본적인 해양력(海權, sea power)을 확보하기까지는 적지 않은 시간이 필요했다.[3] 중국은 1980년대 개혁개방정책을 통한 경제발전을 국정의 최우선순위에 두면서 해양은 단순 방어의 공간에서 진출과 발전의 통로로 변화되어 갔다. 개혁개방정책이 중국이 대륙국가에서 대륙 해양 복합형 국가로의 정체성 회복의 문을 연 셈이다.

그럼에도 국가 차원에서 실제 해양을 발전의 공간으로 인식하고 공식적으로 정책적 관심을 표출한 것은 1990년대부터이다. 1991년에 '90년대 중국해양정책과업무요강(九十年代中國海洋政策和工作綱要)'이 발표되었고, 1995년에는 국무원 비준 하에 국가계획위원회와 국가과학기술위원회, 국가해양국이 '전국해양개발규획(全國海洋開發規劃)'을 제시하였다. 중국이 1996년 유엔해양법조약에 서명한 것 역시 이러한 해양에 대한 인식 변화의 연장선상에서 이루어진 것이다. 그리고 이어진 2002년 16차 전국대표대회 보고에서 장쩌민(江澤民) 총서기가 경제대국 발전전략과 해양개발을 추진해야 한다고 역설한 것은 본격적인 해양 진출 의지를 피력한 서막이라 할 수 있다(中國共産黨新聞 2002. 11. 8.). 이후 2003년에는

---

3   중국에서는 해양력(sea power)을 해권(海權)이라고 표현하고 있다. 중국에서 해권은 일국의 해양권리(sea right)와 이익(sea interest)을 지켜내는 힘의 기반이라고 정의하고 있다.

중국 국무원에서 '전국해양경제발전계획강요(全國海洋經濟發展計劃綱要)'를 발표하여 사실상 해양강국 건설 의지를 구체화하였다.[4]

그리고 시진핑 정부가 출범한 2012년 18차 당대회 보고에서 "해양자원개발능력을 제고하고, 해양경제를 발전시키고, 해양생태환경을 보호하고, 국가해양 권익을 확고히 수호하여 해양강국을 건설하자"고 하여 '해양강국건설'에 대한 의지를 분명히 하였다 (『新华网』2012. 11. 17.). 사실상 '해양강국건설'을 처음으로 국가발전전략 목표로 공식화한 것이라 하겠다. 시진핑 주석은 2013년 6월 오바마 대통령과의 정상회담에서 '핵심이익' 문제를 포함시킨 '신형대국관계'를 제시하여 태평양 양안 두 강대국의 윈-윈(win-win)을 제의한 데 이어서 일대일로 구상 발표(9월), 동중국해 방공식별구역 선포(11월), 남중국해에 인공 섬 매립 개시(12월) 등 해양진출 확대를 겨냥한 일련의 구체적인 조치들을 이어갔다.

중국이 세계의 공장에서 세계의 시장, 그리고 세계의 투자국으로 빠르게 면모하면서 중국의 국익 또한 급속히 해외로 확장해 갔다. 예컨대 2002년 27억 달러에 불과하던 중국의 해외직접투자는 2005년 122억 달러를 초과했고, 2010년에는 688억 달러를 기록하여 세계 5위 투자대국이 되었다. 2014년에는 2660억 달러(홍콩 포함)를 기록하여 세계 2위 투자대국이 되었다. 중국 지도부는 해양진출을 추진하기 위해서는 기성 해양패권국인 미국과의 갈등과 견제를 우회하면서 동시에 아세안 국가들을 비롯한 주변 국가들의 협력을 견인하는 두 마리의 토끼를 동시에 잡아야 한다는 현

---

4   강요(綱要)의 원문은 중국 국무원 홈페이지 참조. http://www.gov.cn/gongbao
      /content/2003/content_62156.htm (검색일: 2016. 4. 15.)

실 인식을 가지고 있다. 시진핑 주석이 제의한 이른바 '일대일로'
는 바로 이러한 일석이조의 효과에 대한 기대를 담고 제시된 것이
다(이동률 2016, 18-23).

중국은 여전히 물류의 상대 부분을 해양에 의존하고 있어 인
도양 진출 통로인 동남아지역에서 항구 건설 등 인프라 사업이 중
요하다. 실제로 중국은 일대일로는 전 세계를 대상으로 상정하
고 있기는 하지만 아세안에 대한 인프라 건설 투자에 집중되는 양
상이다. 투자 지역은 64개 연선국가를 중심으로 전 세계 6개 대
륙이 모두 포함되어 있으나, 실제 투자 금액은 동남아시아(55%)
가 절반을 웃돌고, 중앙아시아(34%)·아프리카(11%) 순이다(이치
훈 2020). 동남아지역은 정세도 안정적이고 인프라 기반도 앞서 있
으며 결정적으로 인도네시아, 말레이시아, 미얀마 등 중국과의 협
력 필요성과 동기가 강한 국가들이 있다. 중국은 이미 1990년대부
터 아세안 국가들과 해상실크로드의 사전 작업이라 할 수 있는 다
양한 유형의 소지역 경제협력과 경제회랑 건설을 추진해온 경험과
노하우가 축적되어 있다.

'남신주랑(南新走廊)' 또는 '일축양익(一軸兩翼)' 전략이라는 이
름하에 난닝–싱가포르 경제회랑 건설을 추진해 왔다. 중국 난닝(南
寧)에서 말레이반도 끝에 위치한 싱가포르를 축(일축, 一軸)으로 범
북부만 경제권과 메콩강유역 개발사업(GMS)을 양 날개(양익, 兩翼)
로 연결하는 대형 프로젝트이다. 실제로 동남아 지역을 중심으로
전개되고 있는 일대일로 사업의 주 내용이 중국의 해양 출구와 교
통로 확보에 집중하고 있다. 예컨대 스리랑카 함반토타 항구는 경
제적 수익을 고려한 투자라기보다는 인도와의 경쟁을 의식한 전략

적 투자의 성격을 지니고 있다. 즉 파키스탄 과다르항-함반토타항-지부티항 연결선은 중국에게 태평양과 인도양을 연결시키는 전략적 거점을 확보하는 중요한 의미가 있다.

중국이 아세안 국가들을 경유하여 해양으로의 진출 통로를 확보하기 위해서는 아세안 국가들이 전통적으로 지니고 있는 중국 위협인식을 약화시키면서 협력의 동기를 제공하는 것이 중요하다. 중국은 해양강국의 꿈을 실현하는 것이 주변 국가들에게 위협과 불안이 아님을 역설하기 위해 '이익공동체', '운명공동체'론을 제기하기도 했다. 해상 실크로드 구상은 바로 아세안 국가들에게 중국 부상의 낙수효과에 대한 기대를 구체화시키는 효과가 있는 프로젝트인 것이다.

시진핑 주석이 인도네시아에서 해상 실크로드 구상을 제의한 전략적 고려가 있었다. 인도네시아는 세계 4대 인구 대국이면서 G20 회원국으로서 아세안 발전의 견인차 역할을 하고 있을 뿐만 아니라 특히 중국 입장에서는 남중국해 분쟁에서의 중재 역할에 대한 기대가 있었다. 실제로 2011년 아세안 정상회담 의장국 성명 채택 시에 의장국인 인도네시아는 필리핀과 베트남이 요구한 남중국해행동강령(COC) 제정을 위한 협상안도 포함시켰지만 동시에 중국이 요청한 양자 간 협상안도 포함시켰다. 이에 대해 중국은 인도네시아가 의장국으로서 신중하고 균형된 중재자의 역할을 수행한 것으로 평가한 바 있다.

요컨대 중국은 남중국해에 대한 기존의 주권 의지를 유지하면서도 분쟁 당사국인 아세안 국가들과의 갈등을 최소화하기 방안으로 해상실크로드 건설이라는 경제적 수단과 방식을 동원하고자 하는 것이다. 그리고 나아가 중국은 아세안 국가들과의 경제적 네트워크 구축을 통해 결국 미국의 역내 개입 명분을 약화시킬 수 있다는 기대도 갖고 있다.

전통적으로 중국에 우호적인 캄보디아, 라오스는 물론이고 태국, 인도네시아 등 중립 성향의 국가들도 중국의 해상 실크로드 구상에 대한 기대가 적지 않다. 미얀마, 베트남, 필리핀 역시 정부가 교체되면서 이전 정부와 달리 중국과의 관계 개선 의사를 표명하고 있어 중국의 입장에서는 대아세안 외교환경이 나쁘지 않다는 판단을 하고 있다. 중국은 이미 2016년 아세안지역안보포럼(ARF) 외교장관회의에서 태국, 싱가포르 등 다른 아세안 국가들과도 활발히 접촉하며 일대일로 등 경제협력을 매개로 우군 확보에 총력을 기울였다. 예컨대 가오후청(高虎城) 중국 상무부장은 2016년 8월 라오스 비엔티안에서 열린 아세안 관련 4대 경제장관 회의에 참석해 아세안 측에 '역내 포괄적 경제동반자협정(RCEP)' 협상을 주도해줄 것을 요청했다. 그리고 라몬 로페즈 필리핀 무역공업부 장관과 양자회담을 갖고 남중국해 문제는 양국 간에 항상 존재했던 문제이므로 경제무역 투자 협력에 영향을 끼치지 않을 것이라며 양국의 경제무역 관계를 조기에 정상 궤도로 되돌리기로 합의했다고 발표했다(『新华网』 2016. 8. 6.).

그리고 중국-아세안(ASEAN) 자유무역구 건립 이래, 양측의 경제 상호 보완성은 날로 강화되고 있다. 특히 코로나19 사태가 발생한 이후 양자 간의 경제협력도 날로 깊어지고 있다. 중국은 지난 10년간 아세안의 최대 무역상대국이었고 2019년에는 아세안이 EU를 넘어서 최대 교역 상대가 되었다(표 참조). 아세안은 코로나19 이후에도 계속해서 중국 기업의 투자 인기 지역이 될 전망이다. 2019년 11월 열린 '중국-아세안(10+1) 정상회의'에서는 중국과 아세안이 함께 '일대일로'와 '아세안 인터넷 상호소통 총계획 2025(东盟互联互通总体规划2025)'을 연계하고, 스마트 도시협력을 추진하는 관련 성명을 발표하는 등 일대일로 추진에 상호 협력할 뜻이 있음을 밝혔다(郑青亭 2020). 이처럼 중국은 해상실크로드 구상을 통해 아세안 국가들과의 경제협력 관계를 강화하여 발전을 모색하는 한편, 미국의 역내 영향력 확대를 저지하고자 하는 것이다.

표 아세안 및 한중일의 주요 무역파트너와 무역 비중(2019)

무역대상국		세계	아세안	한국	중국	일본	미국	EU-27	기타
지역/국가	아세안	100%	22.6%	5.7%	17.4%	8.2%	10.2%	8.7%	27.5%
	한국	100%	15.6%	-	24.8%	7.8%	13.7%	10.1%	28.0%
	중국	100%	16.5%	7.3%	-	8.1%	13.9%	15.8%	38.4%
	일본	100%	15.4%	5.5%	21.8%	-	15.9%	10.7%	30.7%

출처: IMF 『무역통계연감』.

3. 에너지 안보전략으로서의 일대일로

중국의 일대일로의 출범 배경에는 에너지 공급의 불안정과 취약성에 대한 위기 인식이 중요하게 작용했다. 중국은 에너지의 해외 의존도가 높아지면서 에너지의 생산, 운송, 소비의 모든 단계에서 취약성과 불안정성을 내재하게 되었다. 우선 국내에서 2007년 이후 석유 생산은 정체 상태인 반면 고도성장으로 수요가 급증하여 석유와 가스의 해외 의존도가 높아졌다. 그리고 2011년 이후 리비아 전쟁 등 중동 정세의 동요, 우크라이나 위기, 미국 에너지 혁명 등 외부 요인으로 국제 에너지 가격이 폭등과 폭락이 이어지는 불안정을 경험하게 되었다. 중국은 석유의 50%를 미국이 주도권을 장악하고 있는 중동지역에 의존하고 있고, 90%가 외국 국적의 석유 수송선을 빌려 해상운송을 통해 수입하고 있다. 그리고 특히 석유와 천연가스의 해상 운송 과정에서 미국의 영향력 하에 있는 다수의 해상 통로, 즉 수에즈운하, 바브엘만데부해협, 호르무즈해협, 말라카해협을 통과해야 했다.

요컨대 중국은 에너지 생산, 운송 등 수급의 전 과정에 걸쳐 지정학적 딜레마에 직면해 있었다. 첫째, 중동지역은 중국의 최대 석유 수입 의존 지역이지만 미국이 주도권을 장악하고 있다. 둘째, 에너지의 주요한 해상운송로인 인도양과 동남아 지역 역시 미 해군의 영향력 하에 있다. 셋째, 잠재적 석유와 가스 매장 지역인 중국의 동해와 남해 지역은 아세안, 일본 등과의 영유권 분쟁이 격화되고 있으며 미국의 개입도 확대되고 있다.

중국은 2010년 이후 미국과의 갈등과 경쟁이 고조되면서 중국이 취약한 에너지 수급에 영향을 미칠 것에 대해 우려하고 경계하게 되었다. 에너지 확보를 위한 해외진출이 '중국 에너지 위협론', '신식민주의' 등으로 공격을 받으면서 국가 이미지에도 부정적 영향을 미치고 있었다. 중국은 이 역시 미국이 의도적으로 중국의 에너지 수급을 저지하려는 시도의 일환으로 인식하게 되었다.

중국은 에너지 안보의 취약성을 극복하기 위한 에너지 외교의 중요성을 각성하게 되었다. 에너지 외교의 초점은 일차적으로 미국의 견제에 대비하기 위해 미국 통제 밖으로 에너지 공급처와 수송로를 다변화하는 것이었다. 아울러 중국은 기존의 에너지 소비국으로서의 제한적 위상과 열세를 벗어나서 에너지 수급의 안정성을 확보하는 한편 에너지 안보 체제에서의 영향력을 강화해가는 장기적이고 종합적인 해결 방안을 모색하게 되었다. 2014년 6월 시진핑 주석이 주최한 중앙재경영도소조 6차 회의에서 "중국은 세계 최대의 에너지 생산국이고 소비국이다. 국가 에너지 안보를 보장하기 위해서는 에너지 생산과 소비혁명을 추진해야 한다"고 주장하면서 중국은 에너지 문제에서 단순 소비국의 위상에서의 변화를 모색하려는 의지를 내보였다(周锐 2014). 중국은 에너지 안보와 관련 개발, 생산, 운송, 소비 등 전 과정을 통합적으로 관리하는 체계를 수립하기 위해 일대일로 구상을 적극 활용하고자 한 것이다.

중국은 일대일로 구상을 제시하고 에너지 안보를 새로운 차원에서 접근하고자 하였다. 해상 실크로드 연선에는 세계 최대의 석유와 가스의 생산국, 수송로, 소비국이 모두 포함되어 있으므로 중국은 단지 소비국의 입장에서 탈피하여 에너지 수급의 전 과정을 연계하는 협력 체제를 창출하여 에너지 안보 영역에서의 영향력과 발언권을 강화하고자 하였다. 중국은 해상 실크로드 사업을 통해 에너지 변혁의 시기에 에너지 협력을 무역 중심에서 투자 중심으로 전환을 시도했다.

특히 중국은 인도양을 '석유항로'와 '무역통로'로 일컬으며 전략적 생명선으로 간주하고 있다(车辚 2010, 79-82). 중국은 인도양으로의 '해양출구(出海口)'를 구축하는 데 집중하고 있다(李靖宇·詹龙·许浩 等 2012, 29-39). 중국은 일대일로 추진과 인도양 진출의 중요한 전략거점 국가로 파키스탄, 스리랑카, 말레이시아, 인도네시아, 캄보디아, 미얀마를 상정하고 있다. 이들 국가들은 중국과 접경하고 있으면서 인도양 진출의 중요한 전략적 교두보로서의 지전략적 가치를 지니고 있다(笃刚·치建忠·周桥 等 2018, 14-23). 특히 이들 국가는 아세안 국가 가운데 중국과 남중국해에서의 영유권 분쟁을 하고 있지 않으며, 상대적으로 미국의 영향력이 강하지 않다는 특징을 갖고 있어 중국의 전략 거점으로서의 가치가 부각되고 있다.

실제로 일대일로 전략으로 추진 중인 아세안에 대한 중국의 정책은 에너지와 교통 관련 인프라 구축 사업에 중점을 두고 있다. 중국이 해상 실크로드 건설의 주요 사업들은 사실상 동남아와 인도양의 주요 항구를 개발하고 운영권을 확보하는 이른바 차도출해(借道出海)와 차항출해(借港出海)에 집중되고 있다. 중국 석유의 80%, 천연가스의 50%, 수출입 상품의 42.6%가 동남아, 남태평양 홍해, 지중해, 대서양 해상 통로를 이용하고 있다. 따라서 해상 실크로드 연선에 있는 항구 건설을 통해 에너지 수송로의 다변화를 모색하는 것이 사업의 주요 내용이 되었다. 중국은 기초설비 건설이 해상 실크로드 사업의 혈맥이라고 한다면 항구 건설은 새로운 혈액을 공급하는 혈관이라고 인식했다(管清友 2015).

시진핑 주석이 2014년 9월 중국 최고지도자로는 각각 42년, 28년 만에 처음으로 인도양의 몰디브와 스리랑카를 방문한 것도 이 지역을 통한 에너지 해상 수송로의 다변화를 모색하려는 시도의 일환이었다. 중국은 2014년 11월에 파키스탄 과디르(Gwadar)항의 43년 장기 운영권을 확보했고, 2016년에는 스리랑카 콜롬보항 개발 사업을 재개한 데 이어서 2017년 1월에는 스리랑카 함반토타(Hambantota)항 99년 운영권도 획득하였다. 그리고 방글라데시 치타공(Chittagong)항, 그리고 미얀마 시트웨(Sittwe)항에 대한 건설개발 혹은 운영권을 확보해갔다.

특히 2013년 정상 가동된 중국-미얀마 송유관과 가스관(1100 km)은 인도양에 속하는 미얀마 서쪽 항구 차우크퓨(Kyaukpyu)-만달레이(Mandalay)를 거쳐 중국 윈난(雲南)성 루이리(瑞麗) 현까지 이어진다. 중국 국경 내에 들어온 파이프라인은 쿤밍(昆明)시를 거쳐 중국 내륙 각 지역으로 연결되는 구조로 되어 있다. 2017년 중국은 미얀마 측에 송유관 및 가스관이 지나는 길을 따라, 고속도로(90억 달러 추산)와 431km의 무세(Muse)-만달레이(Mandalay) 고속철도를 건설하는 양국 경제회랑(China Myanmar Economic Corridor, CMEC) 구축을 제의했다. 이 사업은 중국의 인도양 출로 확보와 함께 중동, 아프리카와의 해상 물류와도 연계되는 일대일로의 대표적 프로젝트이다(정혜영 2021). 시진핑 중국 국가주석은 2020년 1월, 코로나19 확산 사태에도 불구하고, 양국 수교 70주년 기념 명분으로 미얀마를 방문해 수치 정부와 CMEC 프로젝트와 관련된 33개 계약을 체결했다.

중국은 에너지 안보를 수급 문제에 국한해서 보지 않고 지구적 에너지 체계 수립 차원에서 접근하고 있기도 하다. 중국은 일대일로 구상을 통해 다자 간 에너지 협력 체계를 조성하려는 의지를 시사하고 있다(国家发展和改革委员会·国家能源局 2017). 중국은 양자 간 에너지 협력에서 시작해서 점차 국제 에너지 시장의 발언권과 영향력을 제고하여 국가 간, 지역 간 그리고 지구적 차원의 협력 체계를 수립하려는 의도를 가지고 있으며 이를 위해서 일대일로를 적극 활용하고자 하는 것이다.

IV 일대일로 진화의 지정학적 도전과 딜레마

1. 일대일로의 발전과 해양력 강화의 지정학적 딜레마

일대일로는 비록 경제발전전략으로 출발했지만 향후에는 점차 중국의 안보전략과 정책으로 변화할 것이라는 우려가 제기되고 있다. 중국은 향후 일대일로를 추진하는 과정에서 해외로 확장되는 중국의 경제이익을 지키고 일대일로에 참여하는 지역 국가들의 안전을 보호하는 등 새로운 안보 수요에 대응할 수 있는 해군 등 군사력 증강과 군사전략의 발전이 동반될 것으로 예상한다(Li 2020).

중국이 2012년 18차 당대회에서 '해양강국'을 공식화하기까지 중국 내에서는 1990년대 이후 지속적이고 일관된 준비 작업이 진행되어 왔다. 그리고 이러한 준비 과정은 중국의 부상 흐름과 일정한 궤를 같이하며 전개되어 왔다. 즉 1990년대 초반 개발과 발전의 공간으로서의 해양을 인식하기 시작한 데 이어서 2000년대 중국의 부상이 빠르게 진행되면서 전략적 공간으로서의 해양의 중요성이 강조되고 해양에서의 '핵심이익' 수호 의지를 표출하기 시작하였다(이동률 2017, 337-338). 이는 결국 해양권익 수호를 위한 해양력 강화 필요성에 대한 논의로 발전하는 결과를 가져왔다.

특히 2001년 남중국해에서 발생한 미군 정찰기와 중국 전투기의 충돌 사건은 중국이 내부적으로 해양의 전략적 가치를 재인식하고 있을 뿐만 아니라 이를 감당할 수 있는 일정한 해양력도 확보되었음을 시사해주는 사건이었다. 이 충돌 사건을 계기로 중국은 미국의 중국 근해 정찰 활동에 대해 공식적으로 문제제기를 하기 시작했다. 중국이 2013년에 설정한 동해방공식별구역에 대한 논의도 사실 이미 이 무렵부터 제기되면서 그 가능성을 타진하고 있었다(양희철 2015, 163).

중국 낭과 성부를 중심으로 '핵심이익' 논의가 본격화되고 이와 연동하여 '해양이익'이라는 용어의 사용 빈도도 증가했다.[5] '인민일보(人民日報)'를 분석한 연구결과에 의하면 핵심이익이 2008년에 95회 등장한 이래 2009년에는 260회로 크게 늘어났다. 그리고 2010년부터는 해양이익이라는 단어가 등장하여 30건에서 2011년에는 58건, 그리고 2012년에는 100건으로 늘어나는 추이를 보이고 있다(Lam 2010). 중국은 이 과정에서 1990년대 이후 내부적으로 '해군의 현대화'를 기치로 사실상 점진적인 해양력 증강을 준비해왔다.[6]

중국이 경제성장과 해군력 증강에 따라 이제는 근해 해군에서 탈피하여 '대양 해군'으로 변모할 것이라는 예상과 주장도 제기되었다(Cole 2001, 163-170; Wong 2010). 2011년 3월 중국 국방부가 발간한 '2010년 중국 국방백서(國防白書)'에서는 공식적으로는 여전히 '근해 적극방어'를 표방하고 있다. 그러면서 동시에 해양주권, 해양권익, 에너지 자원 확보 등이 주요한 안보 의제로 강조되고 있다(國務院新聞辦公室 2010, 11-13). 대양 해군으로의 전환에 대한 논란은 중국 내에서조차 끊이지 않고 있다. 중국인민해방군 기관지인 『해방군보(解放軍報)』는 '중국해군은 원양(遠海)방위를 향해

---

5   중국의 핵심이익 논의에 대한 자세한 내용은 Swaine(2011).
6   중국의 해공군력 증강에 대해서는 呂亭(2008); U.S. Department of Defense (2011).

나아갈 것'이란 제목의 사설을 실으면서 대양 해군으로의 전환을 주장한바 있다(『解放軍報』 2009. 4. 26.).

중국이 2010년 이후 해양 영유권 분쟁에서 이전과 달리 강경한 태도를 견지하는 배경도 해양력 증강과 무관치 않다. 해양 영유권에 대한 중국의 정책은 주권과 영토 보전이라는 고전적 목적 외에 해양으로의 진출을 통한 중국의 부상 실현이라는 국가 목표와도 직접 관련되어 있다. 진정한 세계적 강국이 되기 위해서는 해양으로의 진출이 필수적이라는 주장도 제기되고 있다(刘中民 2008). 즉 중국이 초강대국으로 부상하기 위해서는 해양으로의 진출은 불가피하고, 해양으로 진출하기 위해서는 영유권 분쟁이 빈발하고 이에 대응하기 위해서는 지금과는 다른 해공군력과 정책이 필요하다는 인식을 하고 있다.

실제로 중국은 일대일로 전개와 함께 해외 군사기지를 건설하고 있다. 현재 지부티 해군기지가 있고 파키스탄의 지와니항이 두 번째 해군기지가 될 가능성이 제기되고 있다(Chan 2018). 중국은 18차 당대회에서 중국군 건설의 총체적 전략목표를 제시한 바 있다. 즉 중국의 국제지위에 부합하고 국가안보와 발전이익을 수호할 수 있는 견고한 국방과 강대한 군대를 건설한다는 것이다(王冠中 2012). 중국은 지정학적, 지경학적 리스크에 대응하기 위해 인도양 연안의 해상종합보급기지 건설의 필요성을 역설하고 있다. 지부티 기지만으로는 부족하므로 인도양 연안에 종합 항운보급체계 수립 필요성을 주장하고 있다. 중국과의 관계, 위치, 자연조건, 기초설비 등을 종합적으로 검토한 결과 파키스탄, 스리랑카, 케냐가 인도양 지역의 해상종합보급기지의 후보로 거론되고 있다(鄒笃

剛·刘建忠·周桥·韩志军 2018, 21).

그런데 비록 중국은 일대일로의 안정적 추진을 담보하기 위한 종합기지의 건설임을 주장하고 있지만 국제사회는 경계와 우려의 시각을 표출하고 있다. 결국 일대일로의 진화가 인도-태평양 지역의 주요 국가들 특히 미국과의 안보 경쟁을 초래하여 지경학적 우회전략은 딜레마에 직면하게 될 수 있다. 요컨대 중국의 부상 일정을 실현하기 위해서는 새로운 발전전략인 일대일로가 성과를 얻어야 하고 그러기 위해서는 해양 진출을 확대해가야 한다. 해양진출 확대는 상대적으로 취약했던 중국의 해공군력 등 원거리 작전능력을 확대해야 하고 결과적으로 미국과의 원치 않는 지정학 경쟁을 촉발하게 되는 딜레마를 초래할 수 있다.

해양력 증강이 야기할 수 있는 딜레마가 있기 때문에 중국 내에서도 해양력 증강의 방향과 목표를 어떻게 전략적으로 설정할 것인지에 대한 고민은 진행 중에 있다. 예컨대 우선 중국이 직면한 현실적 과제, 특히 대만의 독립시도를 억지하기 위해 해양력 발전이 필요하다는 의견이 있다. 둘째, 중국 글로벌 경제협력발전의 결과 증대된 해외이익과 안정적인 에너지 수급 확보를 위한 차원에서 해양력 증대가 모색되어야 한다는 주장이 있다. 셋째, 해양력은 역사적으로 대국의 흥망성쇠를 결정하는 중요한 요소라고 보는 견해가 있다. 결국 미국과 해양이익을 둘러싼 미래 경쟁에 대비하기 위해서 해양력 발전은 필요하다는 세력경쟁적 시각도 제기되고 있다(刘中民 2009, 82-83).

그런데 중국은 지정학의 제약, 종합국력의 한계 등으로 인해 패권국가와의 직접적인 경쟁과 그로 인한 충돌은 아직 시기상조라는 견해가 강하다. 중국은 현재 부상하고 있는 대국으로서 해양전략은 여전히 국가전략의 하위에 있으며, 아직은 안보 딜레마와 기성 패권국과의 충돌은 회피해야 한다는 것이다. 중국은 아직 '해양권력'을 추구할 단계에 있지 않으며 '해양권리'를 지키는 수준, 즉 주권 수호의 범위에 한정하여 해양력을 발휘해야 한다는 것이다.

그리고 중국은 일대일로의 안보전략으로의 발전 논란에 대해 적극적으로 방어 논리를 펴고 있다. 우선 지부티 기지의 경우는 해적 단속, 평화유지활동(pko), 인도적 지원, 재외국민보호, 해상보급로 안전 유지 등 비군사적 영역에 국한해서 사용하고 있음을 주장하고 있다. 그리고 인도양에서 해군기지를 건설하는 것은 많은 현실적 어려움이 있다는 점도 강조하고 있다. 방글라데시 치타공항, 스리랑카의 함반토타항, 미얀마의 카육푸항 등이 거론되고 있지만 인도의 견제로 실현 가능성이 낮다는 것이다. 실제로 무리하게 해군기지를 건설하면 오히려 인도의 인도태평양전략의 참여를 자극할 수 있다는 우려가 있다.

중국은 일대일로가 중국의 '독주(獨奏)'가 아닌 관련국과의 '합창(合唱)'이 되어야 하며 '상호존중, 평등대우, 협력공영, 공동발전'의 원칙을 강조하면서 관련국들에게 실질적 이익이 될 수 있다고 역설하고 있다(习近平 2015). 양제츠(杨洁篪) 국무위원 역시 "21세기 해상실크로드는 특정국가의 정치적 도구가 아니라 모든 국가가 공유하는 공공재, 운명공동체라는 인식하에 평등한 협의를 진행할" 것이라고 강조하고 있다(杨洁篪 2015). 시진핑 주석도 2018년 8월 일대일로 건설 5주년 좌담회에서 "'일대일로'의 본질은 경제협력이지 지정학적, 정치적 연맹이나 군사동맹을 추진하려는 것이 아니다"라고 재차 강조하고 있다(中國政府网 2018). 그런데 시진핑 정부가 이른바 일대일로와 인류운명공동체를 제기하며 국제사회의 기여를 부각시키며 글로벌 리더십을 확보하고자 하지만 인접국들과 주권, 영토 등 핵심이익과 관련된 분쟁이 재차 발생할 경우 중국 인민들의 고양된 기대와 국제사회의 경계를 여하히 조율해 가느냐 하는 딜레마에서 혼선을 초래하게 될 가능성이 있다.

2. 일대일로의 진화와 미국 주도의 인도태평양전략과의 경쟁

시진핑체제는 중국의 부상을 실현하고자 하는 강력한 의지를 갖고 있지만 동시에 미국과의 직접적인 충돌을 우회하면서 부상을 실현할 수 있는 방법을 모색하고 있다. 즉 중국은 오바마 정부의 아시아 재균형전략에 보다 효율적으로 대응하는 방안을 강구할 필요성이 있었다. 중국은 미국이 아시아 재균형전략을 통해 사실상 중국과 갈등 요인을 내재하고 있는 아시아 동맹 또는 준동맹국들을 전면에 내세워 중국의 부상을 '대리 견제'하려는 것으로 인식하였다.

중국은 2010년 이후 남중국해를 둘러싸고 미국과 대립하고 있다. 그런데 남중국해 문제 역시 중국이 미국의 개입을 막기 위해 강경하게 대응할수록 주변의 베트남, 필리핀은 더욱 미국에 의존하려는 경향을 보여주고 있다. 중국은 미국의 개입 가능성을 차단하는 데 외교력을 집중하고 있다. 그래서 남중국해 문제에 대한 중국의 기본 입장은 '국제화, 다자화, 확대화'에 반대한다는 것이다. 중국은 남중국해 문제는 중국과 아세안 개별국가 간의 영토와 해양권익을 둘러싼 양자 간 분쟁이지, 중국과 아세안 간의 문제가 아니며, 국제 문제는 더더욱 아니라는 입장이다. 결국 중국은 미국의 개입을 막겠다는 의지를 표현하고 있는 것이다. 이러한 배경에서 중국 내에서는 일대일로를 '서진(西進, March Westward)전략'으로 해석하면서 미국의 아시아 재균형전략에 대응하여 미국과의 동아시아에서의 갈등과 경쟁을 우회하기 위한 전략이라는 분석이 제기되었다(王緝思 2012).

그런데 중국이 일대일로를 통해 동아시아에서의 미국과의 갈등을 일시적으로 회피할 수 있을지 모르지만 장기적으로는 오히려 미국과의 경쟁 영역이 유라시아와 인도양 등으로 확장되는 결과를 초래할 가능성이 있다는 반론도 등장했다(高飛 2013, 39-50). 일대일로를 오히려 중국의 유럽으로의 전략중심의 이동(pivot to Europe)이라고 보다 공세적으로 해석하는 주장도 있다(Fallon 2014). 즉 중국이 미국의 아시아 회귀(pivot to Asia)로 인해 상대적으로 유럽에 발생할 수 있는 미국의 유럽에서의 전략 약화 또는 공백을 중국이 공세적으로 파고들려는 의도가 있다는 우려가 제기된 것이다. 요컨대 중국은 미국과의 지정학 갈등과 대립을 우회하기 위해서 일대일로라는 지경학전략을 모색했지만 중국의 부상과 맞물리면서 새로운 차원에서의 지정학적 대립과 경쟁을 촉발할 가능성이 제시되고 있다.

그리고 중국은 남중국해로의 해양진출을 모색하는 과정에서 직면한 전략적 고민은 미국이 중국과 영유권 분쟁 문제를 내재하고 있는 동남아의 동맹국을 전면에 내세워 중국을 '대리견제'하려는 시도에 여하히 효과적으로 대응하는가 하는 것이었다. 왕이(王毅) 외교부장은 2015년 중국외교의 키워드로 '하나의 중점, 두 개의 기본선(一个重点'两条主线)', 즉 일대일로의 전면적 추진을 통해 평화와 발전을 달성하는 것임을 역설한 바 있다. 일대일로는 시진 핑 체제가 중점을 두고 있는 주변국 외교, 다자외교, 그리고 경제 외교와 긴밀하게 연동되어 있다는 것을 시사해주고 있다. 중국은 일대일로가 국내 발전전략의 일환으로 출발했지만 동시에 주변국 들의 협력을 견인할 수 있는 효율성 있는 외교전략이 될 수 있다고 판단한 것이다.

일대일로가 중국의 부상과 병행하여 추진되고 확장되면서 미 국을 비롯한 국제사회의 우려와 비판의 대상이 되고 있다. 특히 미 국이 일대일로의 확산에 자극받아 인도-태평양전략(FOIP)이 새롭 게 부각되면서 일대일로는 연선국가들의 불만, 미국의 비판, 그리 고 그 연장선상에서 인도-태평양전략과의 경쟁이라는 새로운 도전 과 과제에 직면하고 있다.

일대일로는 '부채의 덫' 논란과 미국의 적극적 비난 공세에 한동안 위축되는 분위기가 있었다. 미국 글로벌 개발센터(Center for Global Development) 보고서에 의하면 일대일로 프로젝트 의 지원을 받은 몇몇 국가들의 경제상황이 갈수록 악화되고 중국 에 대한 채무 불이행도 우려되는 것으로 전하고 있다(Hurley and Portelance 2018). 보고서는 일대일로에 참여한 68개 국가 중 23 개 국가의 재정상황이 취약한 것으로 전하고 있다. IMF와 World Bank에서 채무 지속가능성 분석(Debt sustainability analyses, DSA)을 이용하여 분석한 결과도 일대일로에 참여한 68개국 중 지 부티, 타지키스탄, 키르기스스탄, 라오스, 몰디브, 몽골, 파키스탄, 몬테네그로 등 8개국은 일대일로 구상으로 인해 채무 압박이 가중되었다고 밝히고 있다.

아울러 트럼프 행정부는 2017년 11월 아시아 순방 과정에서 중국의 일대일로를 견제하기 위해 '인도-태평양전략'을 구체화하기 시작했다. 폼페이오 미 국무장관은 2018년 7월 말 ARF에 참석하기에 앞서 미국 상공회의소에서 '인도-태평양전략'에 대한 미국의 입장을 상세하게 발표하기도 했다. 폼페이오 장관은 이 자리에서 다분히 중국의 일대일로 사업을 의식하면서 1억 1300만 달러를 인도-태평양 지역에 투자할 것임을 밝혔다. 미국이 제안한 투자 액수는 일대일로를 통한 중국의 투자 제안 액수의 1/10에 불과해서 사실상 큰 주목을 끌지는 못했다. 그럼에도 중국의 일대일로가 아시아 지역에서 어려움에 봉착하고 있는 상황에서 이러한 제안을 했다는 것은 다분히 중국을 의식하고 이 기회에 역내 국가들의 일대일로 참여를 억지하여 일대일로의 발전을 막고자 하는 의도라고 중국은 판단했다.

일대일로는 시진핑 주석이 해외 순방을 통해 직접 발표한 그야말로 '시진핑의 의제'이다. 그런 만큼 실패나 퇴보를 인정하는 것은 시진핑의 권위에 부정적 영향을 줄 수 있다. 중국은 일대일로가 비판과 도전에 직면할수록 더 그 위상을 높이고 부각시켜야 하는 딜레마에 직면해 있다. 실제로 일대일로가 미국이 주도하는 인도-태평양전략과의 원치 않은 경쟁 구도가 형성되면서 오히려 초기의 목적을 넘어서 지역전략 내지는 세계전략의 비중이 확대되는 양상이 전개되었다.

그리고 인태전략과 경쟁 구도가 형성되면서 일대일로가 점차 전략적 성격으로 진화할 가능성도 제기되고 있다. 안보전략 중심인 인태전략과 비교할 때 일대일로는 협력발전 과정에서 야기될 수 있는 정치, 법률, 안보 등 측면의 리스크에 대한 대비가 부족하다고 보고 있다(张贵洪 2019, 26-34). 인태전략이 대중국 봉쇄망을 구축하는 것이라는 인식이 지배적인 만큼 중국도 대중국 봉쇄망을 약화시키거나 이를 견제할 수 있는 친중국 네트워크 구축 의지가 더욱 강해지고 있다. 일대일로 진화는 중국의 의도와는 별개로 결과적으로 국제질서에서 네트워크 형성을 위한 경쟁이라는 새로운 현상을 초래하고 있다. 결국 일대일로는 지정학적 딜레마를 우회하기 위해 지경학적 접근을 시도하고 있기는 하지만 결국 지경학 접근이 안착하기 위해서는 지정학적 보완의 필요성이 대두되고 있다.

실제로 중국은 일대일로의 발전이 인도-태평양 국가들 간의 새로운 평화발전의 규범을 만들어낼 가능성은 제시하고 있다. 즉 경제발전, 인프라 협력, 남중국해 CoC 등이 이 지역의 새로운 규칙기반 질서를 만드는 매개 역할을 할 것이라고 주장하고 있다(Wei 2020). 중국은 일대일로를 상호협력이라는 기능적 협력 기제에서 제도적 거버넌스 기제로 발전시키고자 한다. 즉 일대일로 건설은 연선국가, 지역국제기구, 그리고 유엔의 발전전략과 발전 의제와 결합하여 효과적인 발전 거버넌스로 확대하여 포용적이고 지속가능한 발전을 실현하여 지구의 발전과 평화에 유리하게 하겠다는 것이다(何银 2014/2017).

3. 코로나 팬데믹이 초래한 일대일로의 변용과 과제

중국은 지난 8년 사이에 140개 국가와 일대일로 협력 협의에 서명했고, 협력 국가와의 누적 무역총액이 9조 2000억 달러에 달하고 연선국가에 대한 직접 투자 누계는 1300억 달러에 이르고 있다고 한다. 그리고 일대일로가 전 세계 무역액과 수입에서 6.2%와 2.9%의 성장을 이루었다고 과시하고 있다(王毅 2021a). 중국 공산당은 2017년 말 19차 당대회에서 개별 정책으로서는 매우 이례적으로 일대일로를 당장(黨章)에 삽입하여 시진핑 정부의 핵심적인 장기 국정과제임을 명확히 했다. 일대일로는 아시아, 유럽을 넘어서 아프리카와 중남미 지역까지 포괄하는 지구적 프로젝트로 진화하고 있다. 2019년 12월 6일 기준으로 167개국과 국제기구와 198개 협력협의에 서명하였다(商务部 2019).

이렇듯 새로운 양상으로 외형적으로 확장세를 보이던 일대일로는 코로나19 팬데믹으로 인해 다시 한번 예정에 없던 새로운 변용이 진행되고 있다. 코로나19 발원지로서의 책임론이 확산하는 어려움에 직면한 중국은 국제사회의 중국에 대한 부정적 정서를 완화하고 새로운 기회를 창출할 수 있는 수단으로서 일대일로 사업을 활용하고 있다. 중국은 코로나19 대응을 위한 국제 지원과 협력을 통해 국가 이미지 개선뿐만 아니라 국제사회에서의 역할을 확대하는 한편, 일대일로 사업도 재활성화시키고자 한다. 중국은 공개적으로는 전 세계를 향해 코로나19 방역 협력과 지원을 제의하고 있지만 실제로 중요한 의료 지원팀 파견은 이탈리아, 이란, 이라크, 캄보디아, 라오스, 필리핀, 파키스탄, 베네수엘라 등 친중 국가와 일대일로의 주요 협력 국가에 집중하고 있다.

그리고 중국의 IT 대기업들이 발 빠르게 의료 장비, 물품, 기술 지원에 앞장서고 있는데 이 또한 다분히 전략적 고려가 내재되어 있어 보인다. 예컨대 알리바바 그룹 창업자 마윈은 아프리카에 지원하고, 샤오미는 인도와 유럽, 화웨이는 이탈리아와 캐나다를 중심으로 일정한 역할 분담을 통해 지원하고 있다. 민간 지원의 모양새를 갖추고 있지만 지원 기업과 대상 국가들이 다분히 전략적 고려에서 선별하여 체계적인 지원이 진행되고 있는 양상이다.

중국은 세계적인 경제위기 속에서 연선 국가들의 중국 투자와 경제지원에 대한 수요는 늘어날 것으로 기대하면서 코로나19 방역 협력 및 지원 과정에서 일대일로와 연계를 도모하고 있는 것이다. 이와 관련 시진핑 주석이 2020년 3월 화상으로 진행된 AIIB 이사회 연례회의 개막식 치사에서 AIIB를 '국제협력과 국제다자협력의 신형 플랫폼이자 모델로 만들어야 한다'고 주장했다. 특히 중국이 대외전략의 키워드로 제시하고 있는 인류운명공동체 구축의 새로운 플랫폼으로 추진해야 한다고 역설했다(Xinhua News Agency 11 March 2020).

최근 중국은 미국과 유럽에서 확산되고 있는 반(反)중국 정서에 대응하기 위해 그 어느 때보다도 주변 외교에 집중하고 있다. 왕이 외교부장은 2020년 10월 이후 이미 두 차례나 아세안을 방문했으며 2021년 6월에는 아세안 10개국 외교장관을 초청해 충칭에서 회담을 가졌다. 흡사 1990년대 초 사회주의권의 몰락과 천안문 사건 직후 경제협력 대상을 다변화시키고자 주변 외교를 적극 추진했던 모습을 연상시키고 있다.

그런데 현재 코로나19 팬데믹이 여전히 진행중인 상황에서 일대일로의 새로운 확장이 중국이 의도한 바는 아니며 예상치 않은 과제도 제시하고 있다. 우선 이탈리아, 이란 등 일대일로의 주요 협력 국가들이 코로나19의 피해가 상대적으로 컸다는 정치적 부담이 있으며, 경제위기 속에 장기 인프라 투자를 지속하기에는 중국도 경제적 부담이 적지 않다. 따라서 중국은 보건, 녹색, IT 분야를 연계한 협력을 중심으로 새로운 접근을 모색하면서 일대일로의 동력을 유지하고자 하는 것이다. 예컨대 왕이 외교부장은 일대일로 아태지역 국제협력고위급 회담을 개최한 자리에서 이른바 건강실크로드(健康絲路), 녹색실크로드(綠色絲路), 디지털 실크로드(数字絲路)를 적극 홍보하였다. 일대일로는 경제협력에서 출발했지만 이제는 경제에 국한하지 않고 글로벌 거버넌스의 새로운 플랫폼이 되고 있다고 주장하고 있다(王毅 2021b).

코로나19로 인해 국내외적으로 정치적 상처를 입은 시진핑 정부 입장에서 볼 때 일대일로는 그 상흔을 덮는 하나의 카드로서 중요한 역할은 있어 보인다. 그럼에도 일대일로의 이러한 외형적 확장이 출발부터 중국이 의도한 것은 아니다. 일대일로가 중국의 경제발전을 견인하는 새로운 성장 동력으로서보다는 대외 이미지 개선과 주변 외교전략으로서의 역할이 부각되면서 발전전략이기보다는 오히려 경제적 비용 부담을 가중시키는 결과를 초래하고 있다. 따라서 의도치 않은 일대일로의 이러한 새로운 진화는 성취라기보다는 오히려 새로운 도전과 과제를 제기할 가능성이 있다.

V 결론

중국은 일대일로라는 새로운 지경학 발전전략을 통해 신성장 동력을 확보하는 한편, 에너지 수송로를 다변화하고자 했다. 특히 중국은 동남아와 인도양을 통해 서진(西進)을 선택함으로써 아태지역의 기성 해양 패권국인 미국과의 지정학적 대결과 갈등을 우회하는 발전전략을 모색했다. 즉, 중국은 일대일로가 동남아와 중앙아시아 등 인접 국가들에게 실질적 혜택을 줄 수 있는 '공공재'임을 역설하면서 인접 국가들의 참여를 유도하고, 경제협력 기반을 강화하면서 점진적으로 부상의 새로운 활로를 모색코자 했다.

그런데 현실은 오히려 미국이 중국의 지경학 발전전략에 대해 본격적인 견제를 시작하면서 일대일로는 오히려 미국과의 경쟁을 지정학과 지경학 차원으로까지 확장케 하는 결과를 초래하고 있다. 그리고 중국의 일대일로를 통한 해양진출 확대는 동남아 국가들과의 오래된 남중국해 영유권 분쟁을 더 격화시키면서 주변 국가와의 갈등 전선이 확대되고 있다. 일대일로 사업 자체도 곳곳에서 예상치 못한 난관에 봉착하면서 참여 확대를 유도하는 데도 어려움에 직면하고 있다. 그렇다고 '중국의 꿈'을 비전으로 제시하고 권력 강화를 시도하고 있는 시진핑 정부는 해양 강국화 일정을 후퇴시키고, 미국과의 경쟁에서 밀리고, 영토를 양보하는 유연한 전략적 선택을 하기도 어려운 다중의 딜레마에 직면하고 있다.

시진핑 정부는 일대일로에 대한 미국의 견제가 더욱 심해지고 이로 인해 미국과의 갈등이 고조된다고 해서 일대일로 사업을 포기할 수는 없다. 오히려 미국의 견제가 심화될수록 오히려 시진핑 정부는 다양한 '난관'을 돌파하여 일대일로를 성공시켜야 하는 상황에 직면해 있다. 시진핑 정부는 중국 인민, 미국, 그리고 아세안 등 주변국들을 동시에 고려하는 복합방정식을 풀어가야 하는 어려움에 직면해 있다.

일대일로는 이미 중국공산당 당장에 포함될 정도로 장기 프로젝트로 자리 잡고 있는 만큼 퇴로 없는 변화와 진화는 지속될 것이다. 현재까지 일대일로 진화는 중국의 의도와는 별개로 결과적으로 국제질서에서 네트워크 형성을 위한 경쟁이라는 새로운 현상을 초래하고 있다. 일대일로는 비록 중국이 새로운 성장 동력 확보를 통해 강대국화를 향한 발전전략으로 시작된 프로젝트이지만, 연선 국가들의 적극적 참여와 동의 없이는 중국이 의도하는 방향과 목표로 일방적으로 전개할 수만은 없는 특성이 있다. 최근 중국이 아시아 주변국가들을 향해 '문명대화' 등 매력공세를 새롭게 전개하고 있는 것도 이와 무관하지 않다. 중국이 향후에도 일대일로라는 네트워크 형성과 연계 협력 방식을 통해 발전을 모색하고자 한다면 상대적으로 연선국가들이 지니고 있는 '상대적 약자의 힘'으로부터 제약을 받을 가능성은 커질 수 있다.

이처럼 미국과 중국 간 경쟁이 냉전 시기의 진영 간 경쟁과는 다르게 '네트워크 구성을 위한 경쟁'이라는 새로운 패턴이 활성화되고 있다. 그리고 냉전시대 진영을 구축하는 주요한 수단이 안보와 이데올로기였다면 현재 네트워크 경쟁의 주요한 수단은 경제, 첨단 기술 등을 중심으로 전개되고 있어 지경학 경쟁의 요소가 강하다. 이러한 변화는 미국과 중국 중 어느 국가도 압도적인 힘의 우위를 확보하기 어려운 현실에 기인하고 있으며 국제체제의 주요한 경쟁과 갈등에서 지경학 영역의 비중이 확대되었음을 시사해주고 있다.

물론 이러한 네트워크 구성 경쟁이 여전히 강대국들 주도로

진행되고 있다는 한계가 있기는 하다. 그럼에도 일대일로와 인도-
태평양전략 간의 경쟁이 심화된다면 이 과정에서 미국과 중국은
겹쳐지는 협력 대상국을 상호 견인하기 위한 경쟁이 치열해지면서
결과적으로 네트워크를 일방적으로 형성하고 수도하는 것이 용이
하지 않게 될 가능성도 있다. 중국은 여전히 경제적 부상에 집중하
고 있고 미국은 이를 저지하려는 지경학 경쟁이 초래하고 있는 새
로운 변화의 징후라 할 수 있겠다. 따라서 중국의 지경학 발전전략
은 불가피하게 지정학 경쟁을 유발하면서 지경학과 지정학이 상호
작용의 동학이 지속될 것으로 보인다.

참고문헌

박정현. 2005. "근대 중국의 해양인식과 영유권 분쟁." 『아세아연구』 48(4): 174-176.

양희철. 2015. "중국의 주요 해양정책에 관한 연구 동향 분석." 『동서연구』 27(2): 157-193.

이동률. 2016. "시진핑 체제의 신외교전략과 '일대일로'." 이승주 편. 『일대일로: 중국과 동아시아』. 서울: 명인문화사.

_____. 2017. "시진핑정부 '해양강국' 구상의 지경제학적 접근과 지정학적 딜레마." 『국제정치논총』 57(2): 329-334.

이치훈. 2020. "코로나19發 일대일로 리스크 진단." CSF(08. 11).

정혜영. 2021. "중국-미얀마 관계: 미얀마 3차 군부쿠데타를 보는 중국의 시각." CSF(05. 31).

高飞. 2013. "中国的'西进'战略与中美俄中亚博变." 『外交評論』 第5期: 39-50.

管清友. 2015. "一带一路港口: 中国经济的'海上马车夫'." 『中国水运报』. 5. 11.

国家发展和改革委员会·国家能源局. 2017. "推动丝绸之路经济带和21世纪海上丝绸之路能源合作愿景与行动." 国家能源局网站. http://www.nea.gov.cn/2017-05/12/c_136277473.htm (검색일: 2020. 10. 15.)

唐蘊鋒. 2002. "沿海國在專屬經濟區上空的權利." 『蘇州鐵道師範大學院學報(社會科學版)』 第19卷 第4期: 45-47.

唐朱昌. 2015. ""一带一路"的定位·风险与合作." 『社会观察』 第6期: 13-16.

笃刚·刘建忠·周桥 等. 2018. ""一带一路"建设在印度洋地区面临的地缘风险分析." 『世界地理研究』 27(6): 14-23.

吕亭. 2008. "解放軍已經將建設重點轉向海空與太空部隊." 『軍事文摘』 第4期 http://www.sina.com.cn (검색일: 2021. 7. 26.)

刘中民. 2008. "关于海权与大国崛起问题的若干思考." 『世界经济与政治』 第8期: 6-14.

_____. 2009. "中国国际问题研究视域中的国际海洋政治研究述评." 『太平洋学报』 第6期: 78-89.

李靖宇·詹龙·许浩 等. 2012. "关于中国在南亚区域选取印度洋出海口的战略推进构想." 『中国海洋大学学报(社会科学版)』 5: 29-39.

商务部. 2019. "走出去"公共服务平台: "我国已成为'一带一路'25个沿线国家最大贸易伙伴." 12. 13. http://fec.mofcom.gov.cn/article/fwydyl/zgzx/201912/20191202921719.shtml (검색일: 2020. 7. 26.)

薛桂芳. 2007. "設立防空識別區的法理探討." 高之國·張海文·賈宇 主編, 『國際海洋法發展趨勢研究』 北京: 海洋出版社.

宋国栋. 2006. "地缘经济学刍议." 『平原大学学报』 3(5): 1-4.

习近平. 2015. "迈向命运共同体开创亚洲新未来 —在博鳌亚洲论坛2015年年会上的主旨

演讲 3. 28. 海南博鳌. http://www.fmprc.gov.cn/mfa_chn/zyxw_602251/t1249640.shtml (검색일: 2020. 5. 20.)

楊國楨. 2009. "關於中國海洋史研究的理論思考."『海洋文化學刊』7期: 2-4.

杨洁篪. 2015. "共建21世纪海上丝绸之路分论坛暨中国东盟海洋合作年启动仪式." 3. 29. http://www.fmprc.gov.cn/mfa_chn/zyxw_602251/t1249710.shtml (검색일: 2020. 6. 20.)

王冠中. 2012. "努力建设与我国国际地位相称与国家安全和发展利益相适应的巩固国防和强大军队."『十八大报告辅导读本』(3. 26).

王毅. 2015. "2015中国外交关键词是"一个重点'两条主线"."『新华网』(3. 8). http://news.xinhuanet.com/politics/2015lh/2015-03/08/c_134047710.htm (검색일: 2021. 7. 15.)

_____. 2021a. ""一带一路"成为当今世界范围最广'规模最大的国际合作平台." 6. 24. http://new.fmprc.gov.cn/web/wjdt_674879/wjbxw_674885/t1886248.shtml (검색일: 2021. 7. 20.)

_____. 2021b. ""一带一路"是阳光大道, 没有小院高墙." 6. 24. http://new.fmprc.gov.cn/web/wjbzhd/t1886252.shtml (검색일: 2021. 7. 20.)

王緝思. 2012. "'西進', 中國地緣戰略的再平衡."『環球時報』10. 17.

张贵洪. 2019. ""一带一路"倡议与印太战略构想的比较分析."『现代国际关系』第2期: 26-34.

郑青亭. 2020. "东盟跃升中国第一大贸易伙伴 多国盼中企加大投资."『21世纪经济报道』6. 17. http://www.21jingji.com/2020/6-17/1NMDEzNzlfMTU2ODY1Ng.html (검색일: 2020. 9. 20.)

周锐. 2014. "习近平领衔"中财组"推动中国能源革命." 6. 13.『中国新闻网』http://politics.people.com.cn/n/2014/0613/c1001-25147642.html (검색일: 2021. 7. 20.)

中國共産黨新聞. 2002. "在中国共产党第十六次全国代表大会上的报告: 全面建设小康社会, 开创中国特色社会主义事业新局面." http://cpc.people.com.cn/GB/64162/64168/64569/65444/4429125.html (검색일: 2020. 7. 20.)

中国政府网. 2002. "国务院关于印发全国海洋经济发展规划纲要的通知." 9. 9. http://www.gov.cn/gongbao/content/2003/content_62156.htm (검색일: 2016. 4. 15.)

_____. 2018. "习近平出席推进"一带一路"建设工作5周年座谈会并发表重要讲话." 8. 27. http://www.gov.cn/xinwen/2018-08/27/content_5316913.htm (검색일: 2021. 7. 20.)

中華人民共和國 國務院新聞辦公室. 2010.『2010年中國國防白書』.

车辚. 2010. "印度洋的战略地位及与中国国家安全的关系."『重庆社会主义学院学报』12(1): 79-82.

郜笃刚·刘建忠·周桥·韩志军. 2018. ""一带一路"建设在印度洋地区面临的地缘风险分析."『世界地理研究』第27卷 第6期: 14-23.

冯维江. 2014. "丝绸之路经济带战略的国际政治经济学分析." 『当代亚太』第6期: 73-98.

何银. 2014. "规范竞争与互补: 以建设和平为例." 『世界经济与政治』第3期: 105-121, 159.

何银. 2017. "发展和平: 联合国维和建和中的中国方案." 『国际政治研究』第4期: 9-32.

胡錦濤. 2012. 在中國共產黨第十八次全國代表大會上的報告"堅定不移沿著中國特色社會主義道路前進 爲全面建成小康社會而奮鬥" http://news.xinhuanet.com/18cpcnc/2012-11/17/c_113711665.htm (검색일: 2012. 12. 23.)

『新华网』. 2015. "一带一路"建设工作领导小组成员亮相." 2. 2. http://news.xinhuanet.com/fortune/2015-02/02/c_127446817.htm. (검색일: 2020. 6. 15.)

_____. 2020. "中国商务部长: 南海问题不影响中非经贸投资合作." 8. 6. http://mil.news.sina.com.cn/china/2016-08-06/doc-ifxutfpc4613943.shtml (검색일: 2020년 10월 15일).

『解放軍報』 2009. 4. 26.

Chan, Minnie. 2018. "First Djibouti ⋯ Now Pakistan Port Earmarked for a Chinese Overseas Naval Base, Sources Say." *South China Morning Post* (January 5).

Cole, Bernard D. 2001. *The Great Wall At Sea: China's Navy Enters the Twenty-First Century*. Annapolis: Naval Institute Press.

Fallon, Theresa. 2014. "China's Pivot to Europe." *American Foreign Policy Interests* 36 (May): 75-182.

Hurley, John Scott Morris and Gailyn Portelance. 2018. "Examining the Debt Implications of the Belt and Road Initiative from a Policy Perspective." CGD policy paper, 121 (March).

Johnston, Alastair Iain. 1998. "China's Militarized Interstate Dispute Behaviour 1949-1992: A First Cut at the Data." *The China Quarterly* 153 (March): 1-30.

Lam, Willy. 2010. "Hawks vs. Doves: Beijing Debates "Core Interests" and Sino U.S. Relations." *China Brief* 10-17 (August 19).

Li, Mingjiang. 2020. "'The Belt and Road Initiative: geo-economics and Indo-Pacific security competition'." *International Affairs* 96.

Swaine, Michael D. 2011. "China's Assertive Behavior—Part One: On 'Core Interests'." *China Leadership Monitor* 34 (February 22).

U.S. Department of Defense. 2011. *Annual Report to Congress: Military and Security Developments Involving the People's Republic of China 2011*. Washington, D.C.: Office of the Secretary of Defense.

Wei, Ling. 2020. "'Developmental peace in east Asia and its implications for the Indo-Pacific'." *International Affairs* 96.

Wong, Edward. 2010. "Chinese Military Seeks to Expand Its Naval Power: A Rapid Buildup is Seen." *The New York Times* (April 24).

"Xinhua Headlines: China's Anti-Virus Efforts Pilot Model in Building Community with Shared Future", *Xinhua News Agency*, 11 March 2020, http://www.xinhuanet.com/english/2020-03/11/c_138866865.htm (검색일: 2020. 10. 15.)

필자 소개

이동률 Lee, Dongryul

동덕여자대학교 중어중국학과 교수
한국외국어대학교 중국어과 졸업, 중국 북경대학교 국제관계학원 정치학 박사

논저 『한국의 대외관계와 외교사(현대편3)』(공저), "한중관계에서 '우연적 두 사건'의 역사적 의미와 메시지", "한반도 비핵, 평화 프로세스에 대한 중국의 전략과 역할", "1990년대 이후 중국 외교 담론의 진화와 현재적 함의", "한중수교에서 '북한요인'의 변화와 영향", "시진핑 정부 '해양강국' 구상의 지경제학적 접근과 지정학적 딜레마"

이메일 leedr@dongduk.ac.kr

제6장

일본의 지경학 전략

― '닫힌 지경학'에서 '열린 지경학'으로

Japan's Geoeconomic Strategy: from Closed to Open

이기태 | 통일연구원 평화연구실 연구위원

* 이 글은 『일본학보』 제129집(2021)에 게재되었다.

일본은 동아시아 국제질서 및 전략환경 변화에 대응하기 위해 지정학(geopolitics)뿐만 아니라 지경학(geo-economics) 관점에서 대응방안을 모색하고 있다. 미국과 중국 간에는 군사적 대립뿐만 아니라 지경학을 바탕으로 한 새로운 차원의 대립 격화가 발생하고 있다. 이 글에서는 이러한 미중 대립이 일본에게 주는 리스크를 살펴보고, 일본이 '패권주의에 기반한 닫힌 지경학(closed geoeconomics)'과 '국제협조주의에 기반한 열린 지경학(open geoeconomics)' 관점에서 대응하고 있음을 설명한다.

다음으로는 중국의 닫힌 지경학에 대응하고 있는 일본의 자세를 '닫힌 지경학' 관점에서의 '경제안전보장' 강화로 설명한다. 일본은 '자유롭고 열린 인도태평양' 구상에서 중국의 위협을 강조하는 닫힌 지경학 관점을 나타내다가 점차 중국을 포용하는 자세의 열린 지경학 관점을 나타내고 있다. 이러한 흐름을 봤을 때 향후 일본은 그 동안 추구해왔던 '국제협조주의' 외교노선을 '열린 지경학'에도 적용할 것으로 전망한다.

J apan seeks to respond to changes in the global order and the strategic circumstances from the perspectives of not only geopolitics but also geoeconomics. With a military confrontation in presence between the U.S. and China, geoeconomis tensions, a new form of conflict, are rising. This paper observes risks the U.S.-China confrontation poses to Japan and how it responds from the perspectives of hegemony-based closed geoeconomics and international cooperation-based open geoeconomics.

Japan's response to China's closed geoeconomics has developed from stressing China threat in the 'free and open Indo-Pacific vision'and strengthening economic security in terms of closed geoeconomics to gradually embracing China in terms of open geoeconomics. This trend shows that Japan is predicted to apply the existing international cooperation to open geoeconomics.

KEYWORDS 일본 Japan, 닫힌 지경학 Closed Geoeconomics, 열린 지경학 Open Geoeconomics, 경제안전보장 Economic Security, 인도태평양 구상 Indo-Pacific Vision, 국제협조주의 International Cooperation

I 서론

일본의 저명한 국제정치학자 고사카 마사타카(高坂正堯)는 1966년에 출판한 저서 『국제정치(国際政治)』에서 국가는 3개의 체계를 가지고 있으며 국가들 간에는 힘의 체계(군사), 이익의 체계(경제), 가치의 체계(정의)라는 3개 수준에서 복잡하게 형성되는 관계가 존재한다고 정의한다(高坂正堯 1966). 지금까지 세계 경제질서는 시장경제와 자유무역이 중심축을 이루면서 수많은 국가에 번영을 안겨주었고, 냉전 시기 미국과 소련이 '군사', '정의' 측면에서 경쟁했지만, 결국 결정적인 것은 자본주의가 공산주의와의 경쟁에서 승리한 '경제' 체계였다.

일본은 전후 '요시다 독트린(Yoshida Doctrine)'을 국가노선으로 결정하였는데 요시다 시게루(吉田茂) 총리는 일본의 전후 복구 및 경제부흥을 위해 안보는 미국과의 동맹관계에 의존하고, 일본 방위를 위한 예산은 오로지 경제발전을 위해 투자해야 한다고 주장하였다. 결국 냉전기 '경제'에 중심을 둔 일본의 국가노선은 성공적이었고, 한때 일본은 패권국 미국을 위협할 정도의 경제대국으로 성장하였다.

1990년대 냉전이 종식되고 일본 내에서 보통국가 노선이 나타났으며, 2000년대를 거치면서 중국의 경제적, 군사적 부상이 나타나면서 동아시아 질서에 커다란 변동이 일어났다. 특히 2010년대 들어 제2차 아베 신조(安倍晋三) 정부(2012-2020)와 스가 요시히데(菅義偉) 정부(2020-2021), 기시다 후미오(岸田文雄) 정부(2021-현재)에 이르기까지 일본을 둘러싼 동아시아 국제질서는 다음과 같은 변화를 겪고 있다.

첫째, 미국이 점차 지도력을 발휘하지 못하고 있다. 특히 도널드 트럼프(Donald Trump) 대통령(2017-2021) 등장 이후 미국 우선주의 및 고립주의가 강화되었고, 2021년 조 바이든(Joe Biden) 행정부 출범 이후 트럼프 시기의 고립주의에서 벗어나 미국이 다자주의 협력에 복귀하고 있지만, 과거와 같은 지도력을 발휘할지에 대해서는 여전히 의문이 남는다. 둘째, 도전적인 중국의 부상이다. 특히 경제 측면에서 일대일로(一帶一路) 구상 등의 영향력 확대를 통해 미국의 달러 중심, 기술 패권을 무너뜨리려 하고 있다. 셋째, 새로운 질서 형성이 필요한 글로벌 차원의 문제가 나타나고 있다. 그 중에서도 최대 쟁점은 미중 패권 경쟁과 관련 있는 디지털 혁명에 대한 대응일 것이며, 디지털 혁명은 모든 국가들 입장에서 경쟁력의 원천이 될 것이다.

특히 일본은 최근 중국의 부상에 우려를 나타내고 있는데 무엇보다 중국이 패권주의에 기반한 대외행동을 하고 있다고 인식하기 때문이다. 그리고 이에 대한 대응으로 정치군사 측면에서 미일동맹 강화, 자체방위력 강화, 글로벌 안보네트워크 협력 강화 등을 추진하고, 경제 측면에서도 자체적인 능력 강화뿐만 아니라 미일관계 및 기타 국가들과의 국제협력 네트워크를 강화하고 있다.

이러한 가운데 세계는 미중 간 '패권주의에 기반한 닫힌 지경학(closed geoeconomics)' 접근법이 지배하고 있으며, 일본은 이러한 현실적 측면에서 '경제안전보장'을 강조하면서 닫힌 지경학 관점에서 중국의 패권주의에 대응하고 있다(日本国際フォーラム 2020, 3-4). 그러면서도 일본은 '국제협조주의에 기반한 열린 지경

학(open geoeconomics)'을 '자유롭고 열린 인도태평양 구상(Free and Open Indo-Pacific, FOIP)'을 통해 전개하려고 한다.[1]

후나바시 요이치(船橋洋一)는 지경학(地經學, geoeconomics) 을 '국가가 지정학적 목적을 위해 경제를 수단으로 사용하는 것'으로 정의하고, 지경학과 거의 동일한 개념으로 표현하는 용어로서 '경제의 전략화(economic statecraft)'와 '경제안전보장(economic security)'을 들고 있다. 어떤 용어든 국가가 지정학적 목표를 추구하기 위해 경제적 수단을 행사함으로써 타국의 정책에 영향을 미치려는 전략을 의미한다. 즉 경제를 제재의 도구로 사용하고, 경제를 이용해서 세력균형을 모색하며, 경제력을 억지력 구축에 편입시키고, 국제경제와 지정학과 전략이 혼연일체가 되는 지경학의 시대가 도래하고 있다는 것이다(船橋洋一 2020a, 9).

본 글에서는 먼저 동아시아 질서 변동을 일본의 지경학적 관점에서 살펴본다.[2] 기존 군사적 미중 대립뿐만 아니라 지경학을 바탕으로 한 새로운 차원의 미중 대립 격화가 일본에게 주는 리스크를 살펴보고, 일본이 처한 현실에 따라 '패권주의에 기반한 닫힌 지경학'과 '국제협조주의에 기반한 열린 지경학' 대응이 이루어지고 있음을 설명한다.

---

1   지경학은 경제 활성화와 확대를 지향하는 '열린 지경학(open geoeconomics)' 과 반대로 글로벌 경제를 위축 혹은 축소시키는 경향이 있는 '닫힌 지경학(closed geoeconomics)'으로 분류할 수 있다(日本国際フォーラム 2020, 20).
2   지경학(geoeconomics)은 원래 무역과 투자의 관점에서 산업벨트 형성이나 물류 입지 분석을 다루는 '지리경제학'을 의미하였으나, 루트왁(Edward N. Ruttwak) 은 군사적 수단을 통해 달성하고자 하는 목표와 경제적 수단을 통해 달성하고자 하는 목표가 본질적으로 동일하며, 국가 간 경쟁이 지정학적 경쟁에서 지경학적 경쟁으로 전환하고 있다고 주장하였다(박주현 2021, 2).

다음으로는 중국의 닫힌 지경학에 대응하고 있는 일본의 자세를 '닫힌 지경학' 관점에서의 '경제안전보장' 강화를 통해 살펴보고, 인도태평양 구상을 열린 지경학 관점에서 살펴보고자 한다. 그리고 향후 일본이 추구하고자 하는 국제협조주의 관점에서의 열린 지경학을 전망한다.

일본은 동아시아 국제질서 및 전략환경 변화에 대응하기 위해 기존의 지정학뿐만 아니라 지경학 차원에서 대응방안을 모색하고 있다. 특히 중국의 위협에 대응하기 위해 '경제안전보장'을 강조하면서 제도적 방안을 모색하고 있으며, 인도태평양 구상 역시 초기에 중국의 위협을 강조하면서 닫힌 지경학 관점을 나타내다 점차 중국을 포용하는 자세를 보이면서 열린 지경학 관점에서 바라보기 시작하였다. 이러한 흐름을 봤을 때 일본은 그 동안 추구해왔던 '국제협조주의' 외교노선을 열린 지경학에 적용할 것으로 전망한다.

II 동아시아 질서 변동과 일본의 지경학 관점

1. 새로운 차원의 미중 대립 격화와 일본의 위기

2021년 현재 세계는 전후 냉전의 '제2막'이라고 불릴 정도로 미중 간 '신냉전' 시대에 돌입하고 있다. 미국과 중국의 전략경쟁 격화 속에 미중 간 디커플링(decoupling) 격화와 함께 경제상호의존 무기화가 가속화되고 있다.

특히 트럼프 행정부 시절 화웨이와 틱톡(Tik Tok) 등을 둘러싼 대립을 보이고 있는 미국과 중국의 패권 경쟁을 '경제안전보장' 관점에서 볼 수 있다. 즉 현재는 '군사력을 사용하지 않은 전쟁'이 시작되고 있다. 예를 들어 전 세계적으로 유행하고 있는 정보공유 어플리케이션 '틱톡'은 중국기업인 '바이트댄스(ByteDance)'가 운영한다. 트럼프 행정부가 제재를 강화하면서 2020년 여름 미국 내 사업 매각을 명령하고 이에 응하지 않으면 국내에서의 다운로드 금지 조치를 단행하려는 자세를 보였다. 트럼프 행정부는 중국 정부가 틱톡을 통해 개인정보를 수집해서 이것을 악용할 우려가 있다고 표명하였다. 이러한 배경에는 2017년 중국 국내에서 시행된 '국가정보법'이 있다. 국가정보법은 어떠한 조직과 개인도 국가의 정보활동에 협력하지 않으면 안 되며, 정보제공을 할 의무가 있다는 내용이다(細川昌彦 2021, 117). 물론 틱톡 측은 미국과 일본에서 중국 측에 사용자 정보를 제공한 적이 없고 요청이 와도 제공하지 않는다는 입장을 나타내고 있다.

또한 트럼프 행정부는 미국의 기술을 활용해서 생산한 반도체에 대해 화웨이 공급을 인정하지 않는 규제를 도입하였다. 이러한 제재 강화는 기존 군사안전보장을 대신해서 '경제안전보장'에 의한 국익 추구의 상징적인 사례이며 앞으로도 더욱 증가할 가능성이 높다.

사실 트럼프 대통령이 취임한 2016년은 '지경학의 부활'을 상징한다. 트럼프 대통령은 선거 기간부터 민주주의, 인권 등을 주장하는 이른바 '가치외교'를 부정하면서, 서구 진영의 경제발전과 번영을 과시하는 편이 중국을 민주화로 이끄는 효과가 있다고 생각

하였다. 즉 '보편적 가치'보다는 '경제이익'을 중시하였고, 비록 이러한 주장이 미국 사회 및 정치의 주류는 아니었지만 트럼프 대통령은 '지정학과 지경학의 부활'을 상징하는 대통령으로 평가될 수 있다(日本再建イニシアティブ 2017, 9).

한편 이미 화웨이 사태를 통해 일본은 미중 전략경쟁에 따른 일본기업의 부정적 영향을 인식하였다. 화웨이가 주요 고객이었던 반도체 생산업체인 '키오시아(KIOXIA)'는 도시바에서 독립한 회사였다. 미국 정부의 화웨이 제재 강화 때문에 제품공급이 중지되었으며, 그 여파로 도쿄증권 거래소 상장이 연기되었다. CMOS(complementary metal-oxide-semiconductor, 시모스)라 불리는 스마트폰 탑재 카메라에 꼭 필요한 집적 회로로 세계 1위 점유율을 가진 소니도 출하를 정지하였다.

이러한 가운데 일본은 특정 기업과 제품을 배제하는 목적이 없다고 하면서 중국을 목표로 하는 미국과는 거리를 두는 입장을 가져왔다. 일본 기업 입장에서는 경제를 생각한다면 중국에 의존할 수밖에 없기 때문에 '대중 견제'라는 입장을 억제하면서 기술과 정보가 누출되지 않는 대책을 마련할 수밖에 없다.

하지만 바이든 행정부 출범 이후 일본 정부의 입장 변화가 나타나기 시작하였다. 2021년 3월 16일 열린 미일 외교·국방장관회의(2+2회의)에서 일본 정부는 '대중 견제'에 보조를 맞추면서 중국 정부의 반발을 샀다(外務省 2021a). 한 달 뒤인 4월 16일 열린 미일 정상회담에서는 탈중국의존을 시야에 둔 반도체의 새로운 서플라이 체인(공급망) 구축과 고속대용량통신규격 '5G'망 정비를 위한 연계도 공동성명에 명기되었다(外務省 2021b). 바이든 행정부의 이

넘과 인권을 중시하는 정책이 일본의 경제활동에 주는 영향 역시 크다.

이와 같은 미중 전략경쟁에 대한 지경학 차원 논의는 전략기술경쟁이라는 새로운 차원의 논의를 확대시켰다. 최근 중국의 '기술흡수' 노력은 지경학 중에서도 '지기학(地技學)' 차원에서 논의되고 있다. 중국의 기술력은 중국 정부의 강력한 국가로서의 의사가 작동하면서 최근 10년간 급성장했다. 특히 중국은 5G 등 정보통신 분야에서 기존 서구 선진국을 능가하면서 국제시장을 석권하기 시작했다. 또한 많은 중국인 유학생은 선진국에서 고도의 기술을 습득해서 조국 발전을 위해 중국에 돌아오고 있다. 최근에는 '천인계획(千人計劃)'3이라는 국가 프로젝트 하에서 수많은 우수한 외국인 연구자가 상당한 고액의 보수를 받고 중국으로 초청되고 있다. 또한 우수한 서구 기업이 기밀기술 유출 등의 방법으로 중국에 매수되고 있다(兼原信克 2021, 303-304).

후나바시는 국제질서 변동을 자유주의 위기로 규정하고 이에 일본이 아시아태평양 지역의 자유국제질서를 유지하기 위해 일본의 역할을 탐구하면서 일본의 실력을 다양한 측면에서 분석하고 그 가능성을 찾고 있다. 특히 후나바시는 미중 간 '신냉전'에 따른 일본의 리스크를 다음 4가지 차원에서 분석한다.

첫째, 인도태평양 지역에서의 '자유롭고 열린 국제질서(Liberal International Order, LIO)'의 붕괴가 가속화될 수 있다는 점이다.

3   '천인계획(千人計劃)'은 중국이 세계 최고의 과학기술강국을 목표로 2008년에 시작한 인재초청프로젝트이며, 2018년까지 미국과 유럽을 중심으로 7,000명 이상의 연구자가 참가한 것으로 알려져 있다.

미국 주도의 LIO의 와해는 자유무역과 항행의 자유라는 '은혜'를 받아 번영해 왔던 일본의 안보와 경제성장 및 안정에 장기적인 손해를 끼칠 것이다.

둘째, 미국의 아시아태평양 지역에서 억지력의 재강화와 나각적인 제도 및 틀로의 복귀를 촉진시키지 못한다는 위험이다. 국내정치의 혼란과 분단으로 인해 미국의 대중 강경자세가 단지 '태도'로 끝나고 지속적 전략으로 발전하지 못한다는 우려와 함께 코로나 위기에서 국방비 감축이 이루어진다면 미일동맹 유지를 위한 일본 부담이 증가할 가능성이 높다는 것이다.

셋째, 중일관계에서 '정경분리'의 목표가 유지되기 어렵다는 점이다. 미중의 디커플링이 더욱 진행되면서 경제와 정치, 경제와 안보가 연결되는 경향이 강해지고 있다. 이러한 과정에서 미일동맹 관리가 거래적(transactional) 성격을 강하게 가질 가능성이 있다. 가치와 공동의 유산(common heritage)의 유대가 엷어지면 '말' 뿐으로만 사용될 위험이 발생한다. 따라서 일본은 대중관계에서 '정경분리'로 가야 한다는 것이다.

넷째, 미일중 3국 간 관계의 안정 유지가 붕괴될 위험성이다. 대중경제 의존과 대미군사 의존을 관리하는 것이 어려워지면서 미일중 '이등변 삼각형'의 최적의 상태를 대체하는 안정 구상에 어려움이 있다(船橋洋一 2020b).

따라서 일본은 미국과 중국의 전략적 경쟁과 디커플링 움직임에 대응하고, 국익을 위해 경제적 수단을 사용하는 지경학적 대응의 필요성을 절감하고 있다. 현재 미중의 움직임은 일본에게 있어 경제안보와 지역정책 양 측면에서 리스크이자 찬스이기도 하며,

따라서 '공격'과 '방어'에서 적절한 대응이 요구되는 시점이다.

2. '닫힌 지경학'과 '열린 지경학'

최근 중국의 지경학적 접근에 대해서는 자국의 세력권 확대를 모색하려는 의도가 있음을 지적하는 경우가 있다. 이러한 중국의 대외행동을 일국주의적인 '패권주의에 기반한 닫힌 지경학'으로 이해할 수 있다.

'패권주의에 기반한 닫힌 지경학'의 전형적인 접근법은 '경제상호의존의 덫', 즉 한 국가가 자국에 대한 경제적 의존을 인질로 삼고 상대국에게 외교적 양보 혹은 정책 변경을 얻으려는 것이다.[4] 예를 들어 '일대일로' 구상에서 금융지원을 이용해서 주요 항만과 해상수송로를 확보하려는 '채무의 덫' 외교,[5] 타이완과 국교를 맺고 있는 국가에게 경제적 유인을 통해 국교단절을 요구하면서 타이완의 국제적 고립을 꾀하는 것, 상대국의 정책을 변경시키려는 목적으로 상대국과의 수출입과 자국 관광객 방문을 제한하는 것 등이다. 이 외에도 중국과 일본 간에는 2010년 9월 센카쿠 문제를 둘러싸고 중국 정부의 희토류 대일수출제한 조치가 있었다. 이와

4　다도코로 마사유키(田所昌幸)는 중국이 경제력을 정치적으로 이용하고 있으며, 국가가 파워를 행사하기 위한 경제적 수단을 경제제재, 경제원조, 경제관여 등 3가지로 분류하고 있다(田所昌幸 2020, 91-102).

5　중국의 일대일로 및 아시아인프라투자은행(Asian Infrastructure Investment Bank, AIIB) 구상이 움직이기 시작한 2013년에 이미 중국은 국가개발은행과 중국수출입은행을 통해 각 국가에 영향력을 행사하는 자금공급을 실시했고, 이에 따라 융자를 매개로 독재개발국가에 대한 중국의 개입이 국제문제로 떠올랐다(國分俊史 2020, 119).

같이 중국은 세계 130개국 이상 국가들의 최대 무역상대국이며, 자국의 정치적, 전략적 이익을 실현하기 위해 '경제상호의존의 덫'을 구사함으로써 상대국에 다양한 영향력을 행사할 수 있는 입장이다.

중국의 '패권주의에 기반한 닫힌 지경학'은 기존 패권국인 미국이 동일한 방식으로 다양한 대항조치를 취하게 만들었다. 트럼프 행정부는 중국에 대해 대미무역흑자 해소, 지적재산권 보호, 산업정책 '중국제조 2025'의 근본적 검토를 요구하면서 여러 차례에 걸쳐 대중 제재관세를 발동하였다. 또한 화웨이사 최고재무책임자(CFO)의 체포, 미국 시장에서 화웨이 제품 배제 등을 통해 자국의 산업적, 기술적 우위를 유지하려고 하였다. 이러한 미중 간 마찰과 대립은 지경학 시대 패권경쟁의 모습을 명확하게 보여주고 있다.

한편 패권국은 아니지만 일본 역시 '닫힌 지경학'을 보여주었다. 2019년 7월 이후 반도체 재료인 3가지 전략물자에 대해 대한국 수출관리를 엄격히 하고 곧이어 수출 절차를 간소화하는 '화이트국가(수출우대국)'에서 한국을 제외하는 등 일련의 움직임을 보였다. 이러한 일본의 행동 역시 지경학적 관점에서 해석할 수 있다. 일본은 과거부터 이러한 전략자산의 대한국 수출을 둘러싼 안보상 우려를 표명하고 있지만 한국이 이에 대해 충분한 설명책임을 하지 않았다는 측면에서 국내법, 국제법의 규범을 따르는 형식으로 일련의 조치를 취했다고 주장한다. 일본의 조치는 반도체 생산에 필요한 원재료를 일본에 의존하는 한국기업에 커다란 비용상승 요인이 되었지만, 일본 정부는 자국의 세력권 확대 모색도 아니고 한국 정부가 주장하듯이 '강제동원피해자 문제'에 대한 보복

도 아니라고 주장하였다(日本国際フォーラム 2020, 4).

하지만 한국 정부는 일본의 대한수출규제조치에 대응해서 한국과 일본이 체결하고 있었던 한일 군사정보보호협정(General Security of Military Information Agreement, GSOMIA) 종료를 결정하고, 일본을 한국의 '화이트국가'에서 제외하는 대항조치를 발표하였다. 이와 같은 한일 간 무역전쟁은 한 국가의 행동이 그 의도를 넘어서 상대국에게 '경제상호의존의 덫' 개념으로 이해하게 만들었고, 이후 '보복의 연쇄'로 사태가 악화되는 사례로서 이해할 수 있다(日本国際フォーラム 2020, 4).

결국 역사 문제와 경제상호의존이 맞물리며 양국 정치가 해결방안을 제시하지 않고 상호불신이 증폭하는 가운데 한국이 '역사'를, 일본이 '경제'를 각각 무기화한 것이 특징이었다. 문재인 정부의 역사문제에 관한 명확한 대일 '도의적 우월 파워' 행사에 대해 아베 정부는 한국에 대한 경제적 레버리지를 이용해서 한국의 파워 행사를 억제하려고 시도하였다(船橋洋一 2020a, 116).

일본 내에서는 한일갈등과 같은 '패권주의에 기반한 닫힌 지경학'과 대비되는 지경학의 접근법으로 '국제협조주의에 기반한 열린 지경학'이 고려되고 있다. 이러한 접근법은 경제적 수단에 의해 국제규범을 구축해서 국제질서 유지 및 안정을 모색하거나 경제적 수단으로 자국의 소프트파워를 강화해서 국제관계의 안정을 모색하는 것을 말한다. 대표적으로는 제2차 세계대전 이후 서구를 중심으로 구축된 브레튼우즈 체제, 즉 국제통화기금(IMF), 세계은행, 과세 및 무역에 관한 일반협정(GATT), 최근의 세계무역기구(WTO)를 통한 자유주의 국제경제시스템 구축을 들 수 있다. 또한

유럽연합(EU) 발족과 같은 지역경제통합 시도도 좋은 예이다. 일본이 전개해 왔던 정부개발원조(ODA) 정책, 해외 인프라 정비 지원, 경제연계협정 체결과 같은 '경제외교'도 '국제협조주의에 기반한 열린 지경학'이라고 할 수 있다(日本国際フォーラム 2020, 5).

게다가 자유롭고 열린 규범에 기초한 국제협조시스템의 잠재적 위협이 될 수 있는 행위자에게 이러한 시스템에 도전하지 않고 순응하도록 유도해 나가는 것도 중요하다. 예를 들어 중국은 최근 급속한 경제발전을 이루면서 세계 제2위 경제대국으로서 타국에게 커다란 경제 기회를 제공하면서도 한편으로 남중국해와 동중국해에서는 힘에 의한 현상변경을 시도하면서 지역적 긴장을 만들어내고 있다. 또한 일대일로 구상을 추진하면서 불투명한 운영을 통해 기존의 국제질서와 국제 규범을 흔드는 대외행동을 취하고 있다.

III 아베-스가 정부의 지경학 전략: 닫힌 지경학에서 열린 지경학으로

1. 닫힌 지경학에 대한 대응: 경제안전보장 강화

경제안전보장은 '경제를 사용한 전쟁'이라고 표현된다. 원래 '경제'와 '안전보장'이라는 서로 다른 개념이 왜 연결되고 중요한 과제가 되고 있는지 다음과 같이 설명할 수 있다. 지금의 미중 패권경쟁은 군사적 대항조치를 사용하지 않고 결착을 본다는 대전제에서 시작되었다. 그 대신에 '경제'라는 수단을 사용해서 결착을 본다는 '경제를 사용한 전쟁'이 되었고, 여기서 '경제안전보장'이라는 개념이 탄생하였다. 즉 '안전보장'이라는 개념은 과거 미소냉전과 같이 군사적 요소를 상상하기 쉽지만, 핵억지력에 의한 군사충돌 위협이 감소한 결과 이른바 '경제가 무기'가 되면서 '경제를 사용한 전쟁'이 되었다. 이러한 가운데 경제안전보장 개념이 첨단화되는 미국과 중국의 대립 구도를 해석하는 데 빠질 수 없게 되었다.

2013년 12월에 각의결정된 일본의 국가안전보장전략은 경제안전보장에 대한 상세한 기술은 없지만 다음과 같은 입장을 나타내고 있다. 즉 (일본의) '국익'은 ① 일본의 주권, 독립의 유지, 영역보전, 국민의 생명, 신체, 재산의 안전 확보, 일본의 평화와 안전의 유지 및 존위, ② 경제발전을 통한 일본과 국민의 번영의 실현, ③ 자유, 민주주의, 기본적 인권의 존중, 법의 지배라는 보편적 가치와 규범에 기반한 국제질서의 유지, 옹호 등이다. 그리고 경제력, 기술력, 외교력, 방위력 등을 강화해서 국가안전보장에 있어 일본의 강인성(強靭性)을 높이는 것이 전략적 접근의 핵심을 이루고 있다(內閣官房 2013).

하지만 경제안전보장 분야에서는 전통적인 외교와 군사 세계에서는 보이지 않는 특징과 어려움이 존재한다. 첫째, 위협의 탈군사화, 일상화이다. 국제경제의 상호의존 심화와 첨단기술의 비약적 발전은 국민의 일상적인 경제, 사회생활까지 영향을 미칠 수 있다. 둘째, 경제적 위협에 대응하는 '수단'과 '방법'이 발달하지 않았다. 일본 역시 2019년 이후에야 행정부 내의 의사결정 매커니즘을 개선하고 총리 직할의 국가안보회의(NSC) 등을 중심으로 안보

정책과 경제정책의 융합을 도모하는 움직임을 보였다. 구체적으로 일본은 2019년 10월 외무성 내에 경제안전보장을 담당하는 부서가 신설되었고, 2020년 4월 내각관방 국가안전보장국(National Security Agency, NSS) 내에 '경제반'이 설치되었다. 셋째, 중국 의존에 의한 취약성이라는 현실이다. 국제사회에서 경제안전보장에 대한 관심 증가를 야기하고 있는 것은 중국이다. 미국을 포함한 많은 국가들이 경제안전보장 문제로 고민하는 것은 중국이 거대한 시장과 함께 가격경쟁력 및 첨단기술에서도 앞서 나가면서 디커플링을 말하기도 전에 대중의존이 심화되고 있는 것이 현실이다(赤堀毅 2021, 89-91).

이러한 상황에서 일본 자민당에서 '경제안보'를 둘러싸고 일찍이 위기감을 표명해왔던 사람은 경제재생담당대신 등을 역임한 아마리 아키라(甘利明)이다. 아마리가 '경제안보'에 깊은 관심을 갖게 된 것은 아시아와 유럽 등의 국가들과 연결성을 강화하면서 거대한 경제권을 형성한다는 중국의 '일대일로' 구상의 실태를 파악하면서 경제적인 우위를 구축하려는 '경제안보' 목적이 보이기 시작했다는 것이다. 특히 중국이 다양한 국제기구가 정하는 서비스와 기술표준 등의 규범에 영향을 끼치고 있다는 점을 우려하면서 본인이 회장을 맡고 있는 자민당 '규범형성전략의원연맹'에서는 이러한 중국의 움직임에 대한 대책 검토를 추진하였다.

2020년 4월 1일 아베 정부는 국가안전보장국에 경제안전보장의 사령탑을 담당하는 '경제반'을 설치하였다. 경제반은 경제산업성 출신의 내각심의관 후지이 도시히코(藤井敏彦) 밑에 재무성, 총무성, 외무성, 경찰청에서 파견된 과장급 4명의 참사관이 있으며, 각 성에서 20인 정도로 구성되었다(北村滋 2021, 147). 경제반이 담당하는 경제안보정책은 대부분이 중국을 상정한 것이다. 하지만 일본 정부는 특정한 국가와 기업을 대상으로 한 것은 아니라고 부정한다. 즉 일본 정부가 미국과 중국이 패권을 다투는 가운데 동맹국 미국과 보조를 맞추면서도 중국과의 경제관계에 배려한다는 '딜레마'를 가지면서 구체적인 정책을 '조용히' 추진해 나가고 있다.

2021년 6월 18일 스가 정부는 경제안전보장의 기본방침에 관한 '경제재정운영과 개혁의 기본방침', '성장전략실행계획'을 각의결정하였다. 특히 '성장전략실행계획'은 일본 정부가 현시점에서 생각할 수 있는 경제안전보장정책 중 하나의 도달점으로서 기술우위를 확보하기 위해 기술의 '특정', '육성', '보전'이 중요하다고 언급한다. 먼저 일본이 갖고 있는 기술 중에서 안전보장에 가치 있는 중요한 것을 '특정'하는 작업이 필요하며, 지원 및 보전해야 할 기술을 관계 부처가 연계해서 선정하는 방안을 만드는 것이다. 다음으로 중요한 기술의 육성이다. 우주, 양자역학, AI, 슈퍼컴퓨터, 반도체, 원자력, 첨단소재, 바이오, 해양 등의 분야에서 중요한 첨단기술을 국가가 지원할 계획이다. 마지막으로 특정 및 육성한 기술을 어떻게 '보전'하는가의 문제이다. 여기에는 수출관리의 재검토, 대내직접투자심사 강화 등이 해당되며, 당분간은 현행 제도의 운용으로 대처하겠지만 미래에는 법 개정이 필요한 부분도 나올 것으로 예상한다(北村滋 2021, 155).[6] 또한 기시다 정부는 외교안보의

---

6   기시다 후미오(岸田文雄) 총리는 자민당 총재선거 과정부터 '경제안전보장'을 강조하면서 2021년 10월 기시다 내각 구성에서도 경제안보담당상 직을 신설하였다.

기본방침이 되는 국가안전보장전략을 개정해서 경제안보를 최초로 삽입하는 안을 검토하고 있다.

2. 열린 지경학의 확대: 자유롭고 열린 인도태평양 구상

전후의 '자유주의 국제질서(liberal international order)'가 미국 트럼프 대통령의 자국 우선주의(America First) 및 무역보호주의, 중국 시진핑(習近平) 국가주석의 '중화경제권 건설'을 위한 공세적 팽창주의 등으로 불안정해지고 있으며, 향후 세계성장의 중심에도 변화가 나타나고 있다. 향후 세계경제 중심은 태평양과 인도양을 결합한 거대 대륙으로 이동하고 있다. 특히 중국의 공세적 팽창주의와 일대일로 프로젝트에 대한 견제 등 전략적 대응, 향후 세계성장 중심 이동에 대한 대응 등이 일본의 인도태평양 구상의 배경이 되었다.

　왜냐하면 일본 외교는 항상 세계성장의 중심에 주목하면서 관계를 긴밀하게 하여 일본의 번영을 추구·유지하는 데 역점을 두어 왔기 때문에(田中昭彦 2018, 36-41), 일본의 인도태평양 구상도 '성장이 빠른 아시아'와 '잠재력이 높은 아프리카'의 연계, 자유롭고 개방된 태평양과 인도양의 연계 등으로 세계성장의 중심이 변화한다는 전략적 판단을 기반으로 구상되었다고 볼 수 있기 때문이다.

　즉 일본은 전후의 '자유주의 국제질서'가 흔들리는 상황에서 향후 세계경제의 중심이 태평양과 인도양을 결합한 거대 대륙으로 이동할 것이라고 판단하고, 이에 대한 대응으로서 '자유롭고 열린 인도태평양' 구상을 수립한 것이다.

또한 인도태평양 구상은 미국과 중국의 전략경쟁이 격화되는 가운데 일본이 보다 넓은 전략 공간을 제시해야 한다는 점에서 미중 전략경쟁 구도라는 국제환경 변화를 수용하면서도 '연결성'으로서의 인도태평양 지역 내의 연계를 강화하려는 목적을 가지고 있다(황보가람·박창건 2020, 179).

일대일로 프로젝트를 통한 육상 네트워크, 해상 네트워크 구축은 중국의 경제영토 확대, 정치적 영향력 확산으로 귀결될 수 있으므로(江原規由 2018, 42-50), 일본에게는 그만큼 경계 대상이었다. 즉, 중국의 팽창주의 대외정책과 일대일로에 대한 전략적 대응은 일본의 국익을 위해 매우 중요한 것이었다.

게다가 중일관계는 과거사 문제, 영유권 문제 등이 잠재되어 있고 지역패권을 둘러싼 전략적 경쟁이 잠재되어 있으므로 항상 갈등의 불씨가 내재되어 있다. 따라서 아베 총리는 취임 직후인 2013년 1월 16일부터 첫 해외 순방지로 동남아시아의 태국, 베트남, 인도네시아 등을 방문하였고, 2014년 9월 29일 제2차 내각 발족 직후에 행한 국회 '소신표명연설'에서는 미국 등 자유, 민주주의, 인권, 법의 지배와 같은 기본적 가치를 공유하는 국가들과 연대할 것을 강조하며(外務省 2014), 주요 국가들과의 가치 연대를 통해 중국 견제를 강화할 것을 표명하였다. 이와 같은 아베 총리의 중국 견제는 시진핑 국가주석의 '중국몽(中國夢)'과 신형대국화의 실현을 위한 팽창주의적 대외정책이 공세적으로 전개되면서 한층 강하게 나타났다.

그러므로 2016년 8월에 제시된 일본의 인도태평양 전략은 아베 총리의 중국을 견제하는 전략적 맥락에서 중국의 일대일로에 대한 대응에서 비롯되었다고 할 수 있다. 즉, 일본이 기업 차원에서 간접적으로 중국의 일대일로 프로젝트에 참가하고 있지만, 일본의 인도태평양 전략의 목적은 중국의 팽창주의적 대외정책과 일대일로 프로젝트에 전략적으로 대응하는 것이다.

하지만 2017년 아베 총리는 인도태평양 지역에서 일대일로 구상과 협력 가능성을 시사하면서 '연결성'과 인프라를 강조하였다. 즉 인프라 강화로 역내 국가와의 지리적 거리를 좁히고 제한적으로 중국을 포용하여 안정적 경제관계 확보를 위해 규칙과 규범에 기반한 지역구상을 목표로 하였다. 이처럼 일본은 인도태평양 구상에서 인프라와 법치주의, 자유 등의 가치를 강조하고 있고, 일본국제협력기구(Japan International Cooperation Agency, JICA)의 인프라 원칙과 활동을 강조하면서 일본의 정부개발원조(ODA)를 바탕으로 인도태평양 국가와 협력 파트너로서 노력하면서 JICA를 통한 연계를 강화하려고 한다(Kitaoka 2019; 황보가람·박창건 2020, 187-188).

일본은 냉전 시기부터 강점이었던 ODA의 활용전략을 강구하였다. 도전자 중국에 대한 미국의 견제, 그에 따른 미중의 갈등과 대립의 심화 등으로 인해 인도태평양 지역의 상당수 국가들은 미중 전략적 경쟁의 틈바구니에서 상당한 부담을 느끼고 있다. 인도태평양 지역의 대부분 국가들이 안보는 미국에 의존하고, 경제는 중국산 제품과 중국시장에 의존하고 있기 때문이다.

따라서 일본은 중국을 의식하는 인도태평양 지역 국가들에게 정치외교 부담을 덜어주기 위해 '자유롭고 개방된 인도태평양 전략(Free and Open Indo-Pacific Strategy)'을 '자유롭고 개방된 인도태평양 구상(Free and Open Indo-Pacific Vision)'으로 표현을 수정해서 발표하였고, 최근에는 '구상'조차 뺀 '자유롭고 개방된 인도태평양'이라는 표현을 사용한다. 아울러 ODA의 전략적 활용을 통하여 인도태평양 전략을 추진하고 있다.

일본의 인도태평양 전략 차원에서 전개되고 있는 주요 ODA 지원 사업은 남중국해와 인도양을 연결하는 동남아 지역의 '남부경제회랑'과 '동서경제회랑' 개발 지원사업, 인도의 '델리–뭄바이 산업회랑(Delhi–Mumbai Industrial Corridor, DMIC)'이나 '첸나이·벵갈루루 산업회랑(Chennai–Banglaore Industry Corridor, CBIC)' 지원사업, '법이 지배하는 해양'의 확보를 위한 해상보안능력의 구축 지원사업, 해상보안능력의 법제도 정비 지원사업, 일본기업 등 외국 기업들을 위한 비즈니스 환경 정비와 법제도 정비 지원사업 등이 있다(外務省 2018, 3-4).

일본은 지경학적 구성과 경제적 수단의 전략적 활용을 추구한다. 트럼프 대통령이 2017년 11월 다낭(DaNang)의 아시아태평양경제협력체(APEC) 정상회의에서 미국의 새로운 아시아 전략으로 인도태평양 전략을 제시하였을 때 인도태평양 전략은 지정학 중심이었다. 즉 안보 중심의 전략이었다.

그런데 마이크 폼페이오(Mike Pompeo) 국무장관이 2018년 7월, 워싱턴에서 개최된 미국상공회의소의 '인도태평양 비즈니스 포럼(Indo-Pacific Business Forum)'에서 '미국의 인도태평양 경제 비전(Indo-Pacific Economic Vision)'을 주제로 하는 강연을 통하여 인도태평양 지역을 대상으로 한 미국의 투자계획을 공개하면서, 미국은 인도태평양 전략에 지경학적 특성이 추가되는 변화를 보였다. 이후 미국은 2019년 6월에 발표된 미국 국방부의 『인도태평양 전략 보고서(IPSR)』를 통하여 인도태평양 전략이 안보(security), 경제(economics), 거버넌스(governance)를 연계하고 통합하여 추진된다는 점을 명확히 하였다(The Department of Defense 2019).

일본은 처음부터 ODA의 전략적 활용을 통하여 인도태평양 전략을 추진하였다. 일본의 인도태평양 전략은 국가안전보장회의(NSC) 사무국이 아닌 외무성 국제협력국에 의해 추진되고 있다. 일본은 지정학적 차원의 인도태평양 전략을 미일동맹을 기반으로 추진하고 있고, 지경학적 차원의 인도태평양 전략을 ODA의 전략적 활용을 통한 국제협력사업으로 추진하고 있다.

일본의 ODA의 전략적 활용을 통한 국제협력사업 전개는 인도태평양 국가들과 일본과의 전략적 연계성을 제고하고 인도태평양 국가들의 일본에 대한 신뢰도 증대 등에 효과적으로 기여한다. 아울러 중국에 대한 자극을 완화시키는 데도 효과적인 전략으로 평가된다(배정호 2019, 350). 그러므로 인도태평양 전략의 지경학적 구성과 ODA 등 경제적 수단의 전략적 활용은 미일 양국의 전략 간 주요 접점이다.

일본은 2015년에 개발협력대강의 개정을 통해 기존의 경제 이익에 중점을 두었던 ODA의 개념을 확대시키면서 전략성을 나타내기 시작하였다. 빈곤 퇴치를 주요 목적으로 하는 ODA에서 평화구축 및 민주주의 확산에 초점을 두고 국제적 영향력 확대를 주요 목표로 설정하였다. 주요 협력 지역인 아시아의 국제환경 변화에 따라 재정 지원 외에 정책 협력 및 인재육성까지도 파트너십 영역에 포함하였다. 더 나아가 인재육성 프로그램을 추진할 필요성이 제기됨에 따라 모든 분야에서 과학기술의 연구개발 협력, 정책형성 협력, 법 정비와 산업 정비 협력을 통해 개발도상국 인재와 제휴 네트워크의 다각적 구축을 추진하고 있다(황보가람·박창건 2020, 197-198).

이러한 차원에서 일본은 어느 국가 및 지역보다도 '아세안'을 중시하고 있다. 아세안은 미국, 일본 주도의 '인도태평양 전략'과 중국의 일대일로 구상의 경쟁 구도 속에서 이와 같은 갈등에 휘말리는 것을 막기 위한 역할 모색을 하고 있다. 2019년 6월 23일 태국 방콕에서 열린 '아세안 정상회의'에서 독자적 인도태평양 구상을 채택했는데 아세안의 의사통일을 모색하면서 중심역할을 강조하는 구상이다.

아세안이 주장하는 독자적 인도태평양 구상에는 아시아태평양과 인도양을 아세안이 주도적으로 전략적 역할을 완수하고 통합되어 서로 접속된 지역으로 정의하고 대립이 아닌 대화와 협력을 통해 평화, 자유, 번영의 유지에 기여하는 것을 목표로 한다. 아세안은 가맹국 일부가 남중국해 영유권 문제로 중국과 갈등 관계에 있기 때문에 대중국 자세가 일치하지 않는다. 아세안으로서는 '대결'이 아닌 '인도태평양 전략'과 '일대일로' 사이에서 '연결자' 역할과 함께 아세안이 일체가 되어 이익을 향유하는 것을 목표로 한다.

3. 국제협조주의와 열린 지경학의 지향

2차 세계대전 이후 일본은 평화헌법 아래 경제성장을 최우선으로 하는 경무장 및 경제외교에 기반을 둔 '요시다 노선(이후 요시다 독트린)'을 국가노선으로 결정하고 냉전 시기 동안 계속적으로 전개하였다. 요시다 독트린은 안보를 미국에 의존하면서 제2차 세계대전으로 피폐해진 일본경제를 부흥시키는 것을 목적으로 하였다. 미소 냉전 시기 공산주의 세력을 막기 위한 위치에서 동북아시아의 지정학적 긴장 관계에 놓여 있던 일본은 과도한 군사비 부담을 피하면서 평화와 안전을 향유하면서 미국 주도의 자유무역체제를 통해 높은 경제성장을 이룰 수 있었다. 이러한 의미에서 요시다 독트린은 일본의 지경학적 경제외교의 출발점이라고 평가할 수 있다. 단, 요시다 독트린은 일본이 군사적인 활동을 하지 않는 것이 국제평화에 기여하는 것이라는 '소극적 평화주의' 입장을 나타냈다.

1990년대 걸프전을 계기로 일본에서 나타나기 시작한 '보통국가 일본' 움직임은 2010년대 이후 제2차 아베 정부 출범과 함께 구체적으로 나타났다. 특히 아베 정부가 내세웠던 '적극적 평화주의'는 일본이 국제사회의 평화와 안전을 위해 적극적인 역할을 담당해야 한다는 의미를 갖고 있으며, 미일동맹을 중심축으로 하면서 국제안보를 위한 적극적인 공헌을 중시하고 있다. 구체적으로는 분쟁지역으로의 평화유지군 파견, 해양 및 사이버 공간 등 국제공공재의 질서유지, ODA 공여 확대 등에 초점을 두고 있다.

물론 일본이 국제안보 공헌을 중시한다고 해도 군사적 수단을 사용해서 국익을 추구하는 방향으로 전환한다는 것을 의미하는 것은 아니다. 하지만 아베 정부는 보통국가 일본을 추구하면서 자체 군사력을 지속적으로 강화하고 있으며, 한국을 비롯한 주변국들과 과거사 문제로 인한 갈등이 여전히 계속되고 있는 상황이다. 이러한 모습과 함께 일본의 미일동맹 강화는 트럼프, 바이든 행정부의 대중 경쟁 격화 움직임 속에 일본이 닫힌 지경학의 접근법을 선택하지 않는가에 대한 의구심을 끊임없이 만들어내게 하는 원인이 되고 있다.

하지만 오히려 일본은 그동안 전개해왔던 '열린 지경학' 접근법을 적극적 평화주의 이념에 합치시키는 형태로 더욱 진화된 입장을 취하려고 한다. 이를 위해 다음과 같은 두 가지 차원에서 대응해 나갈 것으로 예상할 수 있다.

첫째, 중국이 전개하는 '패권주의에 기반한 닫힌 지경학'에 대해 효과적으로 대응한다는 것이다. 중국은 경제적으로 부상하면서 인도태평양 지역의 많은 국가에게 최대의 무역상대국이 된 것을 배경으로 '경제상호의존의 덫'을 협상 수단으로 사용하고 있다. 특히 시진핑 정권에서는 '일대일로 구상'과 '중국제조 2025'와 같은 장대한 슬로건을 내세우면서 국제적 영향력 확대를 모색하고 있다. 이에 대해 미국 바이든 행정부는 중국의 기술적, 군사적 패권 추구를 저지하는 것을 목표로 민주주의 국가들을 중심으로 한 대중 연대 및 강경대응을 전개하고 있다. 미중 간 무역전쟁 혹은 기술패권경쟁은 중국이 추진하는 일국주의적 '패권주의에 기반한 닫힌 지경학'에 대해 미국이 역시 강경한 지경학적 수단으로 대응하는 사태로 나타나고 있다. 이러한 가운데 일본 정부는 기존의 국제질서 및 경제질서를 지탱하는 원리원칙을 실현하는 방향으로 미국과의 협력관계를 견지하고, 유럽 등 국제사회와 협력하면서 중국에 대해 의연한 대응을 계속해 나간다는 입장이다.

동시에 일본은 국제사회가 원하는 글로벌 차원의 정치, 국제

경제 질서를 유지 및 강화하기 위해 국제환경 정비에 나서고 있다. 즉 기존 WTO 등을 중심으로 한 자유롭고 개방된 국제경제시스템을 유지하고, 주요선진7개국회의(G7), 주요20개국회의(G20)와 같은 국제회의를 통한 다자 간 국제협력질서를 강화하고 양자 간 혹은 지역적 경제협력틀 구축, 즉 아시아태평양경제협력(APEC), 포괄적 및 선진적인 환태평양파트너십협정(CPTPP), 동아시아지역 포괄적 경제연대(RCEP), 일-EU경제연계협정(EPA) 등에서 새로운 국제규범을 구축하려고 시도할 것이다.

둘째, 일본은 '자유롭고 열린 인도태평양' 구상을 '국제협조주의에 기반한 열린 지경학' 접근법으로 전개할 것이다. 인도태평양 구상을 안보 관점에서 강화해 나가는 것은 일본 입장에서 여전히 중요하지만, 지경학적 관점에서 더욱 경제적으로 실체가 명확히 드러나는 형태로 추진하는 것이 중요하다. 특히 '질 높은 인프라'의 연결성 강화, 무역 및 투자 확대, 자원 및 환경협력 면에서 보다 구체적인 협력을 위한 '국제협조주의에 기반한 열린 지경학'이 필요하다.

여전히 일본은 미국과의 협력이 가장 중요하다. 미일동맹은 일본 외교의 중심축이며 미일관계의 발전 및 강화는 바람직하지만 이에 더해 EU, 영국, 호주, 한국과 같이 자유, 민주주의, 인권, 법의 지배와 같은 기본적 가치를 공유하는 '민주주의 국가들'과의 협력 강화가 일본 입장에서는 가장 필요하다.

또한 아세안은 일본 입장에서 정치, 경제, 사회 면에서 매우 중요한 파트너 지역이며 미중 패권경쟁이 격화되는 가운데 일본과 마찬가지로 아세안은 미중 사이에서 균형을 유지하는 것에 고심하고 있다. 아세안은 중국이 정치, 경제 면에서 영향력을 확대시키는 것을 받아들이면서도 한편으로 매우 큰 우려를 갖고 있다. 이러한 가운데 아세안은 미국이 이 지역의 안보를 유지하는 지도국이라는 것에 확신을 갖지 못하면서 제3의 전략적 파트너로서 일본과 유럽을 기대하고 있다.

2019년 6월 아세안정상회의는 아세안 중심성(ASEAN Centrality)을 특징으로 하는 '인도태평양 아웃룩(ASEAN Outlook on the Indo-Pacific, AOIP)'을 정책문서로 채택하였다(Association of Southeast Asian Nations 2019). 아세안 중심성은 아세안이 중심이 되어 주도적으로 지역통합과 지역협력을 추진하고 아세안의 이익을 지키면서 지역협력과 경제통합을 추진하는 것을 목적으로 한다. 이에 대해 일본은 인도태평양 구상을 통해 아세안 중심성과 연결성을 존중하면서 지역의 평화, 안정과 번영에 기여한다는 점을 명확히 하고 있다는 점에서 아세안과의 협력이 중요하다.

결국 일본은 중국의 정치, 경제, 군사적 부상에 대해 한편으로는 미국, EU, 영국, 호주, 아세안 등 인도태평양 지역 내외의 국가 및 지역과 연계해서 일국주의적이고 패권주의적 행동을 억제하고, 다른 한편으로 중국이 자유롭고 열린 규범에 기반한 국제협조시스템에 참여할 수 있도록 유도하려고 한다. 즉 일본은 지경학 시대에 협의의 국익을 뛰어넘는 지역적, 글로벌 차원의 공익성 관점에서 자유롭고 열린 국제적 제도틀을 설계함으로써 인도태평양 지역 내외의 신뢰를 얻으려고 할 것이다.

IV 결론: 향후 일본의 지경학적 접근

현재 세계는 크게 두 가지 방향에서 지금까지의 상식이 무너지고 있다. 첫째, 시민생활을 혁신적으로 변화시킨 디지털 기술이 군사 기술로 전용되는, 즉 '민간'에서 '군'으로의 전용으로 인한 영향이 압도적으로 커지고 있다는 점이다. 둘째, 디지털 기술 보급이 차츰 미지의 서비스와 이용형태를 창출하면서 규제를 정비하는 속도가 따라가지 못하고 있다는 점이다(國分俊史 2020, 6-7).

이와 같은 세계 흐름의 변화 및 그에 따른 안보 위협에 직면 해서 일본은 자국의 안보를 담보하기 위해 '안보'와 '경제'를 조합 해서 국제사회에서 영향력을 행사하는 외교전략, 즉 경제안전보장 전략을 채택하고 있다. 경제적인 상호의존이 높아질수록 경제안전 보장의 중요성은 증가하며, 특히 미중 간 전략적 경쟁이 격화되는 가운데 경제제재와 무역규제처럼 타국을 끌어들이는 경쟁구도가 전개되고 있다. 이러한 상황에서 일본은 동아시아 국제질서 및 전 략환경 변화를 인식하면서 지정학 차원에서뿐만 아니라 '경제' 요 소를 포함한 지경학 차원에서 국가전략 차원의 대응방안을 모색하 고 있다.

바이든 행정부는 트럼프 행정부와 달리 국제협조를 중시하면 서 협력하는 자세를 내세우고 있다. 일본은 미일동맹이 기축임을 강조하면서 인권문제에서의 협력, 안보에 관한 수출과 투자관리의 엄격화, 외국정부로부터 영향을 받지 않는 기술자 및 과학자의 교 류 형태, 기밀기술 보호 등에서 중국을 염두에 둔 대등한 협력자세 를 나타내고 있다.

한편 일본은 중국과의 교류와 무역을 모두 배제하는 선택은 현실적이지 않으며 중국과의 양호한 관계는 안보 면에서도 위험을 감소시킨다고 인식한다. 따라서 일본은 중국의 안보 위협에 대응하기 위해 전통적인 안보뿐만 아니라 '경제안전보장'을 통한 제도적 방안 및 국가전략으로의 채택을 모색하고 있다. 즉 일본은 '닫힌 지경학' 차원에서 경제안전보장 전략을 추진하고 있지만, 중국을 봉쇄하는 형태의 극단적인 '닫힌 지경학' 전략으로는 이어지지 않을 전망이다. 단, 미국은 안보와 밀접하게 연관된 기술패권을 상실할지 모른다는 초조함과 함께 인권과 민주주의를 중시해 온 미국 주도의 국제질서를 중국이 강제적으로 변화시킬 수 있다는 경계심을 갖고 있다. 그래서 미국은 대중규제를 강화하고 일본도 끌어들여 공급망 재구축을 모색하고 있기 때문에 일본이 미중 대립의 최전선에서 위험을 안은 채로 '열린 지경학'으로의 전환이 가능할지는 지켜봐야 할 문제이다.

아베 총리는 2016년 8월 '자유롭고 열린 인도태평양 전략'을 주장하였는데 인도태평양 구상은 초기에 안보 측면에서 중국의 위협을 강조하면서 특히 미국, 일본, 인도, 호주 등 쿼드(Quad) 국가 협력 차원에서 지정학적 관점, 혹은 닫힌 지경학 관점에서 중국을 바라보았다. 하지만 점차 일본은 인도태평양 구상이 중국 포위망이 아니라고 밝히고 있다. 즉 중국을 경계하면서도 중국의 경제력에 의존할 수밖에 없는 국가들이 많은 것도 현실이기 때문에 중국의 영향력이라는 현실을 인정한 가운데 중국과의 협력도 함께 모색하는 포용적 자세를 나타내는 열린 지경학 관점에서 바라보고 있다.

이러한 흐름에서 일본은 '국제협조주의' 외교노선을 지속적으로 추구하면서 이러한 외교노선을 지경학에도 적용할 것으로 예상한다. 특히 일본의 강점으로 작용해왔던 ODA를 국익의 관점에서 전략적 중요성을 감안한 대외원조로서 적극적으로 추진할 것이다. 또한 일본은 열린 지경학 관점의 자유롭고 열린 인도태평양 구상 실현과 함께 일본의 안보와 경제성장에 도움이 되는 대외 협력에 적극적으로 참여할 것이다.

참고문헌

박주현. 2021. "미국-중국 관계에 대한 '지정학의 귀환'과 '지경학' 용어의 의미."
　　한국해양전략연구소『KIMS Periscope』241(7월 21일): 1-5.
배정호. 2019. "일본의 인도태평양 전략과 신남방정책의 전략적 고려사항." 국립외교원
　　외교안보연구소 아세안인도연구센터.『신남방정책의 전략환경 평가 및
　　추진방안』. 서울: 국립외교원. 302-357.
황보가람·박창건. 2020. "지전략으로서 일본의 지역구상: 인도-태평양 구상을
　　중심으로."『국가전략』26(4): 179-208.

Association of Southeast Asian Nations. 2019. "ASEAN Outlook on the Indo-
　　Pacific." https://asean.org/speechandstatement/asean-outlook-on-the-
　　indo-pacific/ (Accessed October 9, 2021).
The Department of Defense. 2019. "Indo-Pacific Strategy Report Preparedness,
　　Partnerships, and Promoting a Networked Region." June 1, 2019. https://
　　media.defense.gov/2019/Jul/01/2002152311/-1/-1/1/DEPARTMENT-OF-
　　DEFENSE-INDO-PACIFIC-STRATEGY-REPORT-2019.PDF (accessed Agust
　　20, 2021).
Kitaoka, Shinichi. 2019. "Vision for a Free and Open Indo-Pacific." *Asia-Pacific
　　Review* 26(1): 7-17.

赤堀毅. 2021. "国益最大化のための経済安全保障."『外交』66(3/4月): 88-93.
江原規由. 2018. "一帯一路の現段階と日本."『國際問題』673(7/8月): 42-50.
外務省. 2014. "第百八十七回國會における安倍內閣總理大臣所信表明演說." 9. 29.
＿＿＿. 2018.『日本の国際協力: 2017年版開発協力白書』. 日経印刷.
＿＿＿. 2021a. "日米安全保障協議委員会(日米「2+2」)(2021年3月16日)." https://
　　www.mofa.go.jp/mofaj/na/st/page1_000942.html (검색일: 2021. 10. 9.)
＿＿＿. 2021b. "日米首脳共同声明(2021年4月16日)."https://www.mofa.go.jp/
　　mofaj/na/st/page1_000942.html (검색일: 2021. 10. 9.)
兼原信克. 2021.『安全保障戦略』. 日本経済新聞出版.
北村滋. 2021. "「経済安全保障」とは何か?"『文藝春秋』99(9)(9月): 146-155.
高坂正堯. 1966.『国際政治』. 中公新書.
國分俊史. 2020.『エコノミック·ステイトクラフト 経済安全保障の戦い』. 日本経済新聞出版.
田所昌幸. 2020. "武器としての経済力とその限界: 経済と地政学." 北岡伸一, 細谷雄一
　　編集.『新しい地政学』. 東洋経済新報社.
田中昭彦. 2018. "自由で開かれたインド太平洋戦略の射程."『外交』47(1/2月): 36-41.
内閣官房. 2013. "国家安全保障戦略について." https://www.cas.go.jp/jp/
　　siryou/131217anzenhoshou/nss-j.pdf (검색일: 2021. 8. 9.)

日本国際フォーラム. 2020. "政策提言 地経学時代の日本の経済外交." (3月): 1-15.

日本再建イニシアティブ. 2017. 『現代日本の地政学: 13のリスクと地経学の時代』.
　　　中央公論新社.

船橋洋一. 2020a. 『地経学とは何か』. 文藝春秋.

_____. 2020b "地経学の時代: 米中'新冷戦'と日本の戦略." 6. 19. https://
　　　www5.cao.go.jp/keizai1/kokusai_seikei/20200619/shiryou2.pdf (검색일:
　　　2021. 6. 25.)

細川昌彦. 2021. "大学はなぜ経済安保を直視しないのか." 『中央公論』 135(2) (2月):
　　　112-120.

필자 소개

이기태 Lee, Kitae

통일연구원 평화연구실 실장/연구위원
연세대학교 정치외교학과 졸업, 일본 게이오(慶應義塾)대학교 정치학 박사

논저 "일본과 유럽의 '자유롭고 열린 인도태평양' 안보협력", "일본 해상보안청 역할 강화의 흐름과 시사점", "남북일 관계를 고려한 신한반도체제 구상방안", "헤이세이(平成) 시기 일본의 대외전략과 한일관계", "일본의 대베트남 안보협력: 소프트 안보협력", "한일 파트너십 공동선언과 한일 안보협력", "야스쿠니 문제와 미일관계의 딜레마"

이메일 ktleekorea@gmail.com

13권 탈사회주의 체제전환 20년

탈공산체제 이행과 민주주의 공고화·김연규 | 탈사회주의 체제전환의 정치경제와 비교정치·한병진 | 탈사회주의 권위주의 정권의 개혁저항·김태환 | 탈공산주의 체제전환기 국가와 시민사회·박수현 | 탈사회주의 체제전환기 동유럽 선거민주주의와 정당정치·진승권 | 탈사회주의 시장경제 건설·김영진

14권 데탕트와 박정희

박정희 정부 시기 한국 주도의 동아시아 지역 집단 안전보장 체제 구상과 좌절·박태균 | 데탕트와 박정희의 전략적 대응·신욱희 | 미국의 대한정책 1974~1975·박원곤 | 데탕트의 위험과 기회·마상윤 | 박정희의 중화학공업과 방위산업 정책·류상영 | 일본 모델에서 한국적 혁신으로·니시노 준야

15권 글로벌 금융위기와 동아시아

글로벌 금융위기와 동아시아의 대응·이승주 | 글로벌 금융위기 이후 동아시아 금융통화협력·이왕휘 | 글로벌 금융위기와 동아시아 금융협력·이용욱 | 글로벌 금융위기와 동아시아 무역체제·문돈 | 동북아의 내수중시경제로의 전환·최태욱 | 글로벌 금융위기와 개발협력·강선주

16권 남북한 관계와 국제정치 이론

국제정치의 복합조직원리론으로 분석하는 남북 관계·전재성 | 남북 관계와 바라봄의 정치·정영철 | 남북한 관계의 국제정치학·황지환 | 세력전이와 남북 관계의 변화에 대한 고찰·우승지 | 남북한 한반도 정치와 강대국 동맹정치 간의 연계성 분석·이수형 | 국내정치와 남북한 관계·임수호 | 분쟁 후 인간안보와 남북 관계·서보혁

17권 동아시아에서 정책의 이전과 확산

정책의 혁신과 확산, 그리고 변형·유은하 | 중국에서의 환경정책 도입 및 확산의 실패와 한계·조정원 | 동아시아 이동통신 기술표준의 확산·김웅희 | 분권화 개혁론의 일본적 변용·이정환 | 지방자치시대의 정책혁신의 확산·김대진, 안빛 | 한국 복지국가 형성에서 정책이전의 역할·최영준, 곽숙영

18권 커뮤니케이션 세계정치

냉전과 인터넷 커뮤니케이션의 구조·최인호 | ICT 교역의 글로벌 거버넌스·강하연 | 전자정부와 정부개혁·정종필, 손붕 | 문화 간 커뮤니케이션과 세계정치·김범수 | 국제정치경제의 변화와 미디어 지구화론·문상현 | 중국과 한국의 사이버민족주의 비교연구 서언·서이종, 탕레이 | 커뮤니케이션, 초국가적 공론장, 그리고 초국가적 연대·신기영

19권 젠더와 세계정치

페미니즘 안보연구의 기원, 주장 그리고 분석·황영주 | 여성, 평화, 안보의 국제규범 형성과 확산·강윤희 | 국제 여성인권운동과 여성인권의 지역적 실천·허민숙 | 개발협력과 젠더·임은미 | 다문화주의와 여성·문경희 | 국제이주와 여성·이지영 | 베트남과 필리핀의 결혼이주 관련 정책 연구·위선주

20권 국제정치학 방법론의 다원성

이론, 방법 그리고 방법론·이왕휘 | 탈실증주의 국제정치학 인식론의 모색·전재성 | '국제안보연구' 방법론 고찰·박재적 | 외교정책 설명과 방법론·은용수 | 세력 균형에서 협조 체제로·안두환 | 구성주의 국제정치경제·이용욱

29권 감정의 세계, 정치

국제정치와 인간 본성·민병원 | 공감과 공동체적 삶·소병일 | 감정, 삶, 사회·하홍규 | 국제정치학 감정연구의 쟁점, 함의, 그리고 향배·은용수·용채영 | 감정으로 정치 보기·민희 | 한미동맹과 감정·이중구 | 북한 정치체제와 마음의 습속·김성경

30권 러시아와 세계정치

러-터 관계가 오스만제국의 정책 방향에 미친 영향·이은정 | '내년에는 예루살렘에서'·최아영 | 아르메니아 민족국가 형성과 러시아, 1828-1991·강윤희 | 소비에트 정권의 중앙아시아 이슬람 정책의 변천과 그 영향·김태연 | 벨라루스 국가 정체성과 러시아와의 관계·김효섭 | 러시아와 이란의 조심스러운 동행·이주영

31권 기후변화와 세계정치

지구적 기후변화와 민주주의의 비선형성·이재현 | 기후소송의 국제 동향과 시사점·이혜경 | 한국 배출권 거래제도의 현황과 동북아 탄소시장의 통합 가능성·신상범 | 기후변화와 북한·한희진 | 파리협정 체결 이후 중국의 기후변화 외교와 대외협력·조정원 | 국가 전력시스템의 기후변화 적응역량 강화를 위한 정책방향·김성진 | 기후변화 취약성에 대한 인식과 도시 기후 적응 어젠다·이태동

32권 미국 국내정치와 외교정책

미국 국내정치와 외교정책 상관성·서정건 | 트럼프에 대한 또 다른 평가·김준석 | 부시 행정부의 '테러와의 전쟁' 외교정책 결정 연구·이수훈 | 미 의회의 양극화와 정당정치가 미국 군사·안보 정책에 미치는 영향·김주리 | 공화당 분파간 세력 균형 변화가 트럼프 행정부의 대북 정책에 미치는 영향·권보람 | 트럼프 시대 미국인들의 외교정책 인식·하상응 | 예외주의의 종언?·차태서